高职高专"十三五"规划教材

电子商务系列

移动电子商务实务

梁婵卓　主编

化学工业出版社

·北京·

本书为高职高专电子商务专业教材。主要包括移动电子商务概述、移动电子商务基础技术、移动电子商务模式、移动支付、移动互联网营销和移动商务安全管理六个项目，每个项目分为项目概述、项目分析、任务分解、知识要点四个部分，对整个移动电子商务相关知识进行逐层分解、逐层分析。加深学生对课本相关知识的理解，系统化地讲述相关知识点，让学生在学习过程中潜移默化地形成互联网分析问题、解决问题的思维方法。本书使学生不但能够全面系统地掌握移动电子商务相关知识，而且能够树立一定的电子商务观念与思想。

图书在版编目（CIP）数据

移动电子商务实务/梁婵卓主编．—北京：化学工业出版社，2018.11（2021.7重印）
ISBN 978-7-122-33254-7

Ⅰ.①移⋯　Ⅱ.①梁⋯　Ⅲ.①移动电子商务-教材　Ⅳ.①F713.36

中国版本图书馆CIP数据核字（2018）第248244号

责任编辑：王　可　蔡洪伟　于　卉　　　　　　装帧设计：张　辉
责任校对：宋　夏

出版发行：化学工业出版社（北京市东城区青年湖南街13号　邮政编码100011）
印　　装：大厂聚鑫印刷有限责任公司
787mm×1092mm　1/16　印张14¼　字数352千字　2021年7月北京第1版第4次印刷

购书咨询：010-64518888　　　售后服务：010-64518899
网　　址：http://www.cip.com.cn
凡购买本书，如有缺损质量问题，本社销售中心负责调换。

定　　价：38.00元　　　　　　　　　　　　　　　　　　　　　　　版权所有　违者必究

前　言

近几年，随着移动智能设备的普及和移动互联网的快速发展，移动电子商务发展势头迅猛，移动电子商务不仅改变了我们的生活习惯，也改变了电子商务营销的方式方法和发展方向。随着微博、微信、淘宝等移动应用的出现，这些应用成为企业、商家进行移动电子商务营销的主战场。在营销的过程中也摸索出了很多适用于移动电子商务营销的模式和方法。但由于移动电子商务发展迅速，移动电子商务的人才，特别是营销方面的人才匮乏，这也直接影响了我国移动电子商务行业的发展。

鉴于这种情况，各地区、各相关院校在电子商务专业的课程中相继都加入了移动电子商务相关内容，并取得了一定的成绩，但也存在一些问题，例如人才培养过程中缺乏专业化的指导；相关教材、大纲资料不充分；培养出来的学生距离企业实际用人要求存在较大的偏差等，这些问题都有待政府、产业、企业各方面优势资源加以梳理和整合，对人才培养提出最佳的解决方案。

本教材结合了移动电子商务的发展现状和企业实际要求进行编写，对移动电子商务中主流的营销模式进行了详细专业的讲解，以培养移动电子商务营销型人才为目标，在梳理现有知识要点的基础上，更加注重对学生实际操作能力和营销能力的训练，更加科学化、系统化地教授移动电子商务实践、营销所需要的必备技能，让学生在情境中有目的、有问题、有思考地进行学习。每项目分为多个小节详细叙述，以情景任务为引导，为学生讲解基本知识、基础技能和营销技能，再加以实战练习，突出能力培养，特别适合中高职院校的学生学习。

本书由梁婵卓主编，负责全书架构和统稿，副主编张仁钟、周任慧、孙永建，参编文婧羽、龚琳玲。全书共分为六个项目，梁婵卓负责编写项目一、项目二、项目三，张仁钟负责编写项目四和项目五中任务一、任务二和项目六，周任慧负责编写项目五中任务三、任务四和任务五，孙永建负责编写项目五中任务八、任务九、任务十，龚琳玲负责编写项目五中任务六，文婧羽负责编写项目五中任务七。由于编者水平有限，本书还有很多需改进之处，恳请广大读者批评斧正。

编　者

2018 年 10 月

目 录

项目一　移动电子商务概述 ────────── 1

　【项目概述】……………………………………………… 1
　【项目分析】……………………………………………… 1
　【任务分解】……………………………………………… 2
　　　任务一　移动电子商务 …………………………… 2
　　　任务二　移动电子商务概况 ……………………… 6
　【知识要点】……………………………………………… 9
　　　1. 移动互联网的特点 ……………………………… 9
　　　2. 移动互联网发展现状 …………………………… 9
　　　3. 移动互联网发展趋势 …………………………… 9
　　　4. 移动互联网用户消费特点 ……………………… 10

项目二　移动电子商务基础技术 ────────── 12

　【项目概述】……………………………………………… 12
　【项目分析】……………………………………………… 12
　【任务分解】……………………………………………… 12
　　　任务一　移动通信技术和移动互联网 …………… 12
　　　任务二　移动智能终端及 APP …………………… 18
　　　任务三　移动二维码技术 ………………………… 27
　　　任务四　RFID 技术 ……………………………… 35
　　　任务五　移动定位技术 …………………………… 37
　　　任务六　移动云技术 ……………………………… 40
　　　任务七　移动信息推送技术 ……………………… 44
　　　任务八　HTML5+CSS3 网页制作技术 …………… 48
　【知识要点】……………………………………………… 53
　　　1. 推动移动电子商务发展的技术因素 …………… 53

2. 移动电子商务技术应用 ································ 53

项目三　移动电子商务模式 ——————————— 55

【项目概述】································ 55
【项目分析】································ 55
【任务分解】································ 56
　　任务一　O2O 模式 ································ 56
　　任务二　传统电商与移动电商平台 ································ 60
　　任务三　基于社交软件的微店、微商 ································ 65
　　任务四　微网站搭建 ································ 68
　　任务五　微店搭建 ································ 71
【知识要点】································ 79
　　1. 使用移动 O2O 模式的注意事项 ································ 79
　　2. 社交软件的微店、微商运营 ································ 80

项目四　移动支付 ——————————— 81

【项目概述】································ 81
【项目分析】································ 81
【任务分解】································ 83
　　任务一　移动支付 ································ 83
　　任务二　移动支付类型 ································ 86
【知识要点】································ 92
　　1. 移动支付系统 ································ 92
　　2. 移动支付的运营模式 ································ 94
　　3. 移动支付的安全问题 ································ 95
　　4. 移动支付的风险防范 ································ 96

项目五　移动互联网营销 ——————————— 98

【项目概述】································ 98

【项目分析】…………………………………………………… 98
【任务分解】…………………………………………………… 98
  任务一 移动互联网营销………………………………… 98
  任务二 移动 APP 市场的 ASO …………………… 104
  任务三 微博营销………………………………………… 111
  任务四 微信营销………………………………………… 123
  任务五 微网站营销……………………………………… 127
  任务六 社群营销………………………………………… 131
  任务七 移动广告营销…………………………………… 143
  任务八 二维码营销……………………………………… 153
  任务九 H5 营销 …………………………………………… 155
  任务十 内容营销………………………………………… 165
【知识要点】…………………………………………………… 196
  1. 移动电子商务发展现状及前景……………………………… 196
  2. 移动互联网营销的特点……………………………………… 197
  3. 移动互联网营销的实施要点………………………………… 199
  4. APP 进行 ASO 前的准备 …………………………………… 200
  5. APP 进行 ASO 辅助措施 …………………………………… 200
  6. 如何制作一个二维码………………………………………… 201
  7. 微博营销的技巧……………………………………………… 202
  8. 微博的运营方法……………………………………………… 203

项目六 移动商务安全管理 —————————— 205

【项目概述】…………………………………………………… 205
【项目分析】…………………………………………………… 205
【任务分解】…………………………………………………… 207
  任务一 移动电子商务安全…………………………… 207
  任务二 移动终端安全……………………………………… 209
  任务三 手机病毒……………………………………………… 212
【知识要点】…………………………………………………… 214

1. 移动电子商务面临的安全威胁 …………………………… 214
2. 移动电子商务系统的安全需求 …………………………… 215
3. 移动电子商务系统中安全实现模型 ……………………… 216
4. 移动电子商务系统安全原则 ……………………………… 216
5. 手机病毒的种类及症状 …………………………………… 217
6. 手机病毒的原理 …………………………………………… 218
7. 手机病毒的攻击模式 ……………………………………… 218

参考文献 ——————————————————— 219

项目一
移动电子商务概述

【项目概述】

在互联网飞速发展的今天，信息技术和通信技术的迅猛进步驱动了电子商务的演变，也为企业组织变革提出了挑战，无线通信技术的快速发展促使移动电子商务（M-Commerce）应运而生。伴随着移动终端设备的高速增长和信息访问需求的日益增加，各大电商企业纷纷布局移动电子商务。移动电子商务带来的影响渗透人们生活的方方面面，从产业到工作再到生活，都为人们带来了极大的便利。移动电子商务正在成为世界经济运作的时尚商务新模式，众多应用上的创新和增值业务也为企业带来无限商机。本项目作为本教材第一部分，紧紧围绕移动电子商务的基础知识展开，从移动电子商务的认知、功能、优势、发展现状及发展趋势等方面进行全方位的阐述。

【项目分析】

1. 了解移动电子商务

在互联网时代，人们的网上购物、消费只能通过在计算机上实现，自从智能手机和平板电脑产品推出后，其强劲的性能令原本只能在电脑上完成的事务在手机上也可以轻松实现，并且步骤简单，不受使用场景的限制。在商场看到一款喜欢的商品，拿出手机进行比价，然后在价格优惠、物流快速的电商平台下单购买，或许逛街回家时快递已经在楼下等候了。这样的场景曾经是天方夜谭，如今却已非常普遍。在移动互联网时代，人们的生活理念再次被颠覆，一切都变得简单、快速、便捷，生活中很多领域都离不开移动电子商务。同时，移动生活服务、移动办公、移动医疗、移动教育等也快速发展，逐渐进入人们的生活。

2. 全球移动电子商务时代

近年来，移动互联网保持高速发展态势，并加速向经济社会各领域渗透，带动电子商务由传统PC（个人计算机）端加速向移动端迁移，庞大的移动用户和移动互联网的快速发展为移动电子商务提供了强大的动力。随着移动智能设备的发展和普及，移动定位、移动支付、移动搜索等技术趋于成熟，为移动电子商务提供了用户和技术上的支持。

移动电子商务在全球范围内迅猛发展，其中日本、英国和韩国的零售电子商务交易量最大。根据广告效果营销平台Criteo的报告数据显示，2016年第二季度，移动电子商务订单量占全球网络零售交易总量的27%，其中，从智能手机下单的比率高达55%，APP新用户保留率和转换率分别为WAP端的2倍和3倍。按照国家维度来看，巴西、澳大利亚、法国移动端购物增长趋势明显。而在日本、英国，移动端下单占当地零售交易总量的比例已超过50%。中国大型电子商务企业，如阿里巴巴、腾讯、京东、苏宁等都完成了在移动端的布局。移动电子商务正成为当前电子商务发展的新力量，同时也开启了电子商务发展的新空间。

【任务分解】

任务一　移动电子商务

1. 认识移动电子商务

在移动互联网快速发展的今天，移动电子商务已经融入我们生活中的方方面面，通过各类手机APP（Application，手机应用程序）能解决衣食住行各种问题。周末带着家人去吃饭，拿出手机通过百度地图或者美团等团购APP搜索附近餐厅，看完餐厅介绍选择一家评价好、好吃又实惠的餐厅，点击预约定好座位，等时间到了直接去吃饭。吃饭的时候，哪个好吃就拍个照，放到微博或朋友圈晒一晒与朋友共享。以后朋友来这里吃饭的时候，凭着你的分享可以享受优惠，商家还会给你返利，能吃到好东西分享又能赚钱，真是很惬意。吃完饭去商场购物，看到哪个产品喜欢的拿起来扫一下二维码，用手机比比价，选择好的商品放入"购物车"，逛完商场在手机上点击送货时间和地址，直接通过手机支付，不用拎东西，也不用排队。然后去看电影，因为电影票在吃饭的时候已经用手机买好了。

如今，越来越多的人习惯了智能手机给生活带来的便利，衣食住行皆应用，手机APP已成为大多数人的"生活必需品"，下面就来说说那些我们最热衷的生活必备APP。

（1）随时随地想买就买——手机淘宝　手机淘宝作为国内最大的电商平台，是移动购物市场占有率最高的，是当之无愧的热门APP之一（图1-1）。

图1-1　手机淘宝

（2）民以食为天——饿了么　"饿了么"已经成为许多不爱出门的"宅男宅女"的最爱之一，它能快速搜罗附近外卖，直接用手机预订，美食就会送上门来，足不出户就可享受附近美味（图1-2）。

图 1-2 饿了么

（3）社交聊天神器——微信　微信是绝大部分人手机中不可或缺的 APP，微信的出现让社交变得方便快捷（图 1-3）。

图 1-3 微信

（4）打车不再烦——滴滴出行　由滴滴打车和快的打车合并的滴滴出行，是时下最流行、最实用的打车软件，是出行必备的打车应用 APP（图 1-4）。

（5）出行指南必不可少——百度地图　百度地图作为国内最大的生活地图 APP，提供附近搜索、路线规划、语音导航等功能，让出行更加方便（图 1-5）。

图 1-4 滴滴出行

图 1-5 百度地图

2. 移动电子商务功能及优势

通过对日常生活中必不可少的各类手机 APP 的使用，不难看出移动电子商务在当今社会已经被越来越多的人熟知并使用。随着手机终端功能的提升，以及相关政府部门的高度重视,这一产业高速发展,移动电子商务业务范围也逐渐扩大,它涵盖了金融、信息、娱乐、旅游和个人信息管理等领域。其主要功能包括银行业务、交易、订票、购物、娱乐、网络比价、信息推送与分享等。

(1)移动电子商务的功能

① 银行业务:移动电子商务使用户能随时随地在网上安全地进行个人财务管理,进一步完善互联网银行体系。用户可以使用其移动终端核查自己的账户、支付账单、进行转账以及接收付款通知等。

② 交易:移动电子商务具有即时性,因此非常适合股票等交易应用。移动设备可用于接收实时财务新闻和信息,也可确认订单并安全地在线管理股票交易。

③ 订票:通过互联网预订机票、车票或入场券已经发展成为一项主要业务,其规模还在继续扩大。互联网有助于方便核查票证的有无,并进行购票和确认。

④ 购物:借助移动电子商务,用户能够通过其移动通信设备进行网上购物。如订购鲜花、礼物、食品、快餐等。传统购物也可通过移动电子商务得到改进,例如,用户可以使用"无线电子钱包"等具有安全支付功能的移动设备,在商店里或自动售货机上进行购物。

⑤ 娱乐:移动电子商务将带来一系列娱乐服务。用户不仅可以从自己的移动设备上收听音乐,还可以在网上与朋友们玩交互式游戏,还包括快速、安全的博彩和游戏。

⑥ 网络比价:伴随着移动电子商务的发展,用户可以通过移动端进行随时随地的网络比价,选择更优惠的平台进行消费。

⑦ 信息推送与分享:移动互联网的发展使人与人之间的沟通越来越便捷,用户可以通过移动端实现即时信息的推送与分享,比如微信的广泛使用。

(2)移动电子商务的优势 移动电子商务作为一种新型的电子商务方式,利用了移动无线网络的优点,是对传统电子商务的有益补充,移动电子商务与电子商务的区别如表1-1所示。

表1-1 移动电子商务与电子商务的区别

区别	移动电子商务	电子商务
网络基础设施	通信速度受无线电频谱限制,带宽有限,具有地理定位功能,可实现基于位置的服务	无差别服务
终端设备	设备屏幕小,内存小,处理器速度慢,输入不变,电量有限,适合信息要简洁,不宜处理复杂的应用	个人计算机
用户群	潜在用户远大于电子商务,但分布不均、文化差异大	比较集中
移动性	因移动而产生更多的商业机会,更能实现个性化,但再需要大数据处理场合,给商务活动的进行带来不便	移动性差,但处理大数据更快捷
时空约束	与空间、时间(如医疗救护)有关,更能实现个性化,更能满足用户与位置有关的需求,如在陌生城市找餐馆	不受时间和空间的限制,提供一样的服务
商业模式	通过对差异性提供个性化服务来盈利,如位置变成产生价值的来源,必须考虑成本	低成本、无限的网络空间、消除信息不对称,提供无限的免费信息服务

与传统电子商务相比,移动电子商务主要存在以下优势。

① 时空的灵活性:移动电子商务突破时间和空间限制,具有随时随地的特点,只要有移动网络覆盖,用户在任何时间、任何地点都可以灵活进行商务交易。

②应用的即时性：移动电子商务可以即时响应用户需求，使用户及时获取所需要的各种信息和服务，节省交易时间，提高商务效率。

③支付的便捷性：电子商务活动要求操作时间短，响应速度快，借助多种电子支付手段，移动电子商务交易更加便捷，大大简化了商业交易过程。

④服务的个性化：随着移动电子商务应用领域的不断拓展，业务范围涵盖了商务活动的各个环节，人们可以根据自己的喜好和需求进行个性化服务配置。

⑤交易的安全性：使用手机银行业务的客户可更换为大容量的SIM卡，使用银行可靠的密钥，对信息进行加密，传输过程全部使用密文。这一系列的措施，都为移动电子商务提供安全的保护。

⑥业务的多样性：移动电子商务能提供多种多样的业务类型，如PIM（个人信息服务）、银行业务、交易、购物、基于位置的服务（Location Based Service）、娱乐等。

当然，由于传统电子商务与移动电子商务拥有不同特征，移动电子商务不可能完全替代传统电子商务，两者是相互补充、相辅相成的。移动电子商务所具有的灵活、便捷等特点，必将为其带来持续的发展和壮大。

任务二　移动电子商务概况

1. 移动电子商务的发展现状

随着智能手机的普及，移动互联网逐步渗透到了各行各业中，不仅影响了经济和社会，就连人们的社交方式、生活方式、消费方式也随之变化。人们越来越习惯将智能手机作为购物的首选设备，手机已经成为人们日常生活中非常重要的一部分，已经不仅是传统意义上的通信产品，更多承载了人们的娱乐、消费、商务、办公等活动，移动电子商务已经无处不在。

人们习惯了通过手机购物，习惯了吃饭前要查看美食软件，习惯了出行用打车软件叫车，习惯了吃饭时要拍张照发朋友圈；亦习惯了朋友聚餐各自低头玩手机，习惯了用"拖沓"的微信交流代替一次通话……

2016年第二季度（Q2）中国移动网购市场交易规模达7834.4亿元，同比增长75.9%；从移动端、PC端占比来看，移动端占比达到70.1%，同比增长19.3%，渗透率持续提升（图1-6、图1-7）。

无线网络的普及、移动端碎片化的特点及更加符合消费场景化的特性使流量持续向移动端转移；随着用户消费场景使用习惯的变化，移动端成为大势所趋。而电商企业纷纷大力发展移动端也是移动端继续渗透的重要原因：一方面，许多电商企业以新用户获取和品类扩张为战略重点，推出针对移动端的定制电商产品；另一方面，大量新兴电商仅推出移动端业务，移动端成为新增网购用户的主要来源；此外，直播、VR（Virtual Reality，虚拟现实技术）购物等场景化购物模式兴起，各家企业在加强移动端商品运营的同时不断丰富内容运营，以增加用户的使用频率及重复购买次数。

从整体上看，移动购物市场集中度依然很高，但相较前几个季度，排名前三的企业其份额继续下降。从企业份额来看，2016年第二季度阿里无线依然稳居首位，占比为80.1%；由于"618大促"，京东移动端市场份额持续增长至8.0%。唯品会、聚美优品、蘑菇街等时

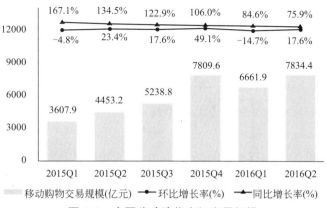

图 1-6　中国移动购物市场交易规模

图 1-7　中国移动网购交易额 PC 端和移动端占比

尚电商的移动端在整体交易额占比中均超八成。而随着垂直电商不断发力、农村电商兴起、直播等内容运营方式的火热，其他电商企业移动端交易也占据了一定的份额。

移动互联高速增长打破了原来 PC 端过于集中的大平台格局，生态更丰富多彩。越来越多人网上购物的工具开始从 PC 端向移动端转移，网上购物时手机、平板电脑的使用率提高，说明用户消费习惯的改变已成定局。

2. 移动电子商务的发展趋势

移动电子商务已经成为推动电子商务发展新的增长点，特别是基于线下商业的 O2O 融合创新，新一轮创新高潮正在涌现。如滴滴出行、携程旅行、河狸家等基于 O2O 的行业 APP 迅速蹿红，使人们越来越体验到移动电子商务为生活带来的便捷，同时也为移动电子商务发展开辟了更加广阔的空间。构建新型的移动电子商务发展模式是一项复杂的系统工程，也是促进我国电子商务健康快速发展的当务之急。

我国移动电商发展的新趋势主要表现在以下几个方面。

（1）传统电子商务平台争相向移动端的迁移　从规模上国内排名前十位的移动电商企业看，除了买卖宝之外，淘宝、京东、唯品会、苏宁易购、聚美优品、国美在线等全部是 PC 时代的主流电子商务企业。主流电商企业全面布局移动电子商务，市场格局已经初步形成。

（2）移动时代流量入口多元化，从线上到线下的入口布局是竞争的焦点　　移动互联网极大拓展了用户上网的应用场景，PC时代的入口和用户优势面临挑战。2013年以来，不论是阿里巴巴在来往、微博上的重金投入，还是腾讯、阿里巴巴在手机地图领域的大手笔并购，无不显示各巨头对入口争夺的重视。而2014年以来，移动入口争夺战更是从线上烧到了线下，阿里巴巴以支付宝钱包为依托、腾讯以微信支付为依托，都与线下商家展开广泛合作，积极布局二维码入口。在2015年"双12"中，支付宝联合全国30多万家的线下商户参与活动（包括华润、沃尔玛、家乐福、欧尚、世纪联华、永辉、人人乐、全家、屈臣氏、万宁等品牌），覆盖餐饮、超市、便利店、外卖、商圈、机场、美容美发、电影院等线下场景，遍及全国200多个城市和港澳台地区以及大洋洲、亚洲的多个国家（图1-8）。

图1-8　移动改变生活

（3）移动社交和自媒体的爆发开启去中心化的电子商务发展新模式　　与传统电子商务企业通过一个平台聚集所有商家和流量的中心化模式不同，去中心化的电子商务模式是以微博、微信等移动社交平台为依托，通过自媒体的粉丝经济模式，通过社群关系链的分享传播来获取用户。更重要的是，购物也不再是单纯的购物，而会在人们碎片化的社交场景中被随时激发，这极大降低了商家的流量获取成本，吸引了众多商家的关注。

（4）O2O闭环生态链相关技术基本成熟　　以二维码和NFC（Near Field Communication，近距离无线通信技术）为代表的移动支付技术、以百度地图和高德地图为代表的LBS技术、以阿里云为代表的云计算技术以及免费WiFi等相关技术都已经进入大规模商用阶段，服务线下商业的O2O闭环生态链基本成熟。特别是在开放平台策略的推动下，这些技术平台开启了基于O2O模式的创新和创业浪潮。

如果说在PC电子商务时代线上与线下还存在激烈的冲突，那么在移动电商时代融合创新将成为全社会转型发展的主流。传统的单中心化发展格局将向多中心化甚至去中心化的格局转变，商业竞争的焦点也将由流量和价格竞争转向产品和服务竞争。

此外，由于O2O所涉猎的领域十分广泛且非标准化特性显著，不同领域所要求的平台模式、交易机制、服务体系等都具有很强的特殊性，这决定了O2O发展的商业基础设施建设不可能像传统电子商务一样搭建统一的标准化平台。对于运营商而言，可以利用其网络、用户和服务网点等优势，在移动网络入口、移动支付平台、社区服务网络等方面发力，探索建立适应线下商家网络化转型需求的新型商业基础设施。

【知识要点】

1. 移动互联网的特点

移动互联网源于互联网，但移动互联网不等同于移动加互联网，它继承了移动通信随时、随地、随身和互联网分享、开放、互动的优势，不是简单的加法，而是乘法，是将互联网和移动通信充分融合，合二为一的"升级版"。它以前所未有的用户普及速度，无处不在的内容、应用与服务以及对过去用户运营商、开发者之间的商业模式瓶颈问题的破解，迅速地完成了时代王朝的更替，由PC互联网时代转向移动互联网时代。移动互联网时代的特点主要有如下几项。

（1）**便携**　移动互联网终端以手机和平板电脑为主，现在市场上也出现了智能手环、智能手表和智能眼镜等随身设备，这些设备在"智能化"以前本就是人们随身携带的物品，因此这些智能设备与以往相比并没有增加用户使用中的不便，便携性能依然优越。

（2）**便捷**　移动互联网与"传统"互联网不同，能够通过不同的方式与互联网相连，只要有移动网络，就能联网，不再依赖于接线插口或其他端口，因此使用过程中更加便捷。

（3）**即时**　移动互联网使人们能够利用"碎片时间"处理一些简单事物，例如收发简单的邮件或接受工作指令，如果用户愿意的话，可以24小时都联网接收和处理信息，不会再有重要信息被错过。

（4）**强制**　移动互联网的"强制性"是一种相对的特点，与"传统"互联网相比，移动互联网使人们习惯于不断查看手机或其他移动设备，每一条信息都有声音或其他提示，这使用户不得不及时处理这些信息。这也体现了移动互联网的软性强制性。

（5）**封闭**　相对于"传统"互联网来说，移动互联网由于基于移动通信信号，因此可以说与用户的手机号码"绑定"了，而无论用户是否用手机号码在各大网站注册。相对于"传统"互联网来说，监控范围更广泛，而人们的视角也相对更加封闭。

2. 移动互联网发展现状

（1）**移动化逐渐完成**　随着移动互联网的发展，原先的PC网络业务逐渐被迁移到移动互联网的终端上，例如邮件、即时信息、浏览器、多媒体播放器等，而原来一些通过网页访问的网站也都为移动设备提供了相应的应用（APP）。

（2）**娱乐化仍在加强**　移动互联网的主要终端是智能手机，用户平均年龄虽然正在向高龄迁移，但依然以青年人为主，出于缓解压力的需求，移动互联网依然体现出较强的娱乐性，音乐、视频、手机游戏类应用的广泛应用可见一斑。

（3）**区域化分化明显**　由于我国省份较多，区域化明显，各地区发展不均衡，因此不同区域内人们对移动互联网的需求各不相同，受到当地经济、技术、学术发展水平的影响较大。这吸引了一部分移动互联网服务的提供者着眼于区域，提供有特色的区域性服务。

（4）**功能化尚需加强**　移动互联网虽然备受瞩目，但现有的基于移动互联网的服务依然趋于同质化，也有一些行业依然采取旧的思路在运营，互联网只是噱头而没有成为其真正的工具。

3. 移动互联网发展趋势

（1）**应用娱乐化成为主流**　娱乐服务，包括音乐、视频以及游戏等，相比其他服务更加契合人们减压、放松的需求，随着未来人们工作压力进一步加大，可以预见这类服务将逐渐成为主流，与之相关的社交服务也将继续强劲地增长。

（2）信息来源多样化　　未来的多媒体技术将会随着移动互联网的发展而逐渐展现出其在信息提供方面的优势。未来的新闻、信息等将以更加多样化的渠道展现在人们面前，吸引人们的注意。例如，当前广告的形式就从过去的平面广告发展成视频广告或片头广告，现在已经实现"即点即购"，即在视频广告中看到的物品均能够通过点击直达网上店铺。

（3）业务发展多元化　　未来，移动互联网的发展将不再局限于现有功能，也不再局限于现有终端，而是会打通固定端和移动终端的渠道，服务也将更贴近生活化，面向企业的应用也会逐渐向缩减管理流程倾斜，而不只是服务于营销和品牌塑造。新形式的移动广告、移动支付、移动物联网等都会获得新的发展和运用。

（4）搜索是重中之重　　无论是传统互联网还是移动互联网，对于搜索的要求都是非常大的，通过搜索可以给企业带来流量，因此，移动搜索仍然是移动互联网时代的主要应用。

（5）LBS是未来趋势　　基于本地化的位置服务（Location Based Services，LBS）将会在未来发挥巨大的作用，它是移动互联网时代的一个突破性发明，传统互联网和移动互联网的最大差别就是后者是非常本地化的，在LBS方面具有非常大的优势，企业可以把用户在其位置的信息进行更多的整合服务。

4. 移动互联网用户消费特点

2017年，科技的风口兜兜转转，从直播、VR到AI（Artificial Intelligence，即人工智能）再到区块链、短视频泛娱乐IP，最终在2017年底定格在了知识付费上，然而这并没有结束，紧随知识付费而来的就是直播答题……这就是中国移动互联网的奇妙之处，再严肃的新技术形态、商业模式和业态，都能在成熟之前被"神奇"的力量解构掉。

2017年中国移动互联网月度活跃设备总数稳定在10亿以上，从2017年1月的10.24亿到12月的10.85亿，增长非常缓慢；同比增长率也呈逐月递减的趋势，再次验证人口红利殆尽、移动互联网用户增长面临巨大考验的现状（图1-9）。

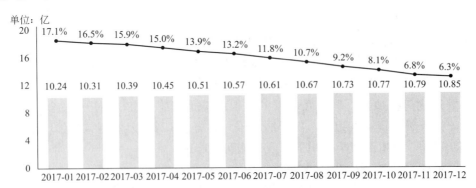

图1-9　2017年1—12月中国互联月度活跃设备数

2016年中国移动支付规模已经达到5.5万亿美元，2017年达到15.4万亿美元；根据QuestMobile数据，我国移动支付用户规模从2016年的5.78亿增加到7.26亿（图1-10）。

反观美国，由于支付习惯等因素的影响，移动支付规模与中国相距甚远。2016年全美支付规模为1120亿美元，2017年这一数字增长至2200亿美元，仍落后中国大约70倍。

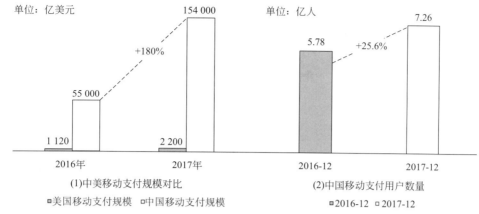

(1) 中美移动支付规模对比　　　(2) 中国移动支付用户数量

图 1-10　中国互联网用户现状

随着生活节奏的加快，人们很少有整段的时间去逛街购物，闲暇时间十分零碎，实体店对消费者的购物时间和地点存在很大的限制，已经逐渐满足不了人们的购物需求。移动互联网技术、智能终端以及终端应用程序不断发展和更新，现在人们可以随时随地上网进行购物、搜索比价、查询信息、浏览自己感兴趣的新闻等。

移动互联网时代的用户消费特点主要表现在以下几个方面。

（1）**消费移动化、碎片化**　　随着智能手机以及移动互联网技术的发展，智能手机用户可以利用上下班、入睡前等碎片时间进行购物，并且可以在很短的时间内浏览大量的商品，不受时间与地点限制地对各个店铺的性价比进行比较，最终选择自己心仪的商品。

（2）**消费需求呈现个性化**　　随着科学技术和时代的发展，人们逐渐摆脱了工业时代的标准化，在信息化的时代，更加注重个性的张扬，新成长起来的消费者群体具有十分鲜明的个性化需求，我国的模仿型排浪式消费阶段已经基本结束。

（3）**消费入口呈现多元化**　　在智能手机与移动互联网技术流行的今天，各种各样的手机客户端给用户提供了很大的便利，用户买东西可以直接打开天猫、淘宝客户端，想聊天可以直接打开微信、QQ客户端，用户所有的需求都被细化成每一个客户端，实现了用户消费入口的多元化（图1-11）。

（4）**消费决策逐渐理性化**　　俗话说"货比三家"，消费者对不同店家的同种商品进行比较，可以形成理性、合理的消费习惯，但是在传统的消费模式下以及碍于路程等原

图 1-11　多元化的用户消费入口

因，消费者很难做到货比三家，但随着人机互动技术的成熟，消费者能够便捷地对多个店家的同种商品进行对比再进行购买。手机移动平台有搜索功能，用户不断添加关键词可以缩小搜索范围，更快、更加准确地找到目标商品，此外，多种第三方平台的兴起也为消费者提供了更多的消费参考。

项目二

移动电子商务基础技术

【项目概述】

移动电子商务是在网络技术和移动通信技术的支撑下,以移动智能终端(如手机、笔记本电脑等)为平台,通过移动电子商务解决方案,实现企业办公信息化(便捷的、大众化的、具有快速管理能力和资源整合增值能力)的全新方式,移动电子商务是移动通信、互联网与电子商务等整合的最新信息化成果。移动电子商务超越时间和空间的限制,只用一个手机或其他电子设备终端,使人们通过移动通信设备获得数据服务,通信内容包括语音、数字、文字、图片和图像等,在移动中进行电子商务。移动电子商务的发展主要取决于移动通信技术、移动智能终端、移动二维码技术等的空前发展。

【项目分析】

全球移动电子商务发展非常迅速,尤其是在韩国、美国、日本、芬兰和瑞典等国家,人们不但可以随时随地用手机打电话、发短信,还可以用手机来支付购物、停车等各种费用,手机银行、移动互联网、移动定位等应用更是已经进入人们的生活。本项目从移动通信技术、移动互联网、智能终端、APP、移动二维码技术、RFID(Radio Frequency Identification,射频识别技术)技术、移动定位技术、移动云技术、移动信息推送技术和HTML+CSS3 网页制作实现功能各个方面讲述移动电子商务的基础技术,使同学们了解移动电子商务快速发展背后的技术,掌握移动电子商务各种基础技术的功能、特性和应用模式等。

【任务分解】

任务一 移动通信技术和移动互联网

1. 认识移动通信

如今,人们可以通过手机进行通信,智能手机更如同一款随身携带的小型计算机,通过 4G(Generation)等移动通信网络实现无线网络接入后,可以方便地实现个人信息管理及查阅股票、新闻、天气、交通、商品信息,快速下载应用程序、音乐和图片等。

(1)**移动通信的概念** 移动通信(Mobile Communications)是移动用户与固定点用户之间或移动用户之间沟通的一种通信方式。通信双方有一方或两方处于运动中的通信,包括陆、海、空移动通信。采用的频段遍及低频、中频、高频、甚高频和特高频。

移动通信系统由移动台、基站、移动交换局组成。若要同某移动台通信,移动交换局通过各基台向全网发出呼叫,被叫台收到后发出应答信号,移动交换局收到应答后分配一个信道给该移动台并从此话路信道中传送一信令使其振铃。

（2）移动通信的特点

① 移动性。就是要保持物体在移动状态中的通信，因而它必须是无线通信，或无线通信与有线通信的结合（图2-1）。

② 电波传播条件复杂。因移动物体可能在各种环境中运动，电磁波在传播时会产生反射、折射、绕射、多普勒效应等现象，产生多径干扰、信号传播延迟和展宽等效应。

③ 噪声和干扰严重。在城市环境中的汽车火花噪声、各种工业噪声，移动用户之间的互调干扰、邻道干扰、同频干扰等。

图2-1　移动通信

④ 系统和网络结构复杂。它是一个多用户通信系统和网络，必须使用户之间互不干扰，能协调一致地工作。此外，移动通信系统还应与市话网、卫星通信网、数据网等互联，整个网络结构是很复杂的。

⑤ 要求频带利用率高、设备性能好。

（3）移动通信的发展历程　移动通信技术可以说从无线电通信发明之日就产生了。1897年，M.G.马可尼所完成的无线通信试验就是在固定站与一艘拖船之间进行的，距离为18nmile。而现代移动通信技术的发展始于20世纪20年代，大致经历了五个发展阶段。

第一阶段从20世纪20年代至40年代，为早期发展阶段。

在这期间，首先在短波几个频段上开发出专用移动通信系统，其代表是美国底特律市警察使用的车载无线电系统（图2-2）。该系统工作频率为2MHz，到20世纪40年代提高到30～40MHz，可以认为这个阶段是现代移动通信的起步阶段。特点是专用系统开发，工作频率较低。

第二阶段从20世纪40年代中期至60年代初期。

在此期间内，公用移动通信业务开始问世。1946年，根据美国联邦通信委员会（Federal Communications Commission，FCC）的计划，贝尔系统在圣路易斯城建立了世界上第一个公用汽车电话网，称为"城市系统"。当时使用三个频道，间隔为120kHz，通信方式为单工，随后，原联邦德国（1950年）、法国（1956年）、英国（1959年）等国相继研制了公用移动电话系统。美国贝尔实验室完成了人工交换系统的接续问题。这一阶段的特点是从专用移动网向公用移动网过渡，接续方式为人工，网的容量较小（图2-3）。

第三阶段从20世纪60年代中期至70年代中期。

在此期间，美国推出了改进型移动电话系统（IMTS），使用150MHz和450MHz频段，采用大区制、中小容量，实现了无线频道自动选择并能够自动连接到公用电话网。德国也推出了具有相同技术水准的B网。可以说，这一阶段是移动通信系统改进与完善的阶段，其特点是采用大区制、中小容量，使用450MHz频段，实现了自动选频与自动连接。

第四阶段从20世纪70年代中期至80年代中期。这是移动通信蓬勃发展时期。

1978年年底，美国贝尔试验室研制成功先进的移动电话系统（Advanced Mobile Phone System，AMPS），建成了蜂窝状移动通信网，大大提高了系统容量。该阶段称为1G（第

图 2-2　1946 年 10 月贝尔电话公司启动车载无线电话服务

图 2-3　人工交换台

一代移动通信技术），主要采用的是模拟技术和频分多址（FDMA）技术。Nordic 移动电话（NMT）就是这样一种标准，应用于北欧、东欧地区的国家以及俄罗斯。其他还包括美国的高级移动电话系统（AMPS）、英国的总访问通信系统（TACS）、日本的 JTAGS、西德的 C-Netz、法国的 Radiocom 2000 和意大利的 RTMI。

这一阶段的特点是蜂窝状移动通信网成为实用系统，并在世界各地迅速发展。移动通信大发展的原因，除了用户要求迅猛增加这一主要推动力之外，还有几方面技术进展所提供的条件。首先，微电子技术在这一时期得到长足发展，这使得通信设备的小型化、微型化有了可能性，各种轻便电台被不断地推出。其次，提出并形成了移动通信新体制。随着用户数量增加，大区制所能提供的容量很快饱和，这就必须探索新体制。在这方面最重要的突破是贝尔实验室在 20 世纪 70 年代提出的蜂窝网的概念，解决了公用移动通信系统要求容量大与频率资源有限的矛盾。第三方面进展是随着大规模集成电路的发展而出现的微处理器技术日趋成熟以及计算机技术的迅猛发展，从而为大型通信网的管理与控制提供了技术手段。以 AMPS 和 TACS 为代表的第一代移动通信模拟蜂窝网虽然取得了很大成功，但也暴露了一些问题，比如容量有限、制式太多、互不兼容、话音质量不高、不能提供数据业务、不能提供自动漫游、频谱利用率低、移动设备复杂、费用较贵以及通话易被窃听等，最主要的问题是其容量已不能满足日益增长的移动用户需求（图 2-4、图 2-5）。

图 2-4　第一代移动电话

图 2-5　世界上第一台手机摩托罗拉 DynaTAC 8000X

如图2-5所示是世界上第一台手机摩托罗拉DynaTAC 8000X，重2磅，通话时间半小时，销售价格为3995美元，是名副其实的最贵重的"砖头"。

第五阶段从20世纪80年代中期开始。这是数码移动通信系统发展和成熟时期。该阶段可以再分为2G、2.5G、3G、4G等。

2G是第二代手机通信技术规格的简称，一般定义为以数码语音传输技术为核心，无法直接传送如电子邮件、软件等信息；只具有通话和一些如时间、日期等传送的手机通信技术规格（图2-6）。不过手机短信SMS（Short Message Service）在2G的某些规格中能够被执行。主要采用的是数码的时分多址（TDMA）技术和码分多址（CDMA）技术，与之对应的主要是GSM（全球移动通信系统）和CDMA（码分多址）两种体制。

2.5G是从2G迈向3G的衔接性技术。由于3G是个相当浩大的工程，牵涉的层面多且复杂，要从2G迈向3G不可能一下就衔接得上，因此出现了介于2G和3G之间的2.5G。HSCSD、WAP、EDGE、蓝牙（Bluetooth）、EPOC等技术都是2.5G技术。2.5G功能通常与GPRS（通用分组无线服务技术）技术有关，GPRS技术是在GSM的基础上的一种过渡技术。GPRS的推出标志着人们在GSM的发展史上迈出了意义最重大的一步，GPRS在移动用户和数据网络之间提供一种连接，给移动用户提供高速无线IP和X.25分组数据接入服务。相较于2G服务，2.5G无线技术可以提供更高的速率和更多的功能（图2-7）。

图2-6　经典的2G手机

图2-7　传统的2.5G手机

3G是英文3rd Generation的缩写，是指支持高速数据传输的第三代移动通信技术。与以模拟技术为代表的第一代和第二代移动通信技术相比，3G将有更宽的带宽，其传输速度最低为384K，最高为2M，带宽可达5MHz以上。不仅能传输话音，还能传输数据，从而提供快捷、方便的无线应用，如无线接入互联网。能够实现高速数据传输和宽带多媒体服务是第三代移动通信的另一个主要特点。3G存在四种标准：CDMA2000、WCDMA、TD-SCDMA、WiMAX。第三代移动通信网络能将高速移动接入和基于互联网协议的服务结合起来，提高无线频率利用效率，提供包括卫星在内的全球覆盖并实现有线和无线以及不同无线网络之间业务的无缝连接，满足多媒体业务的要求，从而为用户提供更经济、内容更丰富的无线通信服务。

相对第一代模拟制式手机（1G）和第二代GSM、TDMA等数字手机（2G），第三代手机一般而言，是指将无线通信与国际互联网等多媒

图2-8　3G智能手机

体通信结合的新一代移动通信系统，是基于移动互联网技术的终端设备。3G 手机（图 2-8）完全是通信业和计算器工业相融合的产物，和此前的手机相比，差别非常大，因此越来越多的人开始称呼这类新的移动通信产品为"个人通信终端"。即使是对通信业最外行的人也可从外形上轻易地判断出一台手机是否是"第三代"：第三代手机都有一个超大的彩色显示屏，往往还是触摸式的。3G 手机除了能完成高质量的日常通信外，还能进行多媒体通信。用户可以在 3G 手机的触摸显示屏上直接写字、绘图，并将其传送给另一部手机，而所需时间可能不到一秒。当然，也可以将这些信息传送给一台计算机，或从计算机中下载某些信息；用户可以用 3G 手机直接上网，查看电子邮件或浏览网页；有不少型号的 3G 手机自带摄像头，这使用户可以利用手机进行计算机会议，甚至替代数码相机。

4G 是第四代移动通信及其技术的简称，是集 3G 与 WLAN 于一体并能够传输高质量视频图像以及图像传输质量与高清晰度电视不相上下的技术产品。4G 系统能够以 100Mbps 的速度下载，比拨号上网快 2000 倍，上传的速度也能达到 20Mbps，并能够满足几乎所有用户对于无线服务的要求。而在用户最为关注的价格方面，4G 与固定宽带网络在价格方面不相上下，而且计费方式更加灵活机动，用户完全可以根据自身的需求确定所需的服务。此外，4G 可以在 DSL（数字用户线路）和有线电视调制解调器没有覆盖的地方部署，然后再扩展到整个地区。很明显，4G 有着不可比拟的优越性。

4G 移动系统网络结构可分为三层：物理网络层、中间环境层、应用网络层。物理网络层提供接入和路由选择功能，它们由无线和核心网的结合格式完成。中间环境层的功能有 QoS 映射、地址变换和完全性管理等。物理网络层与中间环境层及其应用环境之间的接口是开放的，它使发展和提供新的应用及服务变得更为容易，提供无缝高数据率的无线服务，并运行于多个频带。这一服务能适应多个无线标准，具备多模终端能力，跨越多个运营者和服务商，提供大范围服务。第四代移动通信系统的关键技术包括：信道传输；抗干扰性强的高速接入技术、调制和信息传输技术；高性能、小型化和低成本的自适应阵列智能天线；大容量、低成本的无线接口和光接口；系统管理资源；软件无线电、网络结构协议等。第四代移动通信系统主要是以正交频分复用（OFDM）为技术核心。OFDM 技术的特点是网络结构高度可扩展，具有良好的抗噪声性能和抗多信道干扰能力，可以提供无线数据技术质量更高（速率高、时延小）的服务和更好的性能价格比，能为 4G 无线网提供更好的方案。例如无线区域环路（WLL）、数字音讯广播（DAB）等，预计都采用 OFDM 技术。4G 移动通信对加速增长的广带无线连接的要求提供技术上的回应，对跨越公众的和专用的、室内和室外的多种无线系统和网络保证提供无缝的服务。通过对最适合的可用网络提供用户所需求的最佳服务，能应付基于互联网通信所期望的增长，增添新的频段，使频谱资源大扩展，提供不同类型的通信接口，运用路由技术为主的网络架构，以傅立叶变换来发展硬件架构实现第四代网络架构。移动通信会向数据化、高速化、宽带化、频段更高化方向发展，移动数据、移动 IP 预计会成为未来移动网的主流业务。

（4）4G 移动通信技术的应用　4G 移动通信技术由于其具有传输速度快、移动范围广、融合业务多等特点，可以应用于以下几个方面。

① 播放高清视频。随着移动通信技术的发展，智能手机电视、在线高清电影、智能手机监控、视频网络通话等应用逐渐得到普及应用，但是由于受到移动信号跨区切换的影响和网络带宽的限制，往往还不能满足人们的需求。然而 4G 移动通信技术传输速度快的特点正好弥补了这个缺陷，因此使用现有的移动端设备进行在线点播高清视频和网络不间断通话成

为可能（图 2-9）。

② 电子图书馆。目前电子图书馆的功能主要是对电子图书资源进行下载浏览、播放阅读等，其中播放阅读功能需要比较高的移动终端配置和网络要求，特别是视频资源的需求条件更高，如使用 4G 移动通信技术，其高速性能可以保证视频资源在移动端的正常播放，使读者能够更为方便快捷地获取电子资源信息，提高工作和学习的效率（图 2-10）。

图 2-9　播放高清视频

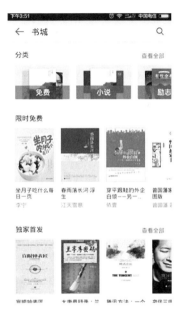

图 2-10　电子图书馆

③ 移动视频会议。传统的视频会议为了保证会话和交互的可靠性，必须在室内进行，并利用有线网络和工控会议终端进行会话，对会议效率的提升并不明显。但是成熟的 4G 移动通信技术可以使用智能手机进行配合，在智能手机上举行视频会议，这样可使与会者不限时、不限地点地进行会话与交互，并且 4G 移动通信技术的优异性能可以对会议过程的流畅性给予稳定的保证，进而提高了会议效率。

2. 认识移动互联网

PC 端互联网已经处于日渐饱和的境况，而移动互联网却正在蓬勃发展，传统的互联网巨头们也开始将目光聚集到了移动互联网。

易观智库产业数据库于 2017 年发布《2017 中国移动互联网市场数据》。其中的数据显示，截至 2017 年 3 月，中国移动互联网活跃用户规模达到 93251.8 万人，环比增长 1.0%（图 2-11）。

（1）**什么是移动互联网**　移动互联网，就是将移动通信和互联网二者结合起来，成为一体，是互联网的技术、平台、商业模式和应用与移动通信技术结合并实践的活动的总称。4G 时代的开启以及移动终端设备的激增为移动互联网的发展注入了巨大的能量。

（2）**移动互联网的发展趋势**　中国移动互联网在未来的发展趋势主要表现在以下四个方面。

① 搜索是重中之重。无论是传统互联网还是移动互联网，对于搜索的要求都是非常大的，通过搜索可以给企业带来流量，因此，移动搜索仍然是移动互联网时代的主要应用。

② LBS 是未来趋势。基于本地化的位置服务（LBS）将会在未来发挥巨大的作用，它

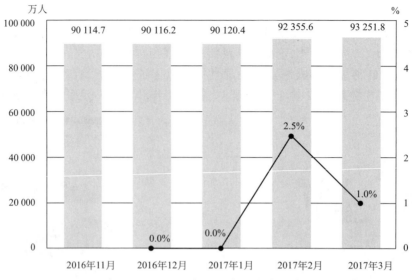

图 2-11　2016 年 11 月—2017 年 3 月中国移动互联网市场用户规模

是移动互联网时代的一个突破性发明,传统互联网和移动互联网的最大差别就是后者是非常本地化的,在 LBS 方面具有非常大的优势,企业可以把用户在其位置的信息进行更多的整合服务。

③ APP 进入快死阶段。纵观 APP 的发展历程,大致可以分成两块:一块是习惯性的分成,用户寻找适合的品牌;另一块是变动性的分成,人们的变动性达到了 60%,促使 APP 应用的生命周期急剧缩短,进入快死阶段,其中最严重的是游戏产业。

④ 移动电商蓬勃发展。现在,我国移动电子商务市场成长良好、发展健康。专家预测在未来两年内,用户规模和市场规模都将进一步扩大,并且保持高速增长。这也预示着中国已经步入了电子商务快速发展的时期。在市场运作上,移动电子商务主导者包括传统电子商务服务商、电信运营商、新兴的移动电子商务提供商等都已经开始在移动电子商务领域布局,市场用户进入者增多,服务形式也开始呈现多样性发展,行业结构不断进行良性更新,中国移动互联网已经具有了新跨越的必备条件。

任务二　移动智能终端及 APP

1. 认识移动智能终端

手机发展至今已不再仅仅是通信终端,还包含了许多生活、工作中必备的功能,用户对手机依赖度不断提升。随着科技的发展,生活中出现了不同种类的移动智能终端。

(1)什么是移动智能终端　移动智能终端是指可以移动使用的智能计算机设备,其拥有接入互联网的能力,通常搭载各种操作系统,可根据用户需求定制各种功能。

根据工业和信息化部电信研究院发布的《移动终端白皮书(2012)》的词条说明,移动智能终端是指具备开放的操作系统平台(应用程序的灵活开发、安装与运行)、PC 级的处理能力、高速接入能力和丰富的人机交互界面的移动终端。

（2）移动智能终端的分类　作为移动应用服务的重要载体，移动智能终端的产品界定和种类随着技术的不断发展而进步。生活中常见的移动智能终端包括了智能手机、平板电脑、笔记本电脑、PDA 智能终端、车载智能终端、可穿戴设备等。

① 智能手机。智能手机（Smartphone）是指"像个人计算机一样，具有独立的操作系统，可以由用户自行安装软件、游戏等第三方服务商提供的程序，通过此类程序来不断对手机的功能进行扩充，并且可以通过移动通信网络来实现无线网络接入的一类手机的总称"。手机已从功能性手机发展到以 Android、iOS 系统为代表的智能手机时代，是可以在较广范围内使用的便携式移动智能终端（图 2-12）。

② 平板电脑。平板电脑（Tablet Personal Computer），是一种小型、方便携带的个人计算机，以触摸屏作为基本的输入设备。它拥有的触摸屏允许用户通过触控笔或数字笔来进行作业而不是传统的键盘或鼠标。用户可以通过内建的手写识别、屏幕上的软键盘、语音识别或者一个真正的键盘实现输入。平板电脑的概念由比尔·盖茨提出，但是目前市场上最具代表性的平板电脑却是苹果公司的 iPad 系列（图 2-13）。

图 2-12　智能手机

图 2-13　苹果 iPad

③ 笔记本电脑。笔记本电脑又被称为"便携式电脑"，其最大的特点就是机身小巧，相比 PC 机携带更加方便。虽然笔记本电脑的机身十分轻便，但完全不用怀疑其应用性，在日常操作和基本商务、娱乐操作中，笔记本电脑完全可以胜任。未来其发展趋势是体积越来越小，重量越来越轻，而功能却越发强大，但是笔记本电脑在便携性上还远没有超越智能手机，所以目前多用于移动办公场景中（图 2-14）。

图 2-14　笔记本电脑

④ PDA 智能终端。PDA 智能终端（Personal Digital Assistant），又称为掌上电脑，可以帮助用户完成在移动中工作、学习、娱乐等。PDA 按用途来分类，分为工业级 PDA 和消费品 PDA。工业级 PDA 主要应用在工业领域，常见的有条码扫描器、RFID 读写器、POS 机等；消费品 PDA 包括的比较多，前面提到的智能手机、平板电脑，以及较常见的手持游戏机都是消费品 PDA，现在人们一提到 PDA 一般都指工业级 PDA。工业级 PDA 内置高性能进口激光扫描引擎、高速 CPU 处理器、WINCE5.0/Android 操作系统，具备超级防水、防摔及抗压能力。PDA 智能终端广泛用于鞋服、快消品、速递、零售连锁、仓储、移动医疗等多个行业的数据采集，支持 BT/GPRS/3G/Wifi 等无线网络通信（图 2-15）。

图 2-15　手持 PDA 设备

⑤ 车载智能终端。车载智能终端具备 GPS（Global Positioning System，全球定位系统）定位、车辆导航、采集和诊断故障信息等功能，在新一代汽车行业中得到了大量应用，能对车辆进行现代化管理，车载智能终端将在智能交通中发挥更大的作用（图 2-16）。

图 2-16　车载智能终端

⑥ 可穿戴设备。可穿戴设备即直接穿在身上或是整合到用户的衣服或配件的一种便携式设备。可穿戴设备不仅仅是一种硬件设备，更是通过软件支持以及数据交互、云端交互来实现强大功能的智能终端。可穿戴设备将会对我们的生活、感知带来很大的转变。可穿戴设备多以具备部分计算功能、可连接手机及各类终端的便携式配件形式存在，主流的产品形态包括以手腕为支撑的 Watch 类（包括手表和腕带等产品，图 2-17），以脚为支撑的 Shoes 类（包括鞋、袜子或者将来的其他腿上佩戴产品），以头部为支撑的 Glass 类（包括眼镜、头盔、头带等，图 2-18），以及智能服装、书包、拐杖、配饰等各类非主流产品形态。

图 2-17　苹果 iWatch

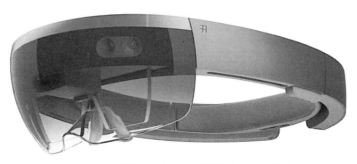

图 2-18　微软 HoloLens 眼镜（Glass 类）

在这些移动智能终端中，智能手机与平板电脑因便携性强，使用人数庞大，应用广泛被认为是目前两大主要移动智能设备，也是目前移动电子商务实现终端。

（3）移动智能手机操作系统及其优势　在如今的手机市场上，苹果和三星在中国市场上竞争激烈，被掩盖在实体机下的各大智能手机操作系统的竞争被忽略了。其实，智能手机操作系统为了赢得更多的客户，也希望有更多的手机厂商能搭载自己的操作系统（图 2-19）。那么现在主流的智能手机操作系统有哪些呢？它们之间各用哪些优势去赢得消费者的青睐呢？

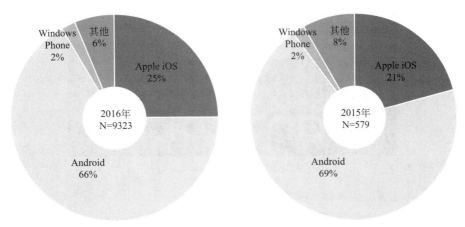

图 2-19　智能手机操作系统市场份额

智能手机操作系统是一种运算能力及功能比传统功能手机更强的操作系统。现在主要的智能手机操作系统有：Android、iOS、Symbian、Windows Phone 和 BlackBerry OS，同时它们之间的应用软件互不兼容（表 2-1）。由于智能手机操作系统可以像个人计算机一样安装第三方软件，所以智能手机有丰富的功能。智能手机因为具有独立的操作系统以及良好的用户界面，所以拥有很强的应用扩展性，能方便、随意地安装和删除应用程序。各大智能手机操作系统之间的竞争除了自己所搭载的智能手机硬件方面的较量外，自身优势如下。

① Symbian（塞班）。Symbian 作为昔日智能手机的王者，在 2005—2010 年曾一度独领风骚，街上出现的很多都是诺基亚的 Symbian 手机，硬件的水平低、操作简单、省电，软件资源多是基于 Symbian 系统。

表 2-1　智能手机操作系统

季度	Android	iOS	Windows Phone	其他
2016Q1	83.4	15.4	0.8	0.4
2016Q2	87.6	11.7	0.4	0.3
2016Q3	86.8	12.5	0.3	0.4
2016Q4	81.4	18.2	0.2	0.2
2017Q1	85.1	14.7	0.1	0.1

但是由于新兴的社交网络和 Web 2.0 内容支持欠佳，塞班在智能手机操作系统市场份额中日益萎缩。自 2009 年年底开始，包括摩托罗拉、三星电子、LG、索尼爱立信等各大厂商纷纷宣布终止基于塞班平台的研发，转而投入 Android 领域。2011 年年初，诺基亚宣布将与微软成立战略联盟，推出基于 Windows Phone 的智能手机，从而在事实上放弃了经营多年的塞班，塞班退市已成定局。

② Android。Android 机型数量庞大，简单易用，相当自由的系统能让厂商和客户轻松地定制各样的 ROM，定制各种桌面部件和主题风格。如今 Android 已经成为现在市面上主流的智能手机操作系统，随处都可以见到这个绿色机器人的身影（图 2-20）。

图 2-20　智能手机操作系统——Android

为什么 Android 智能手机操作系统会如此大热？

a. 开源。这是 Android 能够快速成长的最关键因素。在 Android 之前，没有任何一个智能操作系统的开源程度能够像 Android 一样。

b. 联盟。联盟战略是 Android 能够攻城拔寨的另一大法宝。谷歌（Google）为 Android 成立的开放手机联盟（OHA）不但有摩托罗拉、三星、HTC、索尼爱立信等众多大牌手机厂商拥护，还受到了手机芯片厂商和移动运营商的支持，仅创始成员就达到 34 家。

开源、联盟，Android 凝聚了几乎遍布全球的力量，这是 Android 形象及声音能够被传到全球移动互联网市场每一个角落的根本原因。

c．技术。Android 系统的底层操作系统是 Linux。Linux 作为一款免费、易得、可以任意修改源代码的操作系统，吸收了全球无数程序员的精华。

可惜 Android 版本数量较多，市面上同时存在着各种版本的 Android 系统手机，同时 Android 没有对各厂商在硬件上进行限制，导致一些用户在低端机型上体验不佳；另一方面，因为 Android 的应用主要使用 Java 语言开发，其运行效率和硬件消耗一直被其他手机用户所诟病。

③ iOS。智能手机操作系统 iOS 作为苹果移动设备 iPhone 和 iPad 的操作系统，在 APP Store 的推动之下，成为世界上引领潮流的操作系统之一。iOS 的用户界面的概念基础是能够使用多点触控直接操作。控制方法包括滑动、轻触开关及按键。与系统交互包括滑动（Swiping）、轻按（Tapping）、挤压（Pinching，通常用于缩小）及反向挤压（Reverse Pinching or Unpinching，通常用于放大）。此外通过其自带的加速器，可以旋转设备改变 y 轴以令屏幕改变方向，这样的设计令 iPhone 更便于使用。

④ Windows Phone。2008 年，在 iOS 和 Android 的冲击之下，微软重新组织了 Windows Mobile 的小组，并继续开发一个新的行动操作系统。原本计划它的正式版是在 2009 年发行，但是许多方面的延迟使得微软决定先用 Windows Mobile 6.5 来过渡。

全新的 Windows Phone（图 2-21）把网络、个人电脑和手机的优势集于一身，让人们可以随时随地享受到想要的体验。内置 office 办公套件和 Outlook 使得办公更加有效和方便。在应用方面，虽然 Windows Phone 提供了很好的开发工具，而且微软为了规范智能手机操作系统 Windows Phone 7 的用户体验，对开发者开发应用进行了严格的约束，开发者必须严格遵循这些开发约束和条款来进行应用开发。例如，开发者不能开发涉及手机摄像头的应用程序；开发者不能

图 2-21　智能手机操作系统——Windows Phone

对应用程序的界面私自进行定制；涉及系统类的应用必须使用系统提供的界面来运行；开发者必须通过 Zune 同步功能将开发好的应用程序发送到手机上。目前 Windows Phone 的应用数量还很少。一方面，Windows Phone 的界面独特，可定制的地方很少，容易造成审美疲劳；另一方面，在版本 Windows Phone 7.5 当中虽然开始支持多任务处理，但是最多也只能运行 5 个程序，多任务处理时显得力不从心。

⑤ Blackberry OS（黑莓）。智能手机操作系统 Blackberry 系统，即黑莓系统，是加拿大 Research In Motion（简称 RIM）公司推出的一种无线手持邮件解决终端设备的操作系统，由 RIM 自主开发（图 2-22）。它和其他手机终端使用的 Android、Windows Phone、iOS 等操作系统有所不同，Blackberry 系统的加密性能更强、更安全。

安装有 Blackberry 系统的黑莓机，指的不单单只是一台手机，而是由 RIM 公司所推出，包含服务器（邮件设定）、软件（操作接口）以及终端（手机）大类别的 Push Mail 实时电子邮件服务。"黑莓"（Blackberry）移动邮件设备基于双向寻呼技术。该设备与 RIM 公司的服务器相结合，依赖于特定的服务器软件和终端，兼容现有的无线数据链路，实现了遍及北

图 2-22　智能手机操作系统——Blackberry OS

美、随时随地收发电子邮件的梦想。黑莓赖以成功的最重要原则——针对高级白领和企业人士，提供企业移动办公的一体化解决方案。

黑莓系统稳定性非常优秀，其独特定位也深得商务人士所青睐。可是也因此在大众市场上得不到优势，国内用户和应用资源也较少。

从 2015 年智能手机操作系统市场份额中可以看出，比较亲民的 Android 操作系统仍然保持着第一的位置，虽然诺基亚的塞班系统占有率几乎为零，但是后起的 Windows Phone 操作系统市场占有率却比以往翻了好几倍，所以将来谁会超越 Android 智能手机操作系统成为市场老大，谁也说不准。

2. 认识 APP

移动互联网更加完善的时代，手机更加智能化，手机应用爆发式发展。如今手机应用已经覆盖到消费者生活的方方面面，打电话不再需要拨号，用米聊、微信或者口信，可以直接语音对讲，而且没有通话费，流量费也非常低。手机社交也不再仅仅用 QQ、人人网、微博等 SNS（Social Network Service，社交网络服务）应用让社交无处不在。

（1）什么是 APP　APP，即应用程序，英语全称 Application，狭义的 APP 指的是智能手机的第三方应用程序，广义的 APP 指所有客户端软件，现多指移动应用程序。

（2）认识 APP 的类型

图 2-23　社交类 APP

① 社交应用。微信、新浪微博、QQ 空间、人人网、开心网、腾讯微博、米聊、facebook、陌陌、朋友网、世纪佳缘等（图 2-23）。

② 地图导航。百度地图、Google 地图、导航犬、凯立德地图、SOSO 地图、高德地图、搜狗地图等（图 2-24）。

③ 网购支付。淘宝、天猫、京东、美丽说、唯品会、蘑菇街、苏宁易购、支付宝、美团等（图 2-25）。

④ 通话通信。手机 QQ、Youni 短信、飞信、QQ 通讯录、阿里旺旺、掌上宝、掌上免

费电话、云呼免费网络电话等（图 2-26）。

⑤ 生活消费类。去哪儿旅行、携程无线、114 商旅、58 同城、百姓网、赶集网、大众点评等。

⑥ 查询工具。墨迹天气、我查查、快拍二维码、航班管家、盛名列车时刻表等。

⑦ 拍摄美化。美图秀秀、3D 全景照相机、美人相机、百度相机、天天 P 图等（图 2-27）。

⑧ 影音播放。酷狗音乐、酷我音乐、奇艺影视、PPTV、优酷、手机电视、暴风影音等。

⑨ 图书阅读。QQ 阅读、手机阅读、多看阅读、91 熊猫看书、iReader、书棋免费小说、懒人听书等（图 2-28）。

⑩ 浏览器。UC 浏览器、QQ 浏览器、ES 文件浏览器。

⑪ 新闻资讯。腾讯新闻、搜狐新闻、网易新闻、今日头条等。

（3）APP 营销和营销推广方法　APP 营销是第三方 APP 为了能够获得广大用户下载和注册使用量而采用的多种营销

图 2-24　地图导航类 APP

图 2-25　网购类 APP

图 2-26　通话通信类 APP

图 2-27　拍摄美化类 APP

图 2-28 图书阅读 APP

活动的总称。APP 营销推广的方法主要有如下几类。

① 应用商店。主要是通过开发者平台上传应用，平台主要包含有硬件开发商（APPStore、Ovi）、软件开发商（Android Market、Windows Mobile Marketplace）、网络运营商（移动 MM、天翼空间、沃商店）、独立商店（安卓市场、OpenFeint）以及一些 B2C 应用平台（Amazon AndroidAPP Store）等。

在国内市场中，主要由硬件开发商商店、网络运营商、独立商店等支撑着。硬件开发商商店包括：联想应用商店、智汇云（华为）。网络运营商包括：移动 MM、电信天翼空间、联通沃商店。独立商店包括：安卓市场、安智市场、应用宝（图 2-29）、豌豆荚、百度应用市场、360 应用市场等。

② 微博营销。可以通过微博进行内容营销，这样可以近距离跟海量的用户进行沟通，所以微博营销力还是不容小视的。在做微博营销时，要注意留心那些微博上的意见领袖、话题制造者、评测网站之类的账号，尽量和他们取得联系，充分利用微博平台与用户产生互动，增加用户黏性，让一款 APP 更受欢迎（图 2-30）。

图 2-29 独立商店——应用宝

图 2-30 APP 微博营销

③ 内容营销。主要是通过网络媒介来增加 APP 的曝光率，这种方式选择网络平台还是比较重要的，要选择那些具有权威性、有评价应用的移动互联网媒体。当开始推广 APP 时开发商要有一名公关人员来营销企业形象。通过新浪科技、腾讯科技、Donews 等这样的平台发布软文，提高用户口碑增加宣传力度。

④ 视频营销。在电商行业里，人们能够不间断地看到各类 APP 在视频网站上投放的广告，而且推广视频能传达的信息是文字和图片无法替代的，比如来一段应用的酷炫展示视频，这样很容易让受众群体记住 APP 的品牌，而且这种制作成本不是很高，同时加上现在

流行的微信二维码效果就不错。

任务三　移动二维码技术

1. 认识移动二维码

移动电子商务时代，二维码随处可见，微信、超市收银台、个人名片、杂志、广告、图书等地方都可以看到。用户通过手机扫描二维码或输入二维码下面的号码即可实现快速手机上网，随时随地下载图文、音乐、视频，获取优惠券、参与抽奖、了解企业产品信息。

（1）**移动二维码的概念**　移动二维码，是二维码的一种，用户通过手机扫描或输入二维码下方的号码即可实现快速上网。在代码编制上巧妙利用"0""1"比特流的概念，使用若干个与二进制相对应的几何形体来表示图片、声音、文字、签字、指纹等信息，通过图像输入设备或光电扫描设备自动识读来实现信息的自动处理。

（2）**移动二维码的分类**　移动二维码应用根据不同的分类标准，可分为如下几类。

① 根据业务形态的不同可以分为被读类和主读类两大类。

a. 被读类业务。移动二维码平台将二维码通过彩信发到用户手机上，用户持手机到现场，通过二维码机具扫描手机进行内容识别。应用方将业务信息加密、编制成二维码图像后，通过短信或彩信的方式将二维码发送至用户的移动终端上，用户使用时通过设在服务网点的专用识读设备对移动终端上的二维码图像进行识读认证，作为交易或身份识别的凭证来支撑各种应用。

b. 主读类业务。用户在手机上安装二维码客户端，使用手机扫描并识别媒体、报纸等上面印刷的二维码图片，获取二维码所存储内容并触发相关应用。用户用手机扫描包含特定信息的二维码图像，通过手机客户端软件进行解码后触发手机上网、名片识读、拨打电话等多种关联操作，以此为用户提供各类信息服务。

② 根据二维码印刷后内容是否可更改分为静态码和活码两大类。

a. 静态码。静态码是指传统的二维码，直接对字符串进行编码，展示固定内容，没有用到云端技术。

b. 活码。活码是对一个已分配的短网址进行编码，扫描后跳转到这个网址。这样将内容存储在云端，可以随时更新，可跟踪扫描统计，可存放图片、视频、大量文字内容，同时图案简单易扫（图2-31）。

图2-31　普通二维码与活码对比

所以,同样的链接,活码的图案相较于静态码更简洁、易扫。

(3)移动二维码的应用模式　随着移动二维码的应用范围越来越广,其应用模式也越加多种多样。总结起来,可以分为两个大类,即信息发送做电子凭证用和下载客户端"拍、扫"互动用。具体涉及条目细分如下。

第一类:信息发送做电子凭证用。
- ◇ 移动订票:用户在网上商城完成购买并收到二维码作为电子票。
- ◇ 电子VIP:二维码作为电子会员卡,通过读取二维码验证身份。
- ◇ 积分兑换:用户积分兑换后收到二维码,在商家刷手机获取商品。
- ◇ 电子提货券:二维码替代提货卡,用户到商家刷二维码领取货品。
- ◇ 自助值机:用户凭手机上的二维码到机场专用机具上值机。
- ◇ 电子访客:二维码存储访客信息,通过识读机具进行读取保存。

【应用案例】

二维码电子票务,实现验票、调控一体化

由火车票加入二维码延伸到景点门票、演出门票、飞机票、电影票等都可以通过二维码实现电子化。消费者网络购票后,手机即刻收到二维码电子票,用户可以自行打印或保存在手机上作为入场凭证,验票者只需通过设备识读二维码,即可快速验票,大大降低票务耗材和人工成本(图2-32)。在苏州拙政园、虎丘景区,由税务部门统一监制的二维码电子门票,一票一码,用后作废。而且,景点当天出售的所有门票都要先激活,即只有从售票处售出的门票才能通关入园。并且激活是有时效的,也利于控制人数,避免"黄金周"的爆棚。

至馆场景区验证

收到二维码电子门票

入场观赏游玩

图2-32　二维码电子票务

会议签到二维码,简单高效低成本

目前,很多大型会议由于来宾众多,签到非常烦琐,花费很多时间,也很容易有"会虫"混入其中,混吃混喝混礼品。如果采用二维码签到以后,主办方向参会人员发送二维码电子邀请票、邀请函,来宾签到时,只需一扫描验证通过即可完成会议签到,整个签到过程无纸化、低碳环保、高效便捷、省时省力。省去了过去传统中签名、填表、会后再整理信息的麻烦,可大大提高签到的速度和效率。

第二类：下载客户端"拍、扫"互动用。
- 溯源：手机对动物、蔬菜、水果等上的二维码拍码进行来源查询。
- 防伪：手机对商品上的二维码拍码，可连接后台查询真伪。
- 拍码上网：二维码替代网址，用户拍摄二维码后即可跳转对应网站。
- 拍码购物：二维码存储商品购买链接，拍码并连接后台实现购物及购物支付。
- 名片识别：手机对名片上的二维码进行拍码读取所存储的名片信息。
- 广告发布：二维码和传统平面广告结合，拍码可浏览和查看详细内容。

【应用案例】

二维码付款，简单便捷

浙江省温州市龙湾区状元农贸市场是中国首个"智慧菜场"。以前，在街边小店，时常有店主打印粘贴自己支付宝账户的二维码，方便客人在没带够现金，小店又不能刷卡时使用。而现在，这种低门槛的方式，在状元农贸市场已经被大规模使用，即使客户在菜场买把葱都可以刷手机支付。

不仅如此，该农贸市场"扫码买菜"又领先一步：顾客买完菜，放在摊主的智能秤上称一称，需要支付的总金额会自动生成二维码，顾客扫码即可完成支付，省去找零钱的各种麻烦。

在福建省的福州市，有一家华威出租车公司开通了支付宝，打车到目的地后，顾客拿出手机，对车内的二维码车贴扫描，手机自动跳转到支付页面，然后按照计价器上的车费输入金额，整个付款过程只要20多秒。

网上购物，一扫即得

目前国内一些大城市的地铁通道里，已经有二维码商品墙，消费者可以边等地铁边逛超市，看中哪个扫描哪个，然后通过手机支付，直接下单。如果是"宅"在家里，家里的米、面、油、沐浴露用完了，只要拿起包装，对着商品的二维码一扫，马上可以查到哪里在促销、价格是多少，一目了然。而且，通过二维码购物，产品的二维码直接标识了产品的身份证，扫描后调出的产品真实有效，保障了购物安全（图2-33）。

图2-33 二维码商品墙

（4）移动二维码多样的呈现形式 随着移动二维码市场的发展，二维码的展现形式已不单单局限于报纸、杂志、广告、图书、包装等，商家为了获得更多消费者的注意，在二维码展现平台的选择上和二维码的展现形式上，可谓精彩纷呈，下面来欣赏这些极具创意的二维码。

① 位于加拿大艾伯塔省拉科姆市的克雷家庭农场以玉米迷宫而出名。最近，农场主人突发奇想，把玉米迷宫种成一个二维码的形状（图2-34）。这个奇特的玉米迷宫已经被吉尼斯世界纪录认证为世界上最大的、可使用的二维码。如果有人乘坐直升机飞到玉米迷宫的上空，将智能手机对准迷宫扫描，就能自动跳转到农场的专属网站。

图2-34 玉米地二维码航拍图

② 河南省郑州市，可口可乐企业的2499名员工和家属，举着红色和白色的两种雨伞，拼出面积约2 500平方米的二维码，二维码中心展现出的"我爱我家"四个大字格外引人瞩目（图2-35）。

图2-35 可口可乐二维码伞图

③ 将二维码融入蛋糕当中，这种蛋糕是将你想说的话想表达的情感录为视频或者音频连同照片发给蛋糕师，蛋糕师就会帮你制成二维码，用可以吃的油墨和糖纸打印，将照片和二维码打印在蛋糕上。收到蛋糕的人只需拿出手机扫一扫二维码，蛋糕就会代你表达情感（图2-36）。

图 2-36　二维码蛋糕图

④ 一些针对自己产品所设计的独特二维码，让人耳目一新的同时，产生了扫码和购买的兴趣（图 2-37）。

(a) 玛氏糖果公司设计的巧克力二维码　　　　　　　(b) 一家啤酒公司设计的瓶盖二维码

图 2-37　创意二维码图

（5）移动二维码的优势　与条形码相比，移动二维码具有更好的便利性，省去了在手机上输入访问地址的烦琐过程，实现一键上网。同时，还可以方便地用手机识别和存储名片、自动输入短信，获取公共服务（如天气预报），实现电子地图查询定位、手机阅读等多种功能。除此之外，移动二维码相较于条形码还具有以下优势。

① 信息容量大，成本低，易制作，持久耐用。二维码能涵盖非常多的内容，可容纳多达 1 850 个大写字母或 2 710 个数字或 1 108 个字节，或 500 多个汉字。但其成本并不高，并且能够长久使用。

② 编码范围广。移动二维码可以把图片、声音、文字、签字、指纹等进行编码，以条码的形式表现出来；既可以表示多种语言文字，也可以表示图像数据。

③ 容错能力强，具有纠错功能。二维条码因穿孔、污损等引起局部损坏时，照样可以正确得到识读，损毁面积达 50% 仍可恢复信息。

④ 使用便捷。用户只需使用移动设备对二维码进行扫描，即刻便能获得该二维码对应的信息。

（6）**移动二维码技术发展前景**　随着移动智能终端的普及，企业竞相投入大量资源进行二维码的技术研发。二维码的应用，似乎一夜之间渗透到人们生活的方方面面，地铁广告、报纸、飞机票、快餐店、团购网站以及各类商品外包装上。作为物联网浪潮产业中的一个环节，二维码的应用受到了前所未有的关注，赢来了极大的市场空间。

一方面，移动电子商务离不开自动识别条码、二维码等。二维码相对一维码，具有数据存储量大，保密性好等特点，能够更好地与智能手机等移动终端相结合，形成了更好的互动性和用户体验。另一方面，二维码不仅成本优势凸显，它的用户体验和互动性也具有更好的应用前景。

随着移动网络环境下智能手机和平板电脑的普及，二维码应用不再受到时空和硬件设备的局限。产品基本属性、图片、声音、文字、指纹等可以数字化进行编码，适用于产品质量安全追溯、物流仓储、产品促销以及商务会议、身份、物料单据识别等。可以通过移动网络，实现物料流通的适时跟踪和追溯、帮助进行设备远程维修和保养、产品打假防窜及终端消费者激励、企业供应链流程再造等，以进一步提高客户响应度，将产品和服务延伸到终端客户。厂家也能够适时掌握市场动态，开发出更实用的产品以满足客户的需求，并最终实现按单生产，将大幅度降低生产成本和运营成本。

随着移动电子商务的发展和国内物联网产业的发展，更多的二维码技术应用解决方案将被开发出来，移动二维码技术必将应用到各行各业的日常经营生活中去。未来，移动二维码成为移动互联网入口将真正成为现实。

2. 设计并制作二维码

草料二维码是国内最大的二维码在线服务网站，提供了制作简单、便捷、功能强大的免费工具。通过该网站可以设计、制作自己独特的二维码。操作步骤如下。

（1）百度搜索"草料二维码生成器"官网进入制作界面（图2-38）

图2-38　草料二维码网站

在制作界面的选项框里显示可以对文本、网址、名片、文件、图片、活码、企业码等进行二维码的制作。

（2）在这里以"文本"为例，来进行移动二维码的制作

① 鼠标左键单击"文本"，在左边空白区域输入想要显示的文字，如输入"移动互联网营销"，输入完毕后，点击下侧绿色区域"生成二维码"，在右侧空白区域就会生成对应的二维码（图2-39）。

图 2-39 生成二维码

② 在生成的二维码下侧，有一些选项。点击"基本设置"，对二维码进行容错和大小的调整。

③ 在生成的二维码下侧，点击"颜色"选项，对二维码前景、背景的颜色进行调整（图2-40）。

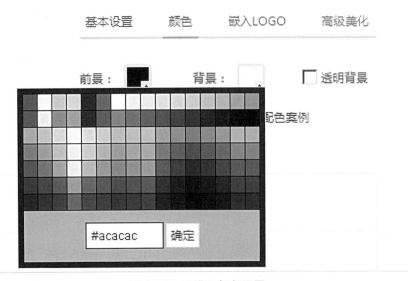

图 2-40 二维码颜色设置

④ 在生成的二维码下侧，点击"嵌入LOGO"，在二维码中嵌入一个LOGO（图2-41）。

图 2-41 二维码嵌入 LOGO

⑤ 如果觉得所制作的二维码过于单调，还可以对二维码进行美化设计。在生成的二维码下侧，点击"高级美化"，对二维码进行美化处理（图 2-42）。

图 2-42 草料二维码"高级美化"

（3）点击下载二维码

需要注意的是，二维码如果改动太大就会出现扫描不成功的情况，所以在对二维码修改的过程中和修改完成后，都要对二维码进行扫描，以确保其可以正常使用。

3. 移动二维码在移动电子商务中的应用模式

移动电子商务发展的好坏，很重要的环节之一就是 O2O 与二维码模式。O2O 强调的是线上与线下的联系，而移动二维码与移动电子商务的结合，使线上与线下能更好、更快速地整合。消费者只要拿着手机等移动工具对着商品的二维码进行扫描，就可以了解相关信息、获得相应优惠或实现即时付款。

在移动电子商务中，虽然主要目的是交易，但在业务使用过程当中，信息的获取对于带动交易的发生或是间接引起交易有非常大的作用。移动二维码技术的使用，正好可以便捷地获得这些信息。比如，用户可以通过手机扫二维码获取股票行情、天气、旅行路线、电影、航班、音乐等各种内容业务的信息，在这些信息的引导下，推动客户进行电子商务的交易活动。

在移动电子商务市场二维码的商业应用模式可以大致分为以下几种。

（1）**信息传播**　不论是电子凭证还是博物馆、媒体或商品信息，其实都是信息传播的概念，用户用手机扫描二维码，就可以进入它对应的地址，获得完整的数据。供应商通过发送电子凭证和铺设扫码硬件设备到本地商户，来建立一个完整的商业模式。

（2）**互动入口**　用户可以通过扫描二维码来关注微信好友、领取优惠券、投票报名、参加调研、向企业回传客户信息等。企业就能将广告投放效应最大化，获得宝贵的用户互动数据。

（3）**形成购买**　当扫描二维码后链接直接把用户带往某个商品的电子商务平台，产生交易。

原来需要进实体店或在网上购买的流程，已经可以通过扫描二维码而实现，在手机上完成购物支付流程。这样的方式可以弥补在原来无法涉足的空间进行消费的需求。

任务四　RFID 技术

目前，国内许多行业都运用了 RFID 射频识别技术。例如工业和物流领域，包括资产跟踪和物流、废弃物管理、动物身份验证、零售和制造业以及医疗保健。所有的标记通过读写功能存储在设备中，以便标记的存储数据可以及时被更新或者阅读，最终通过跟踪或质量控制来提高业务性能。在产品防伪领域，伪造问题在世界各地都是令人头疼的问题，将 RFID 射频识别技术应用在防伪领域有它自身的技术优势。防伪技术本身要求成本低，且难以伪造。电子标签的成本相对便宜，而芯片的制造需要有昂贵的芯片工厂，使伪造者望而却步。RFID 射频识别技术在仓储管理、交通管理等方面应用也比较广泛（图 2-43）。

图 2-43　RFID 电子标签

1. 认识 RFID 技术

RFID 是 Radio Frequency Identification 的缩写，即射频识别，又称电子标签、无线射频识别。RFID 射频识别是一种非接触式的自动识别技术，它通过射频信号自动识别目标对象，可快速地进行物品追踪和数据交换。识别工作无须人工干预，可在各种恶劣环境下工作。RFID 技术可识别高速运动物体并可同时识别多个标签，操作快捷方便。它广泛应用于物流管理、交通运输、医疗卫生、商品防伪、安全防护、管理与数据统计等领域。

从概念上来讲，RFID 类似于条码扫描，对于条码技术而言，它是将已编码的条形码附着于目标物并使用专用的扫描读写器利用光信号将信息由条形磁传送到扫描读写器；而 RFID 则使用专用的 RFID 读写器及专门的可附着于目标物的 RFID 标签，利用频率信号将信息由 RFID 标签传送至 RFID 读写器。

一个简单的RFID系统由以下四部分组成。

（1）**智能标签（或标签、电子标签）** 由芯片、天线及载体组成。芯片内存用来保存ID等特定信息。天线用来接收、发送信息和指令。载体用来安装和保护芯片和天线。每个RFID标签具有唯一的电子编码，附在物体上标识目标对象（图2-44）。

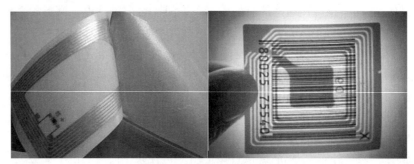

图2-44 RFID电子标签

（2）**读写器** 读写器也称阅读器、询问器，是对RFID标签进行读/写操作的设备。读写器是RFID系统中最重要的基础设施，分为手持式和固定式（图2-45）。

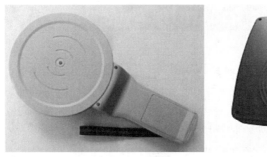 

图2-45 手持式读写器和固定式读写器

（3）**天线** 天线是RFID标签和读写器之间实现射频信号空间传播和建立无线通信连接的设备。RFID系统中包括两类天线；一类是RFID标签上的天线；另一类是读写器天线，既可内置于读写器中，也可以通过同轴电缆与读写器的射频输出端口相连。

（4）**应用系统** 应用系统可运行应用软件，是对读写器传输来的数据进行处理的装置。在射频识别系统中，读写器和智能标签的所有动作都由应用软件来控制。

2. RFID技术的优点

（1）**快速扫描** 对于条形码而言一次只能扫描一个条形码；而RFID采用的是非接触方式，无方向性要求，标签一进入磁场，读写器就可以即时读取其中的信息，通常在几毫秒就完成一次读写，采用防冲撞机制，使之可同时处理多个标签，实现批量识别，最多同时识别可达50个/s，并能在运动中进行识别（图2-46）。

（2）**体积小型化、形状多样化** RFID在读取上并不受尺寸大小与形状限制，不需为了精确度而配合纸张的固定尺寸和印刷品质。此外，RFID标签更可往小型化与多样形态发展，以应用于不同产品。

（3）**抗污染能力和耐久性** 传统条形码的载体是纸张，因此容易受到污染，但RFID对水、油和化学药品等物质具有很强抵抗性。此外，由于条形码是附于塑料袋或外包装纸箱上，所以特别容易受到折损；RFID 标签是将数据存在芯片中，因此可以免受污损。

（4）**可重复使用** 现今的条形码印刷上去之后就无法更改，RFID 标签则可以重复地新增、修改、删除 RFID 标签内储存的数据，方便信息的更新。

（5）**穿透性和无屏障阅读** 在被覆盖的情况下，RFID 能够穿透纸张、木材和塑料等非金属或非透明的材质，并能够进行穿透性通信。而条形码扫描机必须在近距离而且没有物体阻挡的情况下，才可以辨读条形码。

图 2-46　RFID 解读器扫描标签

（6）**数据的记忆容量大** 一维条形码的容量是 50B，二维条形码最大的容量可储存 2～3000 字符，RFID 最大的容量则有数兆个字符。随着记忆载体的发展，数据容量也有不断扩大的趋势，未来物品所需携带的信息量会越来越大，对卷标所能扩充容量的需求也相应增加。

（7）**安全性** RFID 是按照国际统一的电子产品代码的编码制在出厂前就固化在芯片中的，不重复 40 位的唯一识别内码，不可复制和更改。数据可以加密，扇区可以独立一次锁定，并能根据用户锁定重要信息。该技术很难被仿冒、侵入，使国产芯片更安全。

3. RFID 技术的应用领域

在国家政策的大力推动下，物联网产业的快速发展带动了 RFID 产业的发展。目前，RFID 在金融、移动支付、城市公共事业、交通、医疗卫生、食品安全以及商品防伪领域都有应用开展。随着国家专项资金的继续支持，各个国家级部委（包括商务部、中国人民银行、交通运输部等）支持政策的持续出台，RFID 应用试点项目进一步增多，是目前我国 RFID 应用发展的主要推动力。特别是政府对金融 IC 卡、金融社保卡、移动支付、城市公共事业卡、居民健康卡、电子护照、图书馆应用等行业重大应用项目的支持力度逐步加强，推动了 RFID 规模化应用的开启。同时，由于劳动力成本提高等因素的影响，企业采用信息化手段提高管理水平和效率的需求增加，实施 RFID 项目的驱动力增强。来自物流仓储管理、资产管理、商品防伪、安防及出入控制等领域的企业自身需求产生的 RFID 项目进一步增多，有力推动了 RFID 应用发展。

任务五　移动定位技术

随着科学技术的不断更新，移动定位的用途越来越广泛，从最开始的侦查破案，到后来的老人小孩安全保障，到现在的获取周围商家信息、企业人员考勤等，移动定位这项服务已经慢慢走向大众化，移动定位也不再是一个负面词语了，它已经成为人们日常生活中不可缺少的一部分。

1. 认识移动定位

移动定位是指通过特定的定位技术来获取移动手机或终端用户的位置信息（经纬度坐

标），在电子地图上标出被定位对象的位置的技术或服务。

定位技术有两种，一种是基于GPS（Global Positioning System，全球定位系统）的定位，一种是基于移动运营网的LBS基站定位。基于GPS的定位方式是利用手机上的GPS定位模块将自己的位置信号发送到定位后台来实现移动手机定位的。基站定位则是利用基站对手机距离的测算来确定手机位置的。前者定位精度较高。后者不需要手机具有GPS定位能力，但是精度很大程度依赖于基站的分布及覆盖范围的大小。此外还有利用Wi-Fi在小范围内定位的方式。

2. 认识GPS定位

GPS又称为全球定位系统（Global Positioning System），是美国从20世纪70年代开始研制，于1994年全面建成，具有海、陆、空全方位实时三维导航与定位能力的新一代卫星导航与定位系统。

GPS系统包括三大部分：空间部分，即GPS卫星星座；地面控制部分，即地面监控系统；用户设备部分，即GPS信号接收机。

GPS系统具有以下主要特点：高精度、全天候、高效率、多功能、操作简便、应用广泛等。

（1）定位精度高　单机定位精度优于10m，采用差分定位，精度可达厘米级和毫米级。应用实践已经证明：GPS相对定位精度在50km以内可达10～6m，100～500km可达10～7m，1000km可达10～9m；在300～1500m工程精密定位中，1小时以上观测的其平面误差小于1mm，与ME-5000电磁波测距仪测定的边长比较，其边长校差最大为0.5mm，校差中误差为0.3mm。

（2）观测时间短　随着GPS系统的不断完善、软件的不断更新，目前20km以内相对静态定位仅需15～20分钟；快速静态相对定位测量时，当每个流动站与基准站相距在15km以内时流动站观测时间只需1～2分钟，然后可随时定位，每站观测只需几秒钟。

（3）测站间无须通视　GPS测量不要求测站之间互相通视，只需测站上空开阔即可，因此可节省大量的造标费用。由于无须点间通视点位位置，根据需要可稀可密，使选点工作甚为灵活，也可省去经典大地网中的传算点、过渡点的测量工作。

（4）可提供三维坐标　经典大地测量将平面与高程采用不同方法分别施测。GPS可同时精确测定测站点的三维坐标。目前GPS水准可满足四等水准测量的精度。

（5）操作简便　随着GPS接收机不断改进，自动化程度越来越高，有的已达"傻瓜化"的程度；接收机的体积越来越小，重量越来越轻，极大地减轻了测量工作者的工作紧张程度和劳动强度，使野外工作变得轻松、愉快。

（6）全天候作业　目前GPS观测可在一天24小时内的任何时间进行，不受阴天黑夜、起雾刮风、下雨下雪等气候的影响，功能多、应用广。

从这些特点中可以看出，GPS系统不仅可用于测量、导航，还可用于测速、测时。测速的精度可达0.1m/s，测时的精度可达几十毫微秒。GPS的应用领域不断扩大：当初研发GPS系统的主要目的是用于导航收集情报等军事目的，但是后来的应用开发表明，GPS系统不仅能够达到上述目的，而且用GPS卫星发来的导航定位信号能够进行厘米级甚至毫米级精度的静态相对定位、米级至亚米级精度的动态定位、亚米级至厘米级精度的速度测量和毫微秒级精度的时间测量。因此GPS系统展现了极其广阔的应用前景。

3. LBS 定位服务

（1）LBS 定位服务及其特点　LBS 定位服务又称基于位置服务（Location Based Service，LBS），它是通过电信移动运营商的网络（如 GSM 网、CDMA 网）获取移动终端用户的位置信息（经纬度坐标），在电子地图平台的支持下，为用户提供相应服务的一种增值业务。LBS 定位服务的特点如下。

① 要求覆盖率高。一方面要求覆盖的范围足够大；另一方面要求覆盖的范围包括室内。用户大部分时间是在室内使用该功能，高层建筑和地下设施必须保证覆盖到每个角落。根据覆盖率的范围，可以分为三种覆盖率的定位服务：在整个本地网、覆盖部分本地网和提供漫游网络服务类型。除了考虑覆盖率外，网络结构和动态变化的环境因素也可能使一个电信运营商无法保证在本地网络或漫游网络中的服务。

② 定位精度。手机定位应该根据用户服务需求的不同提供不同的精度服务，并可以提供给用户选择精度的权利。例如美国 FCC（Federal Communications Commission，联邦通信委员会）推出的定位精度在 50m 以内的概率为 67%，定位精度在 150m 以内的概率为 95%。定位精度一方面与采用的定位技术有关，另外还要取决于提供业务的外部环境，包括无线电传播环境、基站的密度和地理位置以及定位所用设备等。移动位置服务被认为是继短信之后的杀手级业务之一，有着巨大的市场规模和良好的盈利前景，但实际进展比较缓慢。不过，随着产业链的逐步完善，移动位置和位置服务市场有望日益壮大。

（2）LBS 定位服务构成　总体上看 LBS 由移动通信网络和计算机网络结合而成，两个网络之间通过网关实现交互。移动终端通过移动通信网络发出请求，经过网关传递给 LBS 服务平台；服务平台根据用户请求和用户当前位置进行处理，并将结果通过网关返回给用户。其中移动终端可以是移动电话、个人数字助理（Personal Digital Assistant，PDA）、LBS 手持计算机（Pocket PC），也可以是通过 Internet 通信的台式计算机（desktop PC）。服务平台主要包括 WEB 服务器（Web Server）、定位服务器（Location Server）和 LDAP（Lightweight Directory Access Protocol）服务器。

（3）LBS 定位服务的应用模式

① 休闲娱乐模式。主要有以下几种模式。

a. 签到模式。主要是以 Foursquare 为主，还有一些国外同类服务如 Gowalla、Whrrl 等，而国内则有嘀咕、玩转四方、街旁、开开、多乐趣、在哪等几十家。

b. 大富翁游戏模式。国外的代表是 Mytown，国内则是 16Fun。主旨是游戏人生，可以让用户利用手机购买现实地理位置里的虚拟房产与道具，并进行消费与互动等，将现实和虚拟真正进行融合的一种模式。这种模式的特点是更具趣味性，可玩性与互动性更强，比签到模式更具黏性，但是由于需要对现实中的房产等地点进行虚拟化设计，开发成本较高，并且由于地域性过强导致覆盖速度不可能很快。在商业模式方面，除了借鉴签到模式的联合商家营销外，还可提供增值服务，以及类似第二人生（Second Life）的植入广告等。

② 生活服务模式。主要有以下几种模式。

a. 周边生活服务的搜索。以点评网或者生活信息类网站与地理位置服务结合的模式。代表为大众点评网、我国台湾地区的"折扣王"等。主要体验在于工具性的实用特质，问题在于信息量的积累和覆盖面需要比较广泛。

b. 与旅游的结合。旅游具有明显的移动特性和地理属性，LBS 和旅游的结合是十分契合的。分享攻略和心得体现了一定的社交性质。其代表是游玩网。

c. 会员卡与票务模式。实现一卡制，捆绑多种会员卡的信息，同时电子化的会员卡能记录消费习惯和信息，使用户充分感受到简捷的形式和大量的优惠信息聚合。其代表是国内的"Mokard（M卡）"，还有票务类型的Eventbee。这些移动互联网化的应用正在慢慢渗透到生活服务的方方面面，使人们的生活更加便利与时尚。

③ 社交模式。主要有以下几种模式。

a. 地点交友。即时通信：不同的用户因为在同一时间处于同一地理位置构建用户关系。其代表是兜兜友（图2-47）。

b. 以地理位置为基础的小型社区。集生活、社交于一体的位置服务，其代表是"区区小事"。

图2-47　兜兜友APP

④ 商业模式。主要有以下几种模式。

a. LBS+团购。两者都有地域性特征，但是团购又有其差异性。如何结合？美国的GroupTabs给人们带来了新的想象：GroupTabs的用户到一些本地的签约商家，比如一间酒吧，到达后使用GroupTabs的手机应用进行签到。当签到的数量到达一定数量后，所有进行过Check In的用户就可以得到一定的折扣或优惠。

b. 优惠信息推送服务。Getyowza就为用户提供了基于地理位置的优惠信息推送服务，Getyowza的盈利模式是通过和线下商家的合作来实现利益的分成。

c. 店内模式。Shopkick将用户吸引到指定的商场里，完成指定的行为后便赠送其可兑换成商品或礼券的虚拟点数。

任务六　移动云技术

2015年年初，国务院发布了《国务院关于促进云计算创新发展培育信息产业新业态的意见》，明确了我国云计算产业的发展目标、主要任务和保障措施；7月，国务院又发布了《国务院关于积极推进"互联网+"行动的指导意见》，提出到2025年，"互联网+"成为经济社会创新发展的重要驱动力量；11月，工业和信息化部印发《云计算综合标准化体系建设指南》。

无限利好的前景为云计算企业的升级与转型提供了契机。统计显示，我国云计算的市场规模2010年就已达到350亿元，2013年更是达到900亿元，2014年超过1000亿元，年均发展增速达到37%。从行业来看，云计算提供商解决方案日趋成熟，应用领域不断扩展，产业链基本形成。业内人士普遍认为，我国云计算行业正在走向成熟，信息设备国产化的步伐未来必定会进一步加快，云计算行业有望迎来爆发式增长。

1. 认识移动云技术

云技术即云计算技术，它是一种透过网络将大量的信息拆分成若干个小信息并分配给多台服务器进行处理、存储的一种分布式计算技术。移动端的数据通过网络上传至服务器进行储存或计算，并将处理结果反馈给移动端。像这样的计算过程就是移动云计算的过程，因此移动云技术是移动端与"云端"（服务器）之间信息交换的技术。

2. 云技术在生活中的应用

随着云技术、互联网技术、智能设备等技术的进步，云技术也在以一种全新的面貌走进人们的生活，在日常生活中所能看到的诸如网盘应用、杀毒应用、网游应用等很多应用其背后都离不开云技术的支持。那么云技术具体应用到了生活中的哪些方面呢？

（1）云存储 "云存储"是人们生活中最常见云技术的应用，例如常常用到的百度云盘、360网盘以及通过QQ进行的离线文件传输（图2-48）。这些都是云存储的应用，用户通过互联网将本地的数据传输到云端服务器进行存储，当需要用时再通过互联网将其下载到本地，这样大大节省了本地的存储空间，也大大地增加了数据存储的安全性。

（2）云安全 "云安全"即通过网络云技术广泛的搜集病毒样本，随机迅速制定最佳处理方法的一种网络安全防护手段，相比于以往的网络安全防护方式即用户只能通过调动本地的病毒库进行防护的方式，"云安全"大大提高了杀毒、防毒的效率。"云安全"应用非常广泛，除了大家熟悉的金山毒霸、360卫士（图2-49）、百度卫士等杀毒应用外，它还用于防护大型的计算机网络数据的安全。

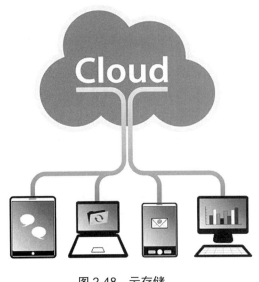

图2-48　云存储

图2-49　360手机卫士

（3）云计算 "云计算"通常是指用虚拟技术建造和管理的数据中心或超级计算机群进行的数据计算；通俗点说即用户将所需要进行计算的数据，通过互联网传输给云端的计算机，由云端的计算机完成计算，并将结果反馈给用户。这项技术被广泛地运用到了移动端设备，因移动端设备的运算能力有限，因此有很多应用是通过"云计算"技术来完成功能实现的，其中网络游戏就是最常见的这一类技术的应用。

移动云技术的应用更多则是云存储、云安全、云计算这三个方面的综合应用，而不是单一的某一个方面的应用，现如今移动云技术大量应用于生活中的各个方面，已经成为人们生活中离不开的一项技术。

3. 云技术发展趋势

（1）数据中心向整合化和绿色节能方向发展　目前传统数据中心的建设正面临异构网

络、静态资源、管理复杂、能耗高等方面的问题，云计算数据中心与传统数据中心有所不同，前者既要解决如何在短时间内快速、高效完成企业级数据中心的扩容部署问题，同时要兼顾绿色节能和高可靠性要求。高利用率、一体化、低功耗、自动化管理成为云计算数据中心建设的关注点，整合、绿色节能成为云计算数据中心构建技术的发展特点。

数据中心的整合首先是物理环境的整合，包括供配电和精密制冷等，主要是解决数据中心基础设施的可靠性和可用性问题。进一步的整合是构建针对基础设施的管理系统，引入自动化和智能化管理软件，提升管理运营效率；还有一种整合是存储设备、服务器等的优化、升级；另外，推出更先进的服务器和存储设备。艾默生公司就提出，整合创新，决胜云计算数据中心。

兼顾高效和绿色节能的集装箱数据中心出现。集装箱数据中心是一种既吸收了云计算的思想，又可以让企业快速构建自有数据中心的产品。与传统数据中心相比，集装箱数据中心具有高密度、低 PUE（Power Usage Effectiveness，电源使用效率）、模块化、可移动、灵活快速部署、建设运维一体化等优点，成为发展热点。国外企业如谷歌、微软、英特尔等已经开始开发和部署大规模的绿色集装箱数据中心。

通过服务器虚拟化、网络设备智能化等技术可以实现数据中心的局部节能，但尚不能真正实现绿色数据中心的要求，因此，以数据中心为整体目标来实现节能降耗正成为重要的发展方向，围绕数据中心节能降耗的技术将不断创新并取得突破。数据中心高温化是一个发展方向，低功耗服务器和芯片产品也是一个方向。

（2）**虚拟化技术向软硬协同方向发展**　按照 IDC（International Data Corporation，国际数据公司）的研究，2005 年之前是虚拟化技术发展的第一阶段，称之为虚拟化 1.0，从 2005 年到 2010 年是虚拟化发展的第二阶段，称之为虚拟化 2.0，目前已经进入虚拟化 2.5 阶段，虚拟化 3.0 阶段在不久也将会到来。根据 Gartner 公司的预测，到 2016 年中国 70% 的 X86 企业服务器将实现虚拟化。

ArsTechnica 网站上刊出的一篇文章评论道，当前的虚拟化市场当中，VMware 所占市场份额排第一，微软 Hyper-V 排第二，思杰 Xen 排第三，红帽和甲骨文在争夺第四。随着服务器等硬件技术和相关软件技术的进步、软件应用环境的逐步发展成熟以及应用要求不断提高，虚拟化由于具有提高资源利用率、节能环保、可进行大规模数据整合等特点成为一项具有战略意义的新技术。

首先，随着各大厂商纷纷进军虚拟化领域，开源虚拟化将不断成熟。Gartner 公司也指出，目前开源虚拟化的市场还比较小，未来会快速增长。

其次，随着虚拟化技术的发展，软硬协同的虚拟化将加快发展。在这方面，内存的虚拟化已初显端倪。

最后，网络虚拟化发展迅速。网络虚拟化可以高效地利用网络资源，具有节约成本、简化网络运维和管理、提升网络可靠性等优点。VMware 和思科公司通过四年的合作，在网络虚拟化领域取得突破创新，推出了 VXLAN（Virtual eXtensible Local Area Network，虚拟可扩展局域网）。VXLAN 已获得多个行业领先厂商的支持。

（3）**大规模分布式存储技术进入创新高峰期**　在云计算环境下，存储技术将主要朝着安全性、便携性及数据访问等方向发展。分布存储的目标是利用多台服务器的存储资源来满足单台服务器不能满足的存储需求，它要求存储资源能够被抽象表示和统一管理，并且能够保证数据读写操作的安全性、可靠性、性能等各方面要求。为保证高可靠性和经济性，云计算采用分布式存储的方式来存储数据，采用冗余存储的方式来保证存储数据的可靠性，以高可靠软件来弥补硬件的不可靠，从而提供廉价可靠的海量分布式存储和计算系统。在大规模分布式存储技术中，基于块设备的分布式文件系统适用于大型的、海量数据的云计算平台，它将客户数据冗余部署在大量廉价的普通存储上，通过并行和分布式计算技术，可以提供优秀的数据冗余功能。且由于采用了分布式并发数据处理技术，众多存储节点可以同时向用户提供高性能的数据存取服务，也保证数据传输的高效性。目前国外很多大学、研究机构和公司已经或正在着手开发分布式文件系统，已经涌现出一批著名的分布式文件系统，如 PVFS、GPFS、zFS、Google FS、Hadoop FS 等，进一步更深入的研发也还在进行中。

除了大规模分布式存储技术，P2P 存储、数据网格、智能海量存储系统等也是海量存储发展的趋势体现。其中，P2P 存储可被视为是分布式存储的一种，是一个用于对等网络的数据存储系统，旨在提供高效率、鲁棒（Robust）性和负载均衡的文件存取。数据网格是有机的智能单元的组合，类似于计算网格。智能海量存储系统包括主动的数据采集、数据分析、主动调整等。云计算中存储的海量数据应用将为云计算提供新的价值高点，也必将成为云计算发展的重点方向之一。

（4）**分布式计算技术不断完善和提升** 资源调度管理被认为是云计算的核心，因为云计算不仅是将资源集中，更重要的是资源的合理调度、运营、分配、管理。云计算数据中心的突出特点，是具备大量的基础软硬件资源，实现了基础资源的规模化。但如何合理有效调度管理这些资源，提高这些资源的利用率，降低单位资源的成本，是云计算平台提供商面临的难点和重点。业务/资源调度中心、副本管理技术、任务调度算法、任务容错机制等资源调度和管理技术的发展和优化，将为云计算资源调度和管理提供技术支撑。不过，正成为业界关注重点的云计算操作系统有可能使云计算资源调度管理技术走向新的道路。云计算操作系统是云计算数据中心运营系统，是指架构于服务器、存储、网络等基础硬件资源和单机操作系统、中间件、数据库等基础软件管理海量的基础硬件资源和软件资源的云平台综合管理系统，可以实现极为简化和更加高效的计算模型，以低成本实现指定服务级别、响应时间、安全策略、可用性等规范。

现在云计算的商业环境对整个体系的可靠性提出了更高的需求，为了支持商业化的云计算服务，分布式的系统协作和资源调度最重要的就是可靠性。未来成熟的分布式计算技术将能够支持在线服务（SaaS），自从 2007 年苹果 iPhone 进入市场开始，事情发生很大的变化，智能手机时代的到来使得 Web 开始走进移动终端，SaaS 的风暴席卷整个互联网，在线应用成为一种时尚。分布式计算技术不断完善和提升，将支持在跨越数据中心的大型集群上执行分布式应用的框架。

（5）**安全与隐私将获得更多关注** 云计算作为一种新的应用模式，在形态上与传统互联网相比发生了一些变化，势必带来新的安全问题，例如数据高度集中使数据泄露风险激增、多客户端访问增加了数据被截获的风险等。云安全技术是保障云计算服务安全性的有效手段，它要解决包括云基础设施安全、数据安全、认证和访问管理安全以及审计合规性等诸多问题。云计算本身的安全仍然要依赖于传统信息安全领域的主要技术。云计算具有虚拟化、资源共享等特点，传统信息安全技术需要适应其特点采取不同的模式，或者有新的技术创新。另外，由于在云计算中用户无法准确知道数据的位置，因此云计算提供商和用户的信任问题是云计算安全要考虑的一个重点。总体来说，云计算提供商要充分结合云计算特点和用户要求，提供整体的云计算安全措施，这将驱动云计算安全技术发展。适应云计算的特点和安全需求，云计算安全技术在加密技术、信任技术、安全解决方案、安全服务模式方面加快发展。

此外，未来的安全趋势，势必会涉及终端及移动终端各个层面，包括各类PC、手机在内的智能终端、可穿戴设备，都有可能会面临攻击者的挑战，这样的攻击对多种设备而言会变得日益难以防护。解决终端安全，云安全是首先需要解决的，即从云端首先判断安全的趋势，而不是孤立地从一台终端来判断。通过云端安全的大数据分析，可以清晰发现其中存在的多种威胁趋势，从而及时拦截新木马以及防止网络入侵和攻击。隐私权保护问题虽是云计算普及过程中需要解决的一大难题，但随着云计算的发展及相关标准的成熟，相信隐私权会得到更好的保护，云计算也将像互联网上的其他应用环境一样，深刻地影响我们的生活方式。

（6）SLA（Service-Level Agreement，服务品质协议）细化服务质量监控实时化　要想让用户敢于将关键业务应用放在云计算平台上，粗放的服务协议显然无法让人放心，用户需要知道云计算厂商能否快速地将数据传遍全国、网络连接状况又能好到何种程度。对于激增的商业需求而言，性能的拓展是不够的，而云计算提供商能够多快地拓展性能也事关重要。用户需要能够让他们高枕无忧的服务品质协议，细化服务品质是必然趋势。云计算对计算、存储和网络的资源池化，使得对底层资源的管理越来越复杂、越来越重要，基于云计算的高效工作负载监控要在性能发生问题之前就提前发现苗头，从而防患于未然，实时地了解云计算运行详细信息将有助于交付一个更强大的云计算使用体验，也是未来发展的方向。

此外，开源云计算技术得到进一步普及应用。数据表明，目前全世界有90%以上的云计算应用部署在开源平台上。云计算对于安全、敏捷、弹性、个性化开源平台的需求以及突出的实用、价廉的特性，也决定了开源计算平台在云时代的领军位置。很多云计算前沿企业和机构如亚马逊、谷歌、Facebook都在开发部署开源云计算平台。开源云计算平台不仅减少了企业在技术基础架构上的大量前期投入，而且大大增强了云计算应用的适用性。开源云计算技术得到长足发展的同时，必将带动云计算项目更快、更好地落地，成为企业竞争的核心利益。为此，开源云计算技术将进一步得到重视和普及。

任务七　移动信息推送技术

前面讲到的云计算不是无线互联网特有的，在PC上也存在，再比如地图服务、语音服务，但是无线互联网有一个平台，是PC上、传统互联网不具备的，就是推送。

以轮询（Pull）的方式实现信息反馈时需要程序不定时地询问服务器是否有更新；推送（Push）的好处在于有消息时由服务器告知移动终端设备客户端，移动终端设备此时再发起更新，省电、省流量，所以智能移动终端设备平台都会有推送服务（图2-50）。

1. 认识移动信息推送技术

（1）**移动信息推送技术的概念**　移动信息推送技术即Push技术，是一种基于客户服务器机制，由服务器主动地将信息发往客户端的技术，其传送的信息通常是用户事先预定的。

Pull 技术是由客户主机主动发出请求信息，再根据请求的调节，进行消息反馈的一种信息发送技术。

（2）Push 技术与 Pull 技术的区别　　Push 技术与 Pull 技术两者最为主要的区别在于：Push 技术是由服务器主动发送信息给接收端；而 Pull 技术则是需要向其发出请求信息后，给予信息的反馈。因此两者最为主要的区别即信息发送的主动性：Push 技术是主动推送信息，Pull 技术则是被动发送信息。

（3）移动信息推送技术的优缺点

① 移动信息推送技术的优点如下。

a. 提高产品活跃度。大多数产品运营人员身上都背着 DAU、MAU 这样的 KPI，活跃用户数是 APP 生存的根本，有用户才能给产品带来价值。现在用户手机上的 APP 何其多，除去强需求的应用之外，消息推送是获得用户特别关注并打开 APP 激活使用的绝佳途径。

图 2-50　智能手机推送信息提醒

b. 带动功能模块使用率。很多产品经理都喜欢通过做加法来体现自己的价值，根据"二八法则"，80% 的用户只会用到 APP 内约 20% 的功能点，而剩下 80% 的功能模块使用率需要运营人员通过一定手段去加强用户认知，引导使用。以百度地图为例，现在的百度地图已经是一个集地图查询、路线导航、O2O 服务（美食、打车、酒店、团购、景点等）于一身的服务集群，但是绝大多数用户用百度地图还是只在使用地图查询（图 2-51）。用户对新功能点的主动发现欲望是很低的，而消息推送正是一个引导用户关注及使用体验的途径。

(a) 附近　　　　　　(b) 路线　　　　　　(c) 导航　　　　　　(d) 我的

图 2-51　百度地图功能

c. 增加用户黏度。"黏度"是衡量用户忠诚度的重要指标，消息推送在一定程度上可以成为 APP 内容服务的一部分，以新闻类 APP 为例，对重大新闻进行第一时间推送能够极大促进用户关注，提高用户使用率、用户忠诚度。

d. 唤醒沉睡的用户，提高留存率。在做用户运营过程中，唤醒沉睡用户、挽留流失用户，对于提高用户留存率都有重要意义，合适的消息推送能有效唤醒这部分沉睡的用户。

② 移动信息推送技术的缺点如下。

a. 对用户形成打扰，易招致卸载。不是每一个手持尚方宝剑的人，都能用好这把剑。有的 APP 一天推送 5 条消息内容，而且全都是非主动关注的信息。倘若用户能找到关闭渠道还好，一旦激怒用户必然招致被卸载。

b. 用户对推送消息变得麻木。在消息推送中，盲目地海量推送用户不感兴趣的内容，用户也会变得麻木，自然地对该 APP 产生一种心理上的屏蔽。等该 APP 再推送真正有价值的内容时，用户也会视而不见。

c. 产品丧失用户信任。用户下载使用代表着对 APP 的信任，透支这份信任必然会丧失用户的好感。

2. 移动信息推送技术的业务应用形式

移动信息推送技术的业务应用，主要包括以下 4 种形式。

（1）订阅信息推送 订阅信息推送是最常见的信息推送形式，其主要是指用户通过订阅操作主动订阅某一类信息，进而服务器依据用户的订阅，主动、定时地给用户推送相关的信息。目前用户订阅的内容类型包括三种：

第一种是不定期出现且推送内容变化的信息，例如新闻类 APP 不定时的新闻推送、优酷 APP 不定时的视频推送、订阅号不定时的消息推送等；

第二种是不定期出现但内容不变的信息，例如 QQ 好友上线通知；

第三种是通知信息，例如快递是否发货、信用卡账单。

（2）群发信息推送 群发指用户并没有主动进行订阅，而是由第三方发起的内容，这种信息多见于短信、彩信。信息发送者可以根据条件发送具有针对性的广告或是通知，其可根据用户的年龄、收入状况、性别等特征把用户区分为几种特定的用户群，或者根据某种爱好把某些用户归为特定群体成员，例如，主动向大学毕业生发送招聘信息。

（3）P2P 信息推送 P2P 信息推送主要指某一个用户将内容发给其他用户，发送的内容可能是自己制作的，也可能是转发他人的。最常见的就是用户将不错的图片或是链接通过 QQ、微信、微博发送或是 @ 给自己的好友（图 2-52）。

（4）基于位置的信息推送 基于位置的信息推送是依据移动用户所在的位置而进行的专属位置的信息推送，即当用户进入某一区域时，会收到信息发送者推出的信息，例如时下比较流行的社区服务类 APP，就会利用基于用户的位置信息推送商铺的促销信息（图 2-53）。

3. 移动信息推送的业务特点

（1）信息传送和获取的及时性 移动信息推送技术在大规模应用之前，用户主要是采用 Pull 的方式及浏览的方式来获取他们所需要的移动数据内容。然而对于那些信息更新速度快、信息产生频度高而且用户需求相对较为稳定的移动数据内容而言，再采用 Pull 的方式无论对于用户还是内容提供商来说都过于繁琐和浪费资源。采用移动信息推送技术即可方便地实现相关内容的及时传送和用户的快捷获取。对于移动端用户而言，他们既可以订阅自己所感兴趣的内容，也可以收到那些直接由内容提供商"推送"的有价值的消息，从而进一步养成移动数据消费习惯。同时对于内容提供者而言，他们可以把那些重要的或用户感兴趣的信息第一时间推送给用户，从最大程度上避免了由于时间过长而导致无效信息的产生。例如对

图 2-52 微信好友链接分享

图 2-53 社区类 APP 促销信息

于股民来说，通过移动信息推送技术，那些实时变化的股票信息可以实时地传送到移动用户的终端上并被用户及时浏览。

（2）**内容的载体多样化** 随着技术的不断发展，移动终端的能力和表现力得到了很大的提高，信息推送的种类也由原先单纯的文字逐渐发展为当今的图片、视频、链接等多种内容形式。而随着移动设备的多样化，更多种类的移动设备已经走进了人们的生活，像智能手表、眼镜及智能家居等，那么伴随着这些设备的发展移动信息的推送也呈现出多样化的趋势，例如如今的"百度地图"可以主动地给用户推送沿途的餐饮娱乐信息，已达到精确营销的目的。

4. 常见的信息推送平台

信息推送平台即是实现信息推送的服务器平台，信息推送平台可将其需要推送的信息，定时地推送给用户，时下常见的移动推送平台有百度云推送、华为推送平台、极光推送等，它们均可以给用户推送通知、消息及富媒体等类型的信息。

（1）**百度云推送** 百度云推送（Push）是一站式 APP 信息推送平台，为企业和开发者提供免费的消息推送服务，开发者可以通过云推送向用户精准推送通知和自定义消息以提升用户留存率和活跃度（图 2-54）。

根据用户的活跃情况、设备属性、地理位置等，云推送平台可以主动、及时地向用户发起交互，向其推送聊天消息、日程提醒、活动预告、动态、新版本更新等。

图 2-54 使用百度云推送的 APP

（2）华为推送平台　华为推送是为开发者提供的消息推送平台，建立了从云端到手机端的消息推送通道，可以将最新信息及时通知用户，去构筑良好的用户关系，提升用户的感知和活跃度。华为 Push 支持透传消息、通知栏消息、富媒体消息、LBS 消息（图 2-55）。

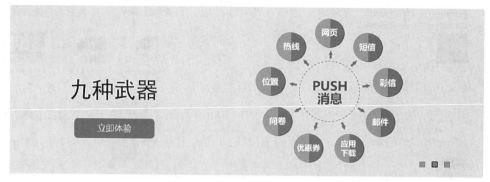

图 2-55　华为推送平台九种武器

（3）极光推送　极光推送（JPush）是独立的第三方云推送平台，致力于为全球移动应用开发者提供专业、高效的移动消息推送服务（图 2-56）。

图 2-56　使用极光推送平台的 APP

任务八　HTML5+CSS3 网页制作技术

HTML5 的发展越来越成熟，很多的应用已经逐渐出现在人们日常生活中，不仅传统网站上的互动 Flash 逐渐被 HTML5 技术取代，更重要的是可以透过 HTML5 技术来开发跨平台的手机软件（图 2-57）。

图 2-57　HTML5 广告页面

HTML5 是万维网的核心语言、标准通用标记语言下的一个应用超文本标记语言（HTML）的第五次重大修改。2014 年 10 月 29 日，万维网联盟宣布，经过接近 8 年的艰苦努力，该标准规范终于制定完成。HTML5 是继 HTML4.01、XHTML 1.0 和 DOM 2 HTML 后的又一个重要版本，旨在消除富 Internet 程序（RIA）对 Flash、Silverlight、JavaFX 一类浏览器插件的依赖。

一般广义而言的 HTML5 则包含了 HTML、CSS 和 JavaScript 三个部分，不仅是 HTML 部分而已，CSS3 和 JavaScript 也有许多的创新，让整个网页程序功能更加缤纷。

近些年，各种 H5 游戏和专题页纷纷崭露头角。"H5"这个由 HTML5 简化而来的词汇，借由微信这个移动社交平台，走进人们的视野。

从功能和设计目标来看，HTML5 专题页有四种类型：活动运营型、品牌宣传型、产品介绍型和总结报告型。HTML5 专题页表现形式有：简单图文、礼物/贺卡/邀请函、问答/评分/测试和游戏（图 2-58）。

简单图文型　　　　　　　　　　礼物/贺卡/邀请函

图 2-58　H5 专题页表现形式

1. HTML5 的特性

（1）**语义特性**（Class：Semantic）　HTML5 赋予网页更好的意义和结构。更加丰富的标签将随着对 RDFa 的微数据与微格式等方面的支持，构建对程序、对用户都更有价值的数据驱动的 Web。

（2）**本地存储特性**（Class：OFFLINE & STORAGE）　基于 HTML5 开发的网页 APP 拥有更短的启动时间、更快的联网速度，这些全得益于 HTML5 APP Cache 以及本地存储功能。

（3）**设备兼容特性**（Class：DEVICE ACCESS）　从 Geolocation 功能的 API 文档公开以来，HTML5 为网页应用开发者们提供了更多功能上的优化选择，带来了更多体验功能的优势。HTML5 提供了前所未有的数据与应用接入开放接口。使外部应用可以直接与浏览器内部的数据直接相连，例如视频影音可直接与 microphones 及摄像头相连。

（4）连接特性（Class：CONNECTIVITY） 更有效的连接工作效率，使得基于页面的实时聊天、更快速的网页游戏体验以及更优化的在线交流得到了实现。HTML5 拥有更有效的服务器推送技术，Server-Sent Event 和 WebSockets 就是其中的两个特性，这两个特性能够帮助用户实现服务器将数据"推送"到客户端的功能。

（5）网页多媒体特性（Class：MULTIMEDIA） 支持网页端的 Audio、Video 等多媒体功能，与网站自带的 APPS、摄像头、影音功能相得益彰。

（6）三维、图形及特效特性（Class：3D，Graphics & Effects） 基于 SVG、Canvas、WebGL 及 CSS3 的 3D 功能，用户会惊叹于在浏览器中，所呈现的惊人视觉效果。

（7）性能与集成特性（Class：Performance & Integration） 没有用户会永远等待网页的 Loading——HTML5 会通过 XMLHttpRequest2 等技术，解决以前的跨域等问题，帮助用户的 Web 应用和网站在多样化的环境中更快速地工作。

（8）CSS3 特性（Class：CSS3） 在不牺牲性能和语义结构的前提下，CSS3 中提供了更多的风格和更强的效果。此外，较之以前的 Web 排版，Web 的开放字体格式（WOFF）也提供了更高的灵活性和控制性。

2. HTML5 的功能

（1）脱机功能　HTML5 透过 JavaScript 提供了数种不同的脱机储存功能，相对于传统的 Cookie 而言有更好的弹性以及架构，并且可以储存更多的内容。

（2）实时通信　以往网站由于 HTTP 协议以及浏览器的设计，实时的互动性相当受限，只能使用一些技巧来"仿真"实时的通信效果，但 HTML5 提供了完善的实时通信支持。

（3）档案以及硬件支持　在 Gmail 等新的网页程序当中，已经可以通过拖拉的方式将档案作为邮件附件，这就是这部分 HTML5 档案功能中的 Drag-n-drop 和 File API。

（4）语义化　语义化的网络是可以让计算机能够更加理解网页的内容，对于像是搜索引擎的优化（SEO）或是推荐系统可以有很大的帮助。

（5）多媒体　Audio、Video 的卷标支持以及 Canvas 的功能应该是大家对于 HTML5 最熟悉的部分了，也是许多人认为 Flash 会被取代的主要原因。

3. CSS3 及其功能

CSS3 是 CSS 标准的第三版重现。它是一种成熟的层叠式样表语言，该语言能够在 HTML 中定义支持更为丰富的内容表现的新功能。

从一开始，CSS 已经允许用户为 HTML 内容的信息定制显示方式。字体、颜色、背景图像、立体边界等均可以通过现有的 CSS 式样方便地进行配置。CSS3 不会降低 Web 的现有能力，相反，它增加和扩展浏览器的能力以便支持更多功能和基于 HTML 内容的更丰富的表现力。

Web 2.0 的发展趋势为其在基于 Web 界面方面带来一个新的设计水准。Web 页面不再是一个单色、图像和方块的组合。由于 HTML 界面的问世，它们能够利用非标准字体、复杂颜色梯度、圆角以及更多优美和精致的外观图形。用于创建这些界面的 HTML 和 CSS 的组合通常变得复杂、脆弱和不便使用。CSS3 引入了新的式样，它们更易于控制这些复杂界面的显示方式。

CSS3 定义可以控制 div、span 或其他 HTML 元素的圆角半径的式样,因此,在创建一个圆角的盒子时不再需要多个嵌套的 HTML 容器和切碎的图像组件(图 2-59)。现在,在一个单一的 HTML 容器中,通过简单的 CSS 定义就可以进行相应的指定操作。

图 2-59　圆角化

除了对 HTML 容器的角进行圆化,CSS3 还能够为 HTML 内容元素的边界定义新的式样。通过简单的 CSS 式样定义,现在,开发人员和设计人员均能够方便地创建复杂的边界,这些边界不再局限于点线或点划线,而是基于平铺或展开的图像组件。再次声明,这是一个支持快速简便开发复杂可视界面的功能,而且其底层代码具有最低的复杂度。

使用简单代码通过视觉变化跟踪内嵌组件:CSS3 引入将投影效果添加到 HTML 容器和文本分段的功能,添加定义多栏文本布局的功能并且支持 Web 字体(在 HTML 界面中使用自定义、非标准字体)(图 2-60)。

图 2-60　投影效果

此外,CSS3 还在 HTML 中引入控制内容的颜色和不透明性的功能强大的新方法。CSS3 引入对下列颜色空间的支持功能:HSL(Hue, Saturation, and Lightness)、HSLA(HSL with Alpha)、RGB(Red, Green, Blue)和 RGBA(RGB with Alpha)。这些功能允许对 HTML 文档中的图像进行更精细的控制以及内容 Alpha(透明度)属性进行更好的控制。除了支持附加的颜色空间,CSS3 还支持使用这些颜色空间的复杂颜色梯度,其中包括 Alpha 梯度(图 2-61)。

图 2-61　不透明度和梯度

CSS3 的一个值得关注的新增功能是支持媒体查询（图 2-62）。CSS3 媒体查询功能允许设计人员和开发人员创建应用于特定屏幕尺寸的式样表。通过使用媒体查询功能，一个单一的 HTML 文档在各种不同的屏幕或设备上可以具有不同的呈现方式。设计人员或开发人员能够创建基于显示内容的屏幕尺寸的、经过精挑细选的式样。因此，适用于平板电脑界面、移动电话界面和桌面界面的不同布局和呈现方式也能够适用于相同的 HTML 文档。

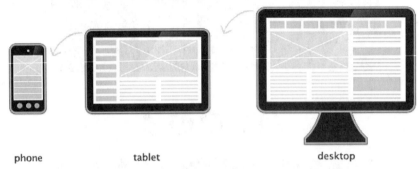

图 2-62　媒体查询

　　媒体查询不是将条件式样通过 CSS 应用于 HTML 内容的唯一方法。选择器不是 CSS3 的新功能，但 CSS3 定义了许多选择器供设计者使用。选择器是将式样表应用于 HTML 元素的条件规则。每当设计者在一个链接式样中使用 :hover 式样时，设计者已经使用一个选择器。新的 CSS3 选择器能够用于将式样应用于特定元素、第一个子元素、最后一个子元素、同胞元素以及许多其他场景。

　　CSS3 的另一个值得注意的新增功能是转换（transformation）功能。转换是控制一个特定对象的视觉显示转换的式样。2D 转换可以应用于平面空间，例如 x 或 y 轴的变换、水平和垂直方向的缩放、围绕原点的旋转，甚至在 x 和 y 方向同时扭曲内容。所有支持 CSS3 的浏览器支持 2D 转换功能，然而，其中有些浏览器也支持 CSS3 3D 转换功能。3D 转换功能或多或少与 2D 转换功能相同，它新增了第三个轴。3D 转换功能支持沿 x（水平）、y（垂直）或 z（深度）轴的三维空间的缩放、转换和旋转操作。

　　另一个功能极为强大的新增功能是 CSS3 利用 CSS 式样引入的动画和转换功能（图 2-63）。动画和转换功能是 CSS 发展过程中相当重要的一步。这些功能允许设计者创建能够定义特定内容的动画或从一种视觉状态到另一种视觉状态的转换的式样表。Web 设计人员和开发人员不必再仅仅依赖 JavaScript 和定时器事件在浏览器中对内容进行动画设计。通过 CSS3 动画和转换功能，可以定义式样表从实际的 HTML 结构中提取动画逻辑，并且不需要以任何方式使用脚本的功能。作为一个附加的意外收获，一些浏览器甚至可以为优化的播放和动画质量提供硬件加速支持功能。

图 2-63　转换

　　CSS3 通常被误认为 HTML5 功能的一个子集。尽管 CSS3 和 HTML5 通常相互伴随，但它们含义不同。HTML5 是 HTML（Hyper Text Markup Language）规范的第五版重现，它用于在 HTML 文档中定义结构、内容和功能。HTML5 支持新的标签和更丰富的媒体内容，而 CSS3 定义用于定制用户界面呈现方式的新规则。具体来说，CSS3 定义 HTML 内容在浏览器中的实际显示方式。

【知识要点】

1. 推动移动电子商务发展的技术因素

移动电子商务同传统电子商务的主要区别就是无线网络的应用，而正是无线数据通信技术的快速发展，推动了移动电子商务的迅猛发展。从技术的角度看，推动移动电子商务发展的因素主要有以下 3 个。

（1）**无线应用协议的推出**　如何将互联网的丰富信息及先进的业务引入到智能手机等无线终端设备当中，是实现移动电子商务需要解决的第一个问题。无线应用协议（WAP）的出现，很好地解决了这个问题。无线应用协议（WAP）的出现使移动互联网有了一个通行的标准，使智能手机等无线终端设备接入互联网成为可能。

（2）**无线接入技术的快速发展**　早期无线接入技术如 GSM、TDMA 和 CDMA 数据传输速率很低，不适合互联网接入。而近年来得到广泛使用的通用分组无线服务（GPRS）等接入技术，大大提高了无线数据传输速率。目前，世界各国大力推广的第三代和第四代移动通信技术，不仅可以克服传统无线接入方式传输速率方面的缺陷，而且还可以支持宽带多媒体数据传输，这将缩小有线和无线接入的差距，进一步推动移动电子商务的发展。

（3）**移动终端技术的日趋成熟**　移动终端技术本质上是一种结合手持硬件、无线宽带网络与移动应用软件的总称。目前市面上各种个人数码助理（PDA）、智能手机已经随处可见，各种移动智能终端设备不断推陈出新，移动终端用户也不断攀升。这不仅给消费者使用移动终端进行电子商务提供可能，而且在数量上大大超过互联网用户的移动终端用户更是为移动电子商务提供了巨大的市场。

2. 移动电子商务技术应用

（1）**银行业务**　移动电子商务使用户能随时随地在网上安全地进行个人财务管理，进一步完善互联网银行体系。用户可以使用其移动终端核查其账户、支付账单、进行转账以及接收付款通知等。

（2）**交易**　移动电子商务具有即时性，因此非常适用于股票等交易应用。移动设备可用于接收实时财务新闻和信息，也可确认订单并安全地在线管理股票交易。

（3）**订票**　通过互联网预订机票、车票或入场券已经发展成为一项主要业务，其规模还在继续扩大。互联网有助于方便核查票证的有无，并进行购票和确认。移动电子商务使用户能在票价优惠或航班取消时立即得到通知，也可支付费用或在旅行途中临时更改航班或车次。借助移动设备，用户可以浏览电影剪辑、阅读评论，然后订购邻近电影院的电影票。

（4）**购物**　购物是用户接触最多的移动电子商务，借助移动电子商务，用户能够通过其移动终端设备进行网上购物。即兴购物是一大增长点，如订购鲜花、礼物、食品或快餐等。传统购物也通过移动电子商务得到改进。例如，手机淘宝、微店、9.9 包邮购、口袋购物、天天特价、今日半价等。

对同一件货物而言，手机下单比 PC 下单要便宜好多，因而很多人都乐于手机下单，这样既方便也便宜,手机淘宝的交易额与日俱增,这与它的优点是分不开的,在此看来,淘宝未来应该会迎来一个新的时代——移动购物时代。

(5)**娱乐** 移动电子商务将带来一系列娱乐服务。用户不仅可以从他们的移动设备上收听音乐,还可以订购、下载或支付特定的曲目,并且可以在网上与朋友们玩交互式游戏,还可以为游戏付费,并进行快速、安全的博彩和游戏。

(6)**无线医疗** 医疗产业的显著特点是每一秒钟对病人都非常关键,这一行业十分适合移动电子商务的开展。在紧急情况下,救护车可以作为进行治疗的场所,借助无线技术,救护车可以在移动的情况下同医疗中心和病人家属建立快速、动态、实时的数据交换,这对每一秒钟都很宝贵的紧急情况来说至关重要。在无线医疗的商业模式中,病人、医生、保险公司都可以获益,也会愿意为这项服务付费。这种服务是在时间紧迫的情形下,向专业医疗人员提供关键的医疗信息。由于医疗市场的空间非常巨大,并且提供这种服务的公司为社会创造了价值,同时,这项服务又非常容易扩展到全国乃至世界。相信在这整个流程中,存在着巨大的商机。

(7)**移动应用服务提供商(MASP)** 一些行业需要经常派遣工程师或工人到现场作业。在这些行业中,移动应用服务提供商(MASP)将会有巨大的应用空间。MASP结合定位服务技术、短信息服务、WAP技术及Call Center技术,为用户提供及时的服务,提高用户的工作效率。

项目三

移动电子商务模式

【项目概述】

　　当今时代的时代特征已经被"数字化""网络化"和"信息化"这几个词所占据,电子商务也在此大背景下不断地普及和发展,实现了全球贸易往来,提高了运营速度,降低了企业成本。随着手机等移动设备功能的不断提升,移动电子商务也以迅猛之势发展起来,并迅速占有了一定市场。

　　移动电子商务就是在这样的市场环境下快速发展起来的,京东、淘宝等传统的电子商务企业纷纷发力移动端,并且在移动端走出了一条更宽阔的道路。这些电商企业并没有被传统电子商务的模式所束缚,而是根据移动端的特性融合了多种电子商务模式,淘宝、京东在移动端已经成为混合式、综合式的平台。O2O也在移动端更加如鱼得水,基于移动端移动、方便、快捷的特色,移动O2O在这几年发展十分迅速。同时,在移动端基于移动社交软件,出现了一股"微商热"的潮流,出现了非常多的微商、微店铺。与传统的电子商务模式相比,移动端的电子商务模式更加多样化、更加复杂。而这些商业模式的迁移与发展,也象征着移动电子商务正逐渐迎来其发展的高峰。

【项目分析】

　　目前来看,移动电子商务主要有三种模式:如淘宝、京东等传统电子商务企业转战移动端的模式;移动O2O模式如美团、大众点评等企业转向发力移动O2O;还有在移动电子商务兴起之后,基于移动社交软件如微信、微博、陌陌等兴起的微店铺、微商模式。

　　以淘宝、京东为代表的传统电子商务企业转战移动端是移动电子商务发展的必然趋势。随着智能手机的普及、移动网络的发展,人们的上网习惯逐渐由电脑转移到了移动设备上,传统电商企业也将产品、营销等重心由PC端转移到了移动端,而且不能照搬PC端的经验。淘宝、京东在移动端发展到今天,已经不单纯只是B2C或C2C的平台,而是融合了多种电子商务模式的综合平台。

　　O2O模式则跟移动互联网完美契合。线上线下模式方便了消费者进行信息的查询、线下的消费,同时商家也能更方便地在线上进行推广,将线上的流量导入线下,吸引消费。移动设备的可移动性、移动支付等特点使得线上推广、线下消费更加方便快捷,移动O2O也因此发展迅速。

　　2014年"微商"火了一把,使得大众对"微商"有了了解。"微商"是在移动电子商务发展的过程基于社交软件如微信、微博、QQ、陌陌等进行推广、宣传的一种新的移动电子商务模式。虽然"微商"由于经营、营销的不规范化在前期令人诟病,但在微信自身和微商的一些商家对微商进行规范化之后,目前"微商""微店"已经成为移动电子商务发展过程中不可忽视的一种模式。

【任务分解】

任务一　O2O 模式

1. O2O 模式分析

近年来，网络消费逐渐被大众认识和接受。人们的生活方式和消费方式也因此有了全新的改变，在这种发展状况下，O2O 模式作为一种新的电子商务模式应运而生。

当前最流行的 O2O 产品模式有两种。一种是 search（即搜查）模式，典型产品如美团，它的使用场景是：当消费者不知道要吃什么的时候（可能消费者到了一个陌生的地方 / 可能消费者陷入选择困境），消费者可以通过美团 APP 搜索一个自身感兴趣的店铺，进行线上购买后到线下去消费，如图 3-1 所示。

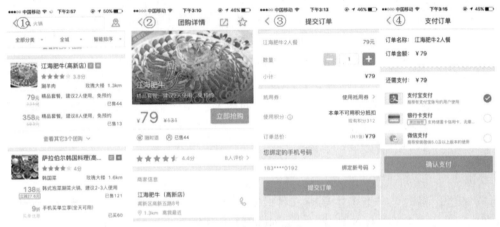

图 3-1　search 模式

另一种是 coupon（即优惠券）模式，典型产品如麦当劳优惠券、Q 卡等，如图 3-2 所示，主要通过给客户提供打折券、抵用券，吸引客户去消费。

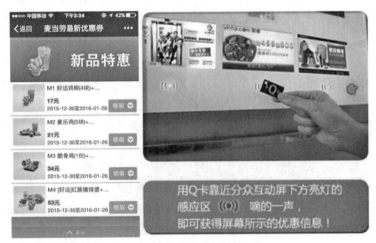

图 3-2　coupon 模式

因此，O2O 营销模式又称离线商务模式，是指线上营销线上购买带动线下经营和线下消费。通过打折、提供信息、服务预订等方式，把线下商店的消息推送给互联网用户，从而将他们转换为自己的线下客户，这就特别适合必须到店消费的商品和服务，比如餐饮、美容、健身等。而这种模式中最突出的形式就是团购。

团购是指互不相识的互联网用户借助网络这一第三方平台聚集成一个以低折扣购买某种产品或服务的网站。美国的 Groupon 网站是最早的团购网站，后来中国也兴起了一批团购网站，一定程度上拥有了自己特有的团购模式，包括吃喝玩乐的本地化综合性服务和服饰、鞋包、化妆品、零食等实物团购。

以美团网来举例说明。美团网是中国销售额最大的独立团购网站，也是国内建立最早的团购网站。自 2010 年 3 月 4 日成立以来，作为一个团购网站，美团以第三方媒介的身份出现，它提供一个网站平台，招揽商家入驻，同时提供商家的折扣信息，用以吸引消费者，最后再给消费者提供一个平台对消费进行真实的评价。

（1）**目标消费者分析** O2O 模式主要针对吃喝玩乐的服务类市场，也可以说是本地化生活服务类消费，如何从中选择合适的市场范围，明确目标消费者很重要。美团的目标消费者可分为两类：

① 习惯于网络购物，有猎奇心态且容易被折扣所吸引的年轻消费者；
② 边际成本较低且以服务为主，希望消费者有二次消费的商家。

（2）**运营模式分析** 美团网的运营模式是把对某种商品有购买需求的互联网用户聚集起来形成一个团体，人数达到规定就可以享受较低的折扣，集体购买该商品；假如人数没有达到限度就不能进行团购。美团网站盈利点在于团购成功后收取商家给予的一定佣金。它拥有以下特点。

① 邮件推广宣传。美团推广渠道比较单一，仅通过群发的订阅邮件宣传。
② 价格低廉。美团的商品十分便宜，大部分商家的目的都是薄利多销。
③ 提醒用户每日团购。"每天一次团购"是美团网的广告宣传语。
④ 主要针对本地化服务类商品。美团网上的团购大部分是餐饮、电影、休闲娱乐、美容健身等服务类商品，实物商品比较少。

（3）**盈利模式分析** 团购网站平台的获利方式有三种形式，分别为提成收入、宣传推广佣金以及会员优惠卡的销售。

提成收入，是指团购网站是商家与消费者之间的第三方交易平台，负责将消费者聚集以购买某种商品或服务。团购完成后商家会按约定的一定比例给予团购网站费用。

宣传推广佣金，是团购网站将商家的店铺、商品或服务的信息发布到互联网上，然后对商家的商品分别线上、线下推广，无论该广告宣传效果怎么样，商家都需要给予团购网站一部分费用作为佣金。

会员优惠卡的销售是团购网站将会发行部分信誉较好的商家会员卡进行销售，凭此会员卡可到团购网站指定商家直接打折优惠购买商品。

在盈利模式方面，美团主要选择宣传推广佣金与会员优惠卡两种模式。美团网作为第三方团购组织者，负责把商家的商品信息发布在美团网平台上，消费者登录美团网自动形成团购群体，以较低的折扣购买需求商品，交易完成后商家需要支付给美团网一定的佣金。不但如此，目前有很多实体店和网站都采取该盈利模式，把消费者细分为不同级别的会员，级别越高享受的折扣越低。会员卡盈利不是很多，美团选择会员卡模式的目的主要是为了吸引更多的新客户。

基于盈利模式下，美团网的 O2O 组织模式交易流程如下：

① 买方在线上 O2O 应用平台选购卖方发布的商品或者服务，最后决定购买，买卖双方在网上达成交易意向；

② 买方选择利用第三方作为交易中介，买方用银行账户将货款划到第三方支付中介账户；

③ 第三方支付中介将买方已经付款的消息通知卖方，并要求卖方在规定时间内发货、提供服务；

④ 卖方收到通知后按照订单发货和提供服务；

⑤ 买方收到货物并验证或者接受服务，对提供的商品和服务满意后通知第三方支付中介；

⑥ 第三方将其账户上的货款划入卖方账户中，交易完成。卖方可以向第三方支付中介发出提款请求，将资金转到自己在金融机构开设的账户。

（4）商业模式分析　企业商业模式主要包括价值主张、供应链、目标顾客三部分。美团网的价值是通过销售团购商品或服务为团购用户带来更大的价值；美团的供应链是后台运行的支撑系统，包括谈单、拍图、审核、上线等业务流程；因此其具体业务流程如图 3-3 所示。

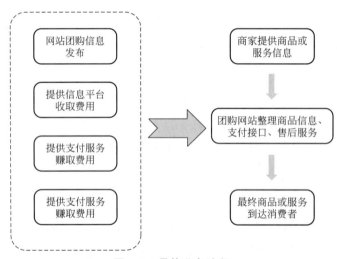

图 3-3　具体业务流程

由此可见，O2O 模式通过连接线上线下资源，其利用线上信息充分和交易的便利性，结合部分产品必须到实体店消费的特性，把线上消费者吸引到实体店来，从而有效地扩大了实体店的消费规模，也满足了网络消费者的消费需求，因而迅速成长起来。

2. 认识移动 O2O 模式

O2O 模式作为线下商务与互联网结合的新模式，解决了传统行业的电子商务化问题。O2O 以其新颖的特点吸引了广大消费者的眼球。它是一种新型的电子商务模式，可分为实物类商品营销和本地生活服务类商品营销两大类，经营实物类商品的模式相当于 B2B、B2C 模式，而经营服务类商品的模式则属于本地生活服务 O2O 模式，也是 O2O 网络市场发展的重点。

（1）O2O 模式核心与优势　O2O 营销模式的核心是在线预付。通过 O2O 模式，将线下商品及服务进行展示，并提供在线支付"预约消费"，这对于消费者来说，不仅拓宽了选择的余地，还可以通过线上对比选择最令人期待的服务，以及依照消费者的区域享受商家提供的更适合的服务。但如果没有线上展示，也许消费者会很难知晓商家信息，更不用提消费二字了。另外，目前正在运用 O2O 摸索前行的商家们，也常会使用比线下支付要更为优惠的手段吸引客户进行在线支付，这也为消费者节约了不少的支出。

对于本地商家而言，原本线上广告的成效可以直接被转换成实际的购买行为，由于每笔完成的订单在确认页面都有"追踪码"，商家在更为轻松地获得在线营销的投资回报率的同时，还能一并持续深入进行"客情维护"。其次，O2O 是一个增量的市场，由于服务行业的企业数量庞大，而且地域性特别强，很难在互联网平台做广告，就如同百度上很少出现酒吧、KTV、餐馆的关键词，但 O2O 模式的出现，让这些服务行业的商家们一跃在线上展开推广。

从表面上看，O2O 的关键似乎是网络上的信息发布，因为只有互联网才能把商家信息传播得更快、更远、更广，可以瞬间聚集强大的消费能力。但其实，O2O 的核心在于在线支付。在线支付不仅是支付本身的完成，是某次消费得以最终形成的唯一标志，更是消费数据唯一可靠的考核标准。尤其是对提供线上服务的互联网专业公司而言，只有用户在线上完成支付，自身才可能从中获得效益，从而把准确的消费需求信息传递给线下的商业伙伴。无论是 B2C 还是 C2C，都是在实现消费者能够在线支付后，才形成了完整的商业形态。而在以提供服务性消费为主，且不以广告收入为盈利模式的 O2O 中，在线支付更显得举足轻重。

另外，O2O 电子商务模式的优势主要还体现在以下几个方面。

① 对于实体供应商而言，以互联网为媒介，利用其传输速度快、用户众多的特性，通过线上营销，增加了实体商家宣传的形式与机会，为线下实体店面降低了营销成本，大大提高了营销的效率，而且减少了其对店面地理位置的依赖性。同时，实体店面增加了争取客源的渠道，有利于实体店面经营优化，提高自身竞争。线上预付的方式，方便实体商家直接统计线上推广效果及销售额，有利于实体商家合理规划经营。

② 对于用户而言，不用出门，可以在线上便捷地了解商家的信息及服务的全面介绍，还有已消费客户的评价可以借鉴；能够通过网络直接线上咨询交流，减少客户的销售成本；同时线上购买服务使得客户能获得比线下消费更低廉的价格。

③ 对于 O2O 电子商务网站经营者而言，一方面能够利用网络快速、便捷的特性为用户带来日常生活实际所需的优惠信息，快速聚集大量的线上用户；另一方面为商家提供有效的宣传效应以及可以定量统计的营销效果，吸引大量线下实体商家，从而获得巨大的广告收入及规模经济，为网站运营商带来更多的盈利模式。

（2）O2O 的应用场景

① 用户通过 PC 联网，找到相关的 O2O 服务网站，查找自己需要的产品或服务，通过互联网支付手段进行支付，然后到线下相应的店面获得产品或服务，如图 3-4 所示。

② 通过手机连至互联网，在 O2O 服务网站上查找自己需要的产品或服务，然后利用手机支付进行购买，再到线下实体店进行消费，如图 3-5 所示。

③ 通过手机上的 APP 应用进行相关产品或服务的查找和订购，并利用移动支付手段购买，再到线下消费。

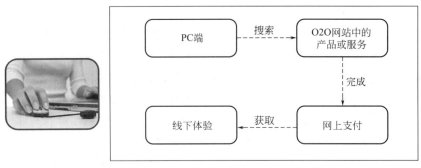

图 3-4　PC 端应用场景

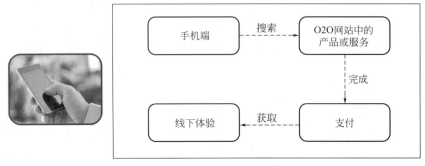

图 3-5　手机端应用场景

④ 在线下实体店或者传单上扫描 RFID、条形码或二维码获得心仪的产品信息，查找产品并通过手机进行支付，然后商家会通过物流体系将产品送到用户手中。

（3）O2O 业务模式　O2O 的业务模式分为交易型销售与顾问型销售。

交易型 O2O 销售模式充分体现出团购的优势：以打价格战为主的商业模式，其突出的优势体现在交易型销售中的打折销售上。顾问型 O2O 销售模式的优势在于强化品牌、广告和体验。

① 利用 O2O 强化企业在互联网上的品牌，以此带动线下销售。

② 由于 O2O 推广能获得精准的反馈效果，同一般的无目标投放广告相比，对于商家来说有更强大的吸引力。

③ O2O 线上服务本身，可以通过信息方式，提供良好的用户体验。

任务二　传统电商与移动电商平台

1. 传统电商平台巨头转战移动端分析

如今，打开手机里的 APP Store（移动应用商店），购物类应用软件已非常丰富，用户只需轻松搜索就能找到淘宝、京东、当当、亚马逊、1 号店等诸多主流的移动购物应用。其中，阿里巴巴、京东两大传统电商企业已经成功在移动端开拓出一片新的天地。

依托多年建立起来的强大技术支持和庞大客户资源，阿里巴巴已构建起较为成熟、完整的全方位移动网络生态。在移动电商领域，旗下的淘宝无线、天猫 APP 和淘点点等 APP 已形成了较为完善的产品矩阵,在流量、交流平台、支付平台、稳定性和商家服务等多个方面具有明显竞争优势(图3-6)。

图 3-6　淘宝、天猫 APP

其中,淘宝无线一直都是中国最大的移动购物终端,目前的交易额也非常可观。根基稳固的阿里巴巴又一次走在了包括京东在内的其他对手前面。

在谈及对移动购物的看法时,阿里巴巴移动电商业务负责人表示:未来中国,移动电商会有一个爆发式的增长,这肯定是未来发展的重点业务之一。事实上,阿里巴巴从 2013 年开始就已经提出了全面进军移动电商的"all in"战略,并且实施效果也很不错。

说到移动电商的未来格局,移动电商说到底还是电商,对于消费者而言最根本的就是两点:一是,要买得到东西;二是,要买得到好东西。所以,归结到底还是要以 PC 电商为基础的。

对于移动电商的未来,不甘落后的京东也是充满期待。

纵观京东移动终端的业务布局,随着与腾讯的合作,京东微信购物入口和手机 QQ 入口陆续开通,京东在移动端已形成手机客户端、微信购物入口、手机 QQ 入口组成的"三驾马车"布局,三大平台覆盖人群不同,互为补充(图3-7)。未来,三者将分别基于各自不同的产品优势,各自发挥最大价值,进行优势互补,在移动端共同发力,协同作战,形成一套组合拳,通过跨平台、社交化的合作尝试,提高京东在移动用户中的参与度和渗透率,这些也足以表明京东发展移动电商业务的积极态度。

早在 2004 年就采取 B2C 模式的京东商城,可以说是 B2C 模式取得成功的典范。京东经过十几年的发展,让京东的商业模式成为人们热议的焦点。随着移动互联网时代的到来,京东又及时地推出了 B2C 模式的移动端购物平台:京东 APP,这一次成功将 PC 端与移动端的衔接,无疑为京东的发展提供了又一层强有力的保障。

拿 2015 年京东的"6·18"活动来说,活动当天(即 6 月 18 日)下单量就超过 1500 万单,相比去年同期增长逾 100%。其中,移动端订单量占比超过 60%(数据来自艾瑞网)。

图 3-7　京东"三驾马车"

京东商城的模式类似于现实生活中的沃尔玛、乐购、家乐福等大型超市，引进各种货源进行自主经营。京东先向各厂商进货，然后在自己的商城上销售，消费者可以在这里一站式采购。京东自己负责经营庞大的网络商城，盈亏都取决于京东自己的经营能力。消费者购买时出现问题，直接找京东解决。这种模式的优点在于其经营的产品多样，综合利润高。京东商城可以根据市场情况、根据企业战略对自己销售的产品作出整体调整。商城握有经营权，内部竞争小，对外高度统一。缺点在于内部机构庞大，市场反应较慢，竞争对手较多，产品种类扩充不灵活，容易与供货商发生矛盾。

同时京东也引进了第三方卖家在京东商城平台上面售卖商品，由于京东对产品品质控制的力度很大，截至 2015 年年底也只有 6 万左右的卖家，比起京东自营的商品来说还是太少了点。所以目前来看，京东还是售卖自己商城的商品为主。

这两家传统的电子商务巨头进入移动电子商务行业后都以非常快的速度进行着业务扩张，除了自身的核心业务——阿里巴巴的淘宝、天猫，京东的京东商城，还扩展了很多其他的有关移动电子商务的业务，如阿里巴巴在移动电子商务时代推出的一系列 APP，如支付宝、一淘、淘点点、淘宝电影、阿里去啊等 APP 都是移动端用户比较常用的，涵盖了移动支付、外卖、旅行等方面，并且这些都在淘宝 APP 中集合了起来。这样，淘宝就已经不是原来的淘宝了，它已经打破了单纯的 C2C 模式，成为集 C2C、B2C、O2O 以及移动支付于一体的混合模式，手机淘宝成为阿里巴巴主要业务的统一流量入口。

同样地，京东也扩展了很多其他的有关移动电子商务的业务，京东除了京东商城之外，也推出了其他一系列的 APP，如京东金融、京东钱包、京东到家、京东宝宝、京致衣橱、京东团购等 APP，涵盖了移动支付、O2O、团购等领域，并且和淘宝相似，都在京东 APP 中集中了起来。这样，京东也已经不是原来的京东了，它也打破了单纯的 B2C 模式，也成为集 B2C、O2O 以及移动支付和移动社交于一体的混合模式，其 APP 成为京东主要业务的统一流量入口。

从阿里、京东两大传统电商巨头在移动端的发展情况来看，它们在转向移动端的时候，并没有拘泥于自身的业务和传统的电商模式，而是结合了移动端的特点扩展了自身的业务，由原来比较单一的商务模式发展为结合多种商务模式的混合模式，其各自的超级APP（淘宝、京东）成为流量入口。这也说明传统电商企业如果照搬PC端的经验到移动端是行不通的，必须结合移动端的特性才能在移动端长远地发展下去。

2. 传统电商平台转战移动端的电商模式认识

（1）移动B2C模式 B2C（Business to Customer），即企业对消费者的业务，也就是企业直接面向消费者，向消费者销售产品和服务等。该类型的电子商务一般以网络零售业为主。

在移动电子商务时代主要是企业借助移动互联网开展在线销售活动，消费者通过在移动智能终端上操作来实现网上购物、网上支付等消费行为。

※ 移动端B2C模式的优势

① 商品品种齐全，种类繁多。B2C平台多推崇"大而全"的经营理念，方便用户挑选和购买。

② 一站购物，方便快捷。商品的选择、比价、下单、支付、评价等都可以在同一个购物平台衔接式的进行，整个过程相当便捷。

③ 短渠道优势。B2C模式越过了销售渠道的重要环节——传统的代理商，这使得一些厂商或大型购物商场利用商品价格及物流仓储优势，直接将商品销往最终用户，不只为商家带来了更多的利益，也为消费者提供了相应的优惠。

④ 可随时随地进行商品选购。B2C模式在移动端最大的优势就是其可以方便消费者随时随地进行商品的购买，不再受购买时间与地域的约束，极大地提高了消费者的购物体验。

⑤ 由于有客户评价机制，通常客服服务态度很好，是网购的首选。

※ 移动端B2C平台类型

① 综合商城。综合商城拥有庞大的购物群体、稳定的网站平台、完备的支付体系、安全体系等，这促进了卖家与买家进行商品的买卖。比如京东商城和天猫商城：同传统商城一样，天猫自己是不卖东西的，而是为进驻商家提供了完备的销售配套；京东商城则除了为第三方商家提供平台外商城本身也会进行商品的售卖。

② 百货商店。百货商店的卖家只有一个。这种商店有自有仓库，会库存系列产品，以备更快的物流配送和客户服务，甚至会有自己的品牌，就如同线下的沃尔玛、屈臣氏。如"亚马逊购物"APP。

③ 垂直商店。垂直商店平台的产品存在着更多的相似性，产品用来满足某一人群或只提供某类产品。垂直商店的种类，取决于市场的细分。如"麦包包"APP，只专注于品牌箱包的买卖。

（2）移动C2C模式 C2C实际是电子商务的专业用语，是个人与个人之间的电子商务。比如一个消费者有一台电脑，通过网络进行交易，把它出售给另外一个消费者，此种交易类型就称为C2C电子商务。移动C2C模式则是在移动端进行的个人与个人之间的电子商务。

移动C2C模式主要有以下几个特点。

① 为买卖双方进行网上交易提供信息交流平台：如淘宝是为买家和卖家提供信息交流的平台，而且在移动端信息查看和交流更加方便。

② 为买卖双方进行网上交易提供一系列的配套服务：如在淘宝上面开一个店，淘宝就提供了一系列的配套服务，如支付、店铺等服务。

③ 用户数量多，且身份复杂：由于每个人只需要注册就可以开店，所以这样的结果也是显而易见的。

④ 商品信息多，且商品质量参差不齐：由于每个人都可以开店，所以必然会导致商品信息非常多，而且商品质量会有好有坏。

⑤ 交易次数多，但每次交易的成交额较小：由于 C2C 电子商务中参加交易的双方尤其是买家往往是个人，其购买的物品往往又都是单件或者少量的，因此和 B2B 完全不一样，本小利薄、数量小、批次多是目前绝大部分中国 C2C 卖家所面临的现实。

3. 传统电商转战移动端现状分析

与应用场景相当有限的 PC（个人计算机）相比，生而具备便携属性的手机给了电商们更大的想象空间：上下班等公车地铁途中"随手"逛一逛；在坐车时顺便"下个单"；购物完成后，再立即将产品及购物信息分享到社交网络，间接地帮商家做了口碑营销；甚至在平时逛商场时，都能通过"比价""查询网上店铺是否有货"等方式"拦截"住消费者，将他们重新拉回到线上——这无疑会在更大程度上加剧线上电子商务对线下传统零售的冲击。

（1）**传统电商转型移动是大势所趋**　由于移动通信技术和移动终端的快速发展，移动电子商务发展十分迅速。从第一代以短信为基础的访问技术发展到第二代基于 WAP（Wireless Application Protocol，无线应用协议）技术的访问方式再到第三代智能移动终端和移动 VPN 相结合的访问方式，使得系统的安全性和交互能力有了极大的提高。

而与此同时，传统的电商企业也在积极布局移动端，如淘宝在 2008 年就推出了 WAP 版、安卓版和苹果版的淘宝，之后又推出支付宝、天猫、淘点点等 APP，组成了自己的 APP 矩阵。

而随着淘宝、天猫、京东等商品的丰富和服务的完善，人们越来越习惯于在手机上进行购物，加之京东的"618"、淘宝的"双 11""双 12"等活动进一步促进了人们在移动互联网上的消费。综合来看，移动电子商务目前已经成为主流，传统电商企业转型移动端是大势所趋。

（2）**打通线下，O2O 模式各方理解不同**　O2O 作为传统电商可以触及移动端的一种方式，被传统电商所重视。因此，阿里巴巴、京东等传统电商企业都非常重视打通线上线下环节：阿里巴巴开通了天猫超市；京东也开通了京东到家，并且跟永辉超市进行了合作；而苏宁、国美等发家于线下的传统企业在发展移动电子商务的过程中也对线上线下的模式情有独钟。

参与这种领域竞争的力量大致可归为两大阵营。一边是以阿里巴巴、腾讯为代表，另一边是发家于线下的国美和苏宁。其中，阿里巴巴有自己的 O2O 平台，腾讯则是跟京东合作，一起在 O2O 领域发力。而发家线下的苏宁更是对移动互联网有着相应的计划。2013 年 2 月 20 日，更名为"苏宁云商"后，更是加快了这一转变。在国美仍然宣传线下优势的时候，苏宁则顺应"双 11"的整体趋势，推出了"O2O 网购节"。苏宁云商总裁金明称，这是苏宁云商转型并且是"互联网零售企业"的体现。之后金明一再强调，要想实现 O2O 必须"同时在线上和线下都拥有自身能够掌控的渠道"，也看出苏宁对 O2O 非常重视。

（3）**移动化不只是 PC 的改头换面**　传统企业转型移动端，绝不是单纯地将自己本来的业务从 PC 端移植到移动端，要考虑自己的企业如何与移动端的特性相结合才能达到最好的效果。如苏宁就是顺应"双 11"的趋势，推出 O2O 网购节，让人们线上线下都能够用便宜的价格购买商品，这是一个线下门店的做法。而阿里巴巴、京东则是推出一系列手机 APP，让人们习惯于用手机进行购物，养成他们的消费习惯。这是传统电商企业的做法。可以看出，无论是传统的电商企业还是传统企业，他们在做移动端的时候都充分考虑了移动端的特点，并不是 PC 的改头换面。这也是传统企业转型移动端需要充分考虑的。

任务三　基于社交软件的微店、微商

1.基于社交软件的微店、微商分析

微店 APP 由北京口袋时尚科技有限公司开发，是帮助卖家在手机开店的软件。还有微店买家版，可以在这款 APP 上面进行购物。

在微店 APP 上可以进行开店的操作。在手机上下载了微店 APP 之后，用微信账号登录或者手机号注册之后，就可以进行开店上货了，具体的开店流程如图 3-8 所示。

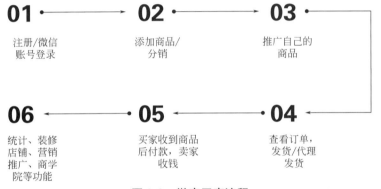

图 3-8　微店开店流程

当然，在微店买家版 APP 上面也可以进行购物，进行注册或者用微信账号登录之后进行购物，具体的流程如图 3-9 所示。

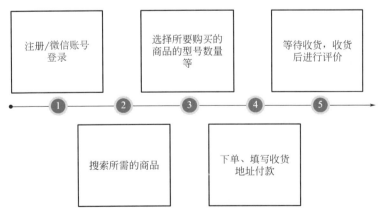

图 3-9　微店买家版购物流程

（1）微店的商业模式：微店多为自己的货源或者分销，且以分销为主。

在微店 APP 开店之后就需要进行商品的销售，而商品从哪里来呢？微店 APP 上面有一个"货源"的菜单，点击进去就会有各种各样的货物，然后你只需要挑选货物放入自己的店铺中就可以了，只需要给代理商一定的佣金即可。有客户在你的店里买东西之后，你的代理商会发货、结算、处理售后问题，而你只需要负责推广和收钱。当然也可以自己进货、上货、发货、推广等，但是比较麻烦，更多的店家还是以分销为主。这样的情况让每个人只需要注册一个微店 APP 账号或者有一个微信账号就可以开店，大大降低了店家的开店成本。但因为是供应商发货，商品的质量、物流的快慢、售后服务都不能保证，这对卖家和买家来说都是不放心的，除非在开店之前就已经实地考察过了，虽然方便，但是也降低了货源的安全性，或多或少会影响到用户体验。

（2）微店的营销：以社交软件为核心，销售商品。

开店商品上架之后，就需要去推销自己的商品、需要有人来买自己的商品。而开微店店铺的卖家的推广方式就是各种社交软件，其中，微信是目前最火的社交软件，在微信上面推广自己的店铺、商品的卖家最多，朋友圈、微信群等都是他们的阵地。而 QQ、微博、陌陌等社交软件也有很多微店卖家在上面推广自己的店铺商品。以这样的方式销售，首先接触到自己店铺商品的必然是自己的社交软件上面的亲朋好友或者粉丝，所以也算是一种强关系营销。

通过对微店的商业模式分析可以看出，这种模式通过连接买家和卖家的资源，为双方提供了信息交流的平台和一系列配套服务，使得买卖双方可以方便、轻松地进行交易。

2. 认识微店铺、微商模式以及网红经济的兴起

（1）微店、微商新形式：移动社交化电商。

移动电子商务时代，用"日新月异"这个词来形容是再合适不过了。虽然淘宝是最大的移动 C2C 平台，但是微店、微商这种新的移动 C2C 形式也发展迅速，如果不跟上时代的潮流，很可能就会被时代淘汰。目前来看，移动社交电商的业务已经成为热门。如在 2015 年手机支付宝在 9.0 版本就加入了"朋友""生活圈"的概念和功能，说明支付宝也对社交有兴趣，也说明目前社交对电商的作用。

虽然之前淘宝也有"阿里旺旺"这样的聊天工具，但是"阿里旺旺"只是作为买家和卖家的沟通工具来使用，社交的属性很少。2015 年"双 12"，除了常规的红包之外，淘宝又发明出新的招数：推出"求打赏""砍价"和"全民导购"功能。简单来说，就是鼓励"剁手党"通过在社交上分享商品的方式，来获得朋友的众筹支持，并取得一定的折扣作为回报。此外，最新更新的淘宝客户端里还新添了"问大家"功能来帮助购物者之间进行互动。

可以看到，淘宝网想要的是一个全民参与的购物体系，即通过充分开发消费者自身社交关系的方式，用社交流量代替广告的搜索，尽可能多地把每一个人都吸引到"剁手"的链条上来，这就是社交电商的逻辑，每个人都能成为信息的集散地，内容生产的成本也能大大降低。

其实这个逻辑已经被许多大小公司运用到各自运营中。比如今年京东和腾讯联合推出的"京腾计划"，双方就是希望利用社交化数据帮助品牌进行营销，"双 11"当天微信通过朋友圈推广了京东的活动，成为很好的流量入口。现在淘宝也逐渐醒悟过来，社交网络手握最大的移动流量，必须要以"人"为核心去连接平台上的商品了。

（2）社交化电商新形式：网红经济。

网红概念最早可以追溯至博客时代。早期的网红享受的是博客时代的红利，以"呛口小

辣椒"和"张大弈"(图 3-10)为例,其演化路径更偏欧美时尚博主的商业模式——跻身时尚主流媒体、与大品牌合作、创建自有品牌。而随后出现的另一种模式,则是依靠颜值、个性和品牌调性,以淘宝店铺和新浪微博为主阵地,形成强大的粉丝群体。那么,网红们是如何把粉丝转化为购买力的呢?

图 3-10　网红"张大弈"的微博及淘宝店铺

有一天,我们突然发现,网络上出现了这样一群人。她们通常面容姣好,微博认证为杂志模特、广告模特、演员等,关注者寥寥,但是粉丝成群。她们在网上直播自己的日常生活,告诉人们如何让自己变美,美瞳很重要,眼线很重要,外套的内搭也很重要。顺着微博的链接,可以直接到淘宝去下单购买,实现成交。买完之后惊觉:"咦,我刚刚不是在刷微博吗?怎么就逛到淘宝上了?"这其中究竟发生了什么,让人在不知不觉中完成场景的转换,完成了购买行为?

其实这就是网红的导流过程:视线聚焦,情感支配,商流融合。

① 视线聚焦。互联网上的内容是由 1% 的人生产的,这其中优质的内容便会获得充分曝光,线上经过人们不断点击,不断提高搜索权重,从而加速其传播,线下通过口口相传完成到线上的转换,马太效应明显。网红便是优质内容的生产者。

② 情感支配。这一点上,技术的发展起到了至关重要的作用。在 4G 和 Wifi 普及之前,刷个图都很费力,而今的移动视频已不会受到太多的限制。视频作为一种媒介,通过动画、声音等多重感官刺激,是目前最能够引起人们情感共鸣的媒介形态。根据麦克卢汉"媒介即信息"理论,视频本身即是一种信息,人们逐渐摒弃了阅读,也在逐渐远离静态的图片,更多地会去观看信息获取门槛最低的视频。可以这么说,没有 4G 和 Wifi 的普及,视频不会成为人们主流的观看媒介,网红对于人们的情感支配便无法达到临界点,也就难以实现电商的高转化。

③ 商流融合。与以往的品牌广告不同的是,网红与商品同时出现在人们时间线上。我们在 A 处获得了某品牌的信息,得去 B 处购买,但红人电商的信息源和购买点可以同时发

生,两者只相差一个链接的点击。这让网红的每一次刷屏,都成为一次对于人们有限预算的抢夺。转发抽奖的老路数也好,卖艺卖萌的新手段也好,社交媒体上的同步,使得网红电商不知不觉完成了时间和预算的双重抢夺。社交信息流、商品信息流、媒体信息流逐渐融合,界限变得模糊。在人们想到要购买某商品时,发现已经从网红那里获得了足够多的满足,这种即时转化的效果,传统的品牌广告只有望洋兴叹。

靠脸吃饭,也要拼实力,成为网红事实上门槛不低,你需要具备各种能力,如运营自身品牌、提高价值、通过社交平台吸引粉丝、维系关系、形成供应链、产品输出与售后服务等。再具体一些,这些经验包括(并不限于下面这些)很多的内容。

① 要让自己标签化,网红的标签,是涵盖当下热门的一些新型潮词,比如萌、卡哇伊、御姐等。

② 有个人魅力,有自己的喜好、独特的主张,不能给人千篇一律的感觉,必须个性鲜明,喜欢他们的人非常喜欢,不喜欢的人也有微词。

③ 导演的能力,把当下的时尚、自己的生活方式、不同的场景和自己的粉丝几种元素组合在一起,并且毫无违和感,这是技术活。

④ 正能量、亲和力,以前模特喜欢摆拍,现在是从上到下的45°自拍,因为这种视角真实;网红也可以把时尚的东西以温暖的方式,第一时间传递给消费者。

⑤ 店铺的发展和运营能力,网红要有团队,专门打理各项工作,推动品牌的发展。

目前来看,网红经济已经成为热点,淘宝也在扶持网红们开淘宝店。在未来流量分散化、粉丝化、社群化的年代,网红负责前端的流量获取,而后端的产品供应链和服务都开始标准化,只要接入就可以。比如服装、化妆品、旅游,这些都有机会成为网红售卖的产品,这已经是一个大趋势了。

任务四 微网站搭建

1. 微网站的定义

微网站是为适应高速发展的移动互联网市场环境而诞生的一种基于 Web APP 和传统 PC 版网站相融合的新型网站。微网站可兼容 iOS、Android、Windows Phone 等多种智能手机操作系统,可便捷地与微信、微博等网络互动咨询平台链接,简言之,微网站就是适应移动客户端浏览体验与交互性能要求的新一代网站。

2. 微网站的优势

微网站的出现,让移动互联网交易变得极其便捷。对很多企业来讲,建设微网站,就是把自己的生意装进了用户的手机里。微网站一经出现,就受到了广大企业和个人用户的好评。具体来说,它有以下几项优势。

(1)网站自身特色

① 不用注册域名更方便。

② 不用购买空间更节约。

③ 不用进行网站备案更省事。

④ 多款行业模板随意选择，多种内页列表展现方式，布局采用 DIV+CSS 技术，简洁大方，拓展性强，对页面数量与容量无限制，页面图片任意编辑，自动适应屏幕比例，移动客户端界面视觉效果强，版面丰富，布局灵活，扩展性强。

⑤ 应用 HTML5 技术提升浏览体验与交互性能，访问速度更快，更安全，用户体验更佳。

⑥ 内置一键导航功能，可个性化定制功能模块，自定义微网站导航。

⑦ 提供在线支付、购物等多种电商移动互联网开发。

（2）可实现功能

① 自动显示独立网址。

② 自由编辑商家简介。

③ 随时发布最新公告。

④ 精选商品的展示和预定。

⑤ 发布各种优惠吸引顾客。

⑥ 通信方式的添加与修改。

⑦ 支持微视频功能。

⑧ 保留 PC 版网站的报名、留言等常用功能。

⑨ 积分统计与奖励。

⑩ 支持添加外链。

3. 与微信对接

因为单个的微网站推广起来，难度并不亚于一个 PC 网站，而与此同时，因为微信公众平台向第三方开放了链接端口，企业和个人都可以将自己想要推广的网站或链接，放在微信公众平台里去推广。所以在实际操作中，大部分企业都是将搭建好的微网站的链接地址放在微信公众平台里，这样做就等于用微信公众平台这个工具来管理自己的微网站。如此一来，不仅方便了企业对用户的管理，节省了生产运营成本，使微网站可以更好地传播，也使微网站可以适用于微信公众平台的功能。

（1）常见微网站搭建平台介绍 目前市面上有很多微网站开发平台，这些平台建设出的网站大多由 HTML5 表现出来，有良好的展示效果，并且平台上有很多模板可供选择。腾讯官方也有相关微信服务市场业务，由于业务调整，已于 2016 年 3 月 1 日正式停止此项服务，所以要进行微网站的搭建，需要通过寻找适合的第三方平台进行。以下介绍三款常用的微网站搭建平台。

① 微盟。微盟又称 Weimob，是目前国内最大的微信第三方开发平台。其后台采用模板式傻瓜设计，用户可以在后台通过简易操作生成不同的微网站风格。不仅如此，微盟还配置了多款互动游戏来增进企业用户的黏性，提高重复购买率，以营造良好的用户体验来帮助企业留住用户。

② 乐享微信。乐享微信是一款专门针对微信公众账号提供营销推广服务而打造的一个第三方平台。其配置简单，操作便利，和微盟一样，后台提供了很多可选的模板和功能模块，商家用户可以很方便地制作自己的微网站。

③ 微客巴巴。微客巴巴是一个针对企业 O2O 营销应用技术方案解决的平台，其平台功能不仅包括微网站制作，同时还拥有手持微助手业务终端处理系统、门店管理系统、在线预

订、在线支付、托管服务等功能。

（2）微网站搭建要点

① 找准营销点。企业建立微网站，目的就是要通过此渠道来吸引人参与。因此，一定要找准营销点在哪里。寻找营销点时，要考虑能给消费者带来的利益到底是什么？如何彰显企业的特色，如何与其他企业予以区分，如图 3-11 所示。

如图 3-11 所示为京东商城微网站，京东商城以数码电器为主要品类，同时兼有服装等其他业务，所以家用电器类占据了主要的分类，并且通过首发、品牌、特价三个功能区划分，体现出了自己的经营特色。

② 要合理安排结构。微网站的栏目设计和页面布局一定要简洁大方，内容一定要精简，不要设计得过于复杂。色彩的搭配一定要和目标人群的年龄相符合，整体的结构和主题一定要贴切，如图 3-12 所示。

图 3-12 为某茶酒类企业微网站，栏目设计简洁大方，内容一目了然，方便消费者点击选购。同时网站界面清新爽朗，契合了其春日周边游的主题。

图 3-11　京东微网站

③ 内容简洁、做到图文并茂。一般用户在浏览时，是没有太多耐心看大量文字的，所以尽量用最少的文字表达出意思，更多以图片、图文结合的形式展现出来，这样会更加吸引人。

如图 3-13 所示，用整幅图片填充背景，再配以简单的文字，视觉上非常具有冲击力，而且这样做，迎合了用户的浏览喜好，简约时尚，极具吸引力。

图 3-12　某茶酒企业微网站

图 3-13　某手表微网站

任务五 微店搭建

1. 微店定义

微店,是微型网店的简称,它是在移动电子商务浪潮下诞生的一种网店模式,为迎合简单开店需求而设计的一种网络店铺,微店主要是突出其简单性和易用性。之所以称为微型网店是因为其仅以一张网页把网店的三大信息,即店铺形象、经营产品、店主信息简单有效地展示出来而达到销售目的。简单而一目了然的风格是微店的主要特色。

2. 常见微店平台

现在市场上流行着很多的微店平台,像拍拍微店、口袋微店、有赞、萌店等系列微店。虽然在功能上,它们有一定的相似性,但每一个微店平台也都有各自不同的特点。

(1)"微店"(口袋购物) "微店"几乎已经成为一个行业词了,但目前普遍认可的最早的微店产品是口袋购物旗下的"微店"APP。

上线于2014年年初的"微店",几乎可以说是"划时代性"地采用了用手机号开网店的模式,将电商的准入门槛拉到历史最低,商品的上架、编辑等功能也非常简单(图3-14)。这个"傻瓜式开店工具"很快引发了一股个人开店的潮流。当然,其他的开发者也纷纷效仿跟进,开发了各式各样的"某某微店""某某小店"。

图3-14 微店界面

"微店"的特点是上线早、门槛低、运营简单,它的商家类型倾向于有货源的个人(比如代购),这让口袋购物的这款"微店"应用能够迅速地累积用户,抢占市场。截至目前,"微店"依然是店铺数量最多的微店平台。

（2）萌店　　萌店是基于人与人之间的信任关系，以消费者为中心的B2V2C的开店平台（图3-15）。作为移动端的新型产物，萌店具备任何人下载APP并注册手机号码后就可开通自己的萌店店铺的优势，并通过一键分享到微信、微博、QQ等SNS平台来宣传店铺并促成交易，降低了开店的门槛和复杂手续，且不收任何费用。另外，萌店具有海量一手正品货源供个人开店者分销，与众安保险合作提供商品正品保障，并且提供了多种推广渠道和多种支付方式，同时萌店无需囤货，一件代发，让开店变得更简单。

图 3-15　萌店 APP

（3）有赞微小店　　从成立时间（2012年）上来看，有赞比微盟要早得多（图3-16）。从目前的产品架构来看，有赞与微盟是比较类似的，都有两大业务主线：B2C模式的微商城搭建、B2C、C2C模式的微分销体系（有赞微小店APP）。有赞微小店与其他开店软件最大的区别是，微小店内提供了海量精选的分销商品，即使用户没有自己的货源渠道，也可以通过售卖分销商品，赚取利润。

（4）拍拍小店　　拍拍是京东集团全资控股公司，也是国内比较知名的移动社交电商平台。拍拍基于用户连接的核心——社交关系、中心化与去中心化相结合的流量渠道，根据移动社交场景重构电商生态。

从界面设置来看，京东拍拍小店（图3-17）和有赞微小店风格类似，采取了简洁的底部四大选项模块，分类清晰。而口袋购物的微店则采取了两页滑动来展示功能，所以显得有些复杂。从功能来看，京东的拍拍小店功能相对较全，既有对自身小店的管理设置，又有微店市场的全景展现，同时还能发现附近的优质店铺以及店长笔记。此外，还具备一些其他微店平台不具备的功能，例如，转发赚钱、一键代理（搬家）、扫一扫等功能。

在整个开店的生态链当中，包括有供货商、分销商、个人等角色，而平台的作用就是要保证各方利益能够达到最好，分销商希望有大量的供货商提供好的货源，供货商希望有大量的分销商帮助销售商品，从这个角度来说，谁有大量的分销商资源或者供货商资源入驻平台，谁将会在微店市场中占据有利位置。

图 3-16 有赞微小店

图 3-17 拍拍小店界面

3. 常见微店平台对比

现将一些常见微店平台的特点总结如表3-1所示。

表3-1 微店平台优势分析

平台	有赞	拍拍小店	微店	萌店
产品定位	去中心化的全民开店	全民开店分销	全民开店	开店全免费，一键分销
优势	1. 基于微信公众号的CRM 2. 丰富的营销工具与粉丝互动 3. 订单处理体系 4. 分销市场品质保证	1. 腾讯商家提供足够多的流量 2. 完善的京东电商、物流体系 3. 商家与周边的商家链接	1. 完善的微店体系，保证卖家和消费者利益 2. 基于微信公众号的CRM 3. 担保交易，七天退款等一应尽有	1. 商家与周边商家链接 2. 完善的教学体系 3. 基于微信公众号的CRM
平台特色	自建厂家、分销商、个人、企业等平台形成行业壁垒。覆盖整个产业生态，强大的营销工具，建立商家自有CRM以此来对粉丝（微信、微博、朋友圈等）进行二次营销	除了京东、腾讯背书，微信支付未收取代扣费用，淘宝、京东一键搬家外，还有围绕商家经营的店长笔记，发现附近的微店，并能互相交流，购物社交囊括其中	微店拥有最多的商家，围绕卖家建立了一套完善的体系，有赞、拍拍小店有的功能微店都有，微店在围绕店家的广度上做了很多功能建设，下一微店将布局微店买家版	即时通信，买家一键咨询，货源随时沟通，让买卖双方沟通无限。合伙人分佣，邀请合伙人加入，享受订单分佣，他赚你也赚。个性化装修，萌店域名个性化，店铺装修个性化，打造一个属于自己的萌店

4. 微店平台优势

作为一种变革创新的电子商务新模式，微店的出现，突破了电子商务经营的原本界限，拉近了消费者和供应商的距离，降低了创业者投资的风险。所以，微店平台一经出现，就得到了市场和消费者的双重认可，在全国范围内得到了迅速的传播。不仅如此，对于供应商、创业者、消费者来讲，它还有很多具体优势。

（1）**对供应商** 对于供应商而言，微店平台是一条巨大的销售渠道，供应商只需把产品图片、价格、属性等定义出来，发布到微店云产品库，产品就有可能出现在无数个微店铺里。百万微店铺将销售该产品，由平台专业电商管理服务团队为供应商做宣传推广，将大大提高供应商的品牌知名度和覆盖率。

（2）**对创业者** 对于创业者而言，微店平台无需押金，无需加盟费，前期投入较少。创业者无需到线下寻找货源，而是直接在云产品库中挑选商品进行线上或线下销售。微店平台拥有现成的正品商城，创业者无需招聘专业的设计师装修店铺，而且发货和售后服务均由供应商负责，无需操劳费心。

（3）**对消费者** 对于消费者而言，微店平台是一道便捷时尚的消费大餐。它是一种新型的电子商务平台，主要基于微信，同时兼有PC端综合性购物网站。它实现了消费者随时随地购物的灵活性，并且通过当今最有传播性和影响力的交流工具——微信完成购物流程，支付方式方便快捷。

5. 微店搭建要点

（1）**主题风格** 目前，移动端活跃用户的主要人群还是"80后""90后"，所以店铺的风格应该简约时尚，审美也要更符合他们的审美要求。

（2）封面　以宣传产品图为主，突出产品的功效，图片要配适当的文字描述。

（3）头像　企业微店就用自己的品牌LOGO，个人用户尽量使用自己真实且清晰的大头照。

（4）昵称　最好带上品牌名称，能够突出卖的是什么，能够让目标用户第一眼就判断是否是自己需要或感兴趣的产品。

（5）个性签名　写出产品所具有的特点、卖点以及优势，也可以是自己或企业的主张，目的就是得到目标用户认同，增加信任感。

（6）产品图片　在上传图片时，通常以上传的第一张图为主图，而主图尺寸最好是3：4的，分辨率在1000px以上的，并且图片应尽可能干净、清晰，这样才能够突出商品的品质。切忌使用拍摄不清晰的产品图片，或者因为拉伸而变形的图片，那样会大大地降低用户体验。

【案例解析】 小熊维尼鲜花店微店搭建

小熊维尼鲜花店是一家经营鲜花、花篮、各类摆花为主的小店，为了适应移动电商的发展，方便客户沟通，决定开通微店，与微信公众账号进行绑定，以求宣传品牌，并为手机客服端的客户提供便利。

1. 店铺注册

通过简单的注册和基本信息的填写，微店店铺就注册成功了（图3-18）。

店铺注册成功后，接着对店招及公告等部分进行编辑，点击"微店"，进入微店管理页面，在微店管理页面，点击微店头像进入店铺相关信息编辑，进入"微店信息"后，可以将微店头像设置为店铺LOGO（图3-19）。

图3-18　店铺创建

图3-19　微店信息

2. 微店装修

小熊维尼鲜花店微店的装修过程操作如图3-20、图3-21所示。打开微店管理页面，可以看到在微店管理页面中有店铺装修栏目，点击"店铺装修"，为店铺添置商品。

商品添加结束后，进入自定义装修页面，点击插入图片导航、轮播广告，进行图片导航和轮播广告图片的设置，如图3-22所示。

图 3-20　店铺装修

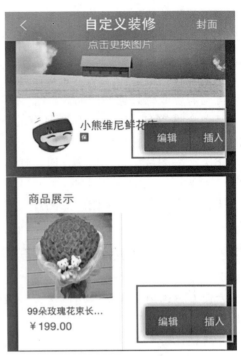
图 3-21　自定义装修

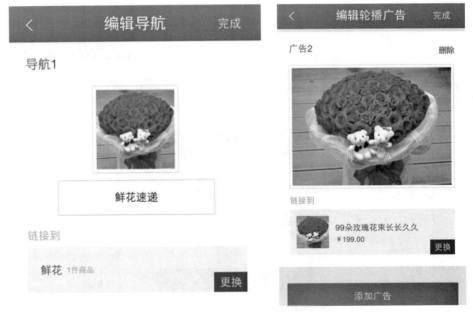
图 3-22　编辑导航与轮播广告

接下来，点击装修页右上角，对店铺封面进行设置，小熊维尼鲜花店的店铺封面采用的主要元素是店铺主营产品——鲜花，封面设置完成如图 3-23 所示。

完成了以上步骤后，选择应用到店铺，就可以看到整体的装修效果，如图 3-24 所示。

图 3-23 店铺封面设置

图 3-24 装修效果

3. 商品发布

小熊维尼鲜花店的商品发布分为两种类型：自营产品和分销商品。具体发布操作如下。

（1）自营产品发布 在首页中点击"商品"，在"添加商品"页面为商品添加图片、商品描述、价格及库存等内容，如图 3-25 所示。同时，在此页面也可以对商品的分类进行选择，如图 3-26 所示。

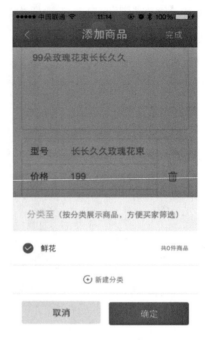

图 3-25 添加商品　　　　　　　　图 3-26 选择分类

完成以上内容后，接下来进行店长推荐、是否包邮与商品标签的编辑，并可复制链接进行转发或直接点击分享渠道进行商品分享，如图 3-27 所示。

完成商品发布之后，还需到微店出售页面细致检查，查看有无不妥之处。此处可点击预览进行该商品页面检查，如图 3-28 所示。

图 3-27 分享商品　　　　　　　　图 3-28 商品展示

（2）商品分销　在微店 APP 的首页中可以看到分销按钮，点击分销按钮，选择适合自己店铺性质的商品，如图 3-29 所示，点击"我要代理"按钮进行添加即完成了分销商品的添加。

图 3-29　分销频道

【知识要点】

1. 使用移动 O2O 模式的注意事项

一个行业进行 O2O，那么这个行业或者企业就必须具备两个条件：①良好的行业或企业规范。因为一个良好的行业或者企业规范才是 O2O 能够生存的根本，O2O 客户在线上购买后会有自己的主观猜想，而如果客户的体验与想象中的差别很大，那么客户将对整个企业感到失望，进而使得企业的损失更大。②LBS 与移动 O2O 的结合。LBS 是基于位置的网络服务，移动 O2O 应该要与 LBS 相结合。例如客户到了一个地方利用 LBS 功能就能够发现周边的所有自己想要找的店铺，也可以根据参与某个店铺活动的人员多少，让店家给予相应的折扣。这样才能真正地让 O2O 变得灵活起来，让线上到线下的活动更加的流畅。

在进行 O2O 模式下移动电子商务时应该注意如下几点。

（1）O2O 模式下产生的高数据流量对移动网络的挑战　我国目前移动网络的资费与网络质量还是有待提高的。这样的大环境对于 O2O 行业的发展有着很大的阻碍，因为 O2O 的网站内容一般图片会比较多，现在的网络环境会让 O2O 用户有比较不好的体验或者让有些人不愿意去体验，导致部分用户参与度低。

（2）无线网络的稳定性及支付的环境对于 O2O 的抑制　移动终端的安全性受到移动设备软件、硬件及相关支付技术的限制，因此让许多消费者对移动电子商务望而却步。例如一个移动网络用户希望在线进行支付，如果因为网络或者硬件的问题导致支付很慢，网络不通，最后支付失败了，用户就会放弃支付行为。

（3）O2O 的社交化将进一步加剧　虽然现在的 O2O 还有很大一部分停留在团购的阶段，但是随着移动端的发展，O2O 的社交化已经越来越受到重视，移动 O2O 将与社交化完美融合。现在有很多的社交化应用或者 O2O 应用都已经开始了社交元素的融合与吸纳，如腾讯的微信与拉手网合作。

（4）O2O 企业及商家的信誉和诚信面临挑战　O2O 模式下的线上、线下双重服务端是否会制约移动电子商务的发展，其决定因素就在于 O2O 企业和商家双方的信誉和诚信。如果双方都讲究诚信和信誉，那自然能达到双赢的目的，但只要有其中的一方在这方面存在缺失，就很容易造成"付款前是上帝，付款后什么都不是"的窘境。这无论是对于 O2O 的发展，还是对于移动电子商务的发展都是极其不利的。所以如何选择合适的商业合作伙伴是 O2O 的移动电子商务面临的又一个挑战。

2. 社交软件的微店、微商运营

在已经成型的社交软件中开设店铺，无论是在架设还是运营过程中都需要遵守软件的规则，下面我们以微店铺为例大概说一下开设与运营微店铺中的相关事项。

在运营微店铺的过程中，店铺就好像一个小型的团体，能够在平台中找到你的店铺并关注你的店铺的人，他们就是你的用户。这些人就需要你用自己的情感、关怀来抓住他们。而如何表达自己的情怀、关怀，在社交平台中，自然就是图文的推送了。只要将图文的推送做到让这些人感兴趣，那么他们就自然而然地会去关注并喜欢这家的商品。就好像粉丝经济一样，让这些"木粉"变成"铁粉"，真正地成为店铺中忠实的消费者。让这些人成为自己的忠实粉丝，就可以利用这些粉丝来增加更多的粉丝，从而实现粉丝经济中的良性循环。

当然，这些并不是图文推送的全部内容，图文内容的推送还有另外的重要目的就是培养顾客的消费习惯与增加商品信任感。

通过对这些内容的推送，我们可以向顾客展示商品的用法、好处等，让顾客有购买的冲动，同时，可以给顾客介绍他们所不知道的使用方法或者使用方式。慢慢地培养顾客的消费习惯。当然，我们也可以推送关于产品制作中的产地、工艺、照片等一系列能够证明产品优势的图文，让这些图文能够切实的证明产品的质量问题，就可以让用户对产品产生更多的信任感。

当然，这是一个内容为王的网络营销时代，想要更好地对自己的"宝贝"进行营销，你就需要学习更多的技巧，用更好的内容去吸引更多的粉丝。

项目四

移动支付

【项目概述】

移动支付将终端设备、互联网、应用提供商以及金融机构相融合，为用户提供货币支付、缴费等金融业务的同时，极大地便利了人们的生活。如今，随处可见的移动支付现象和移动支付软件与平台无不彰显着移动支付给传统支付带来的挑战。本章节紧扣移动支付的相关知识展开，从移动支付的基础知识、运营模式、支付系统这三大模块入手，配之以移动支付与支付类APP的案例及操作，以期学生通过此次学习，在掌握移动支付相关知识的同时，能够动手使用支付类APP进行相关支付活动。从而在理论和实践结合的基础上完成对移动支付技术的全面认知。

【项目分析】

1. 了解移动支付

随着以智能手机为代表的移动终端日益普及，以及无线通信技术的飞速进步和广泛应用，移动互联网蓬勃兴起。人们越来越多地使用各种移动终端从事电子商务，由此促进了移动电子商务的繁荣。而作为移动电子商务主要支付手段的移动支付，也得到了迅猛发展。所谓移动支付，是指用户使用手机或其他移动终端对所消费的商品或服务进行账务支付的一种服务方式。移动支付的模式有不同的划分标准，比较常用的有如下几种。

（1）根据支付账户的不同，移动支付可分为：银行卡账户支付，即用户在移动终端上操作银行卡账户进行支付；话费账户支付，即用户在移动终端上操作手机话费账户进行支付；中间账户支付，即用户在移动运营商或第三方支付企业开通自有账户，先充值后消费，用户在移动终端上操作自有账户。

（2）根据运营主体的不同，移动支付可分为：移动运营商为主体的移动支付，即移动支付平台由移动运营商建设、运行、维护及管理；银行系为主体的移动支付，即银行为用户提供付款途径，通过可靠的银行系统进行鉴权、支付，移动运营商只为银行和用户提供信息通道，不参与支付过程；第三方支付企业为主体的移动支付，即移动支付平台由第三方支付企业建设、运行、维护和管理。

（3）根据技术手段的不同，移动支付可分为：远程支付，即用户使用移动终端，通过短信、WAP、IVR（Interactive Voice Response，互动式语音应答）、APP等方式远程连接到移动支付后台系统，实现账户查询、转账、信用卡还款、订单支付等功能；现场支付，即用户使用移动终端和配套的受理终端，通过NFC（Near Field Communication，近距离通信）、RF-SIM（可实现中近距离无线通信的手机卡）、SIMpass、RF-SD（基于RFID的三网支付系统）等近距离非接触式技术，实现对商品或服务的现场支付。

2. 移动支付分类

（1）短信支付　手机短信支付将用户手机SIM卡与用户本人的银行卡账号建立一一对应的联系，用户通过发送短信的方式在系统短信指令的引导下完成交易支付请求，其特点是操作简单，可随时随地进行交易。

（2）扫码支付　扫码支付是新一代无线支付方式。在该支付方式下，商家可把账号、商品价格等交易信息汇编成二维码，并印刷在各种载体上发布。用户通过扫描二维码，可实现与商家之间的账务结算。商家根据支付交易信息中的用户收货、联系资料等，进行商品配送，完成交易。

（3）指纹支付　指纹支付，是采用目前已成熟的指纹系统进行消费认证，顾客使用指纹注册成为指纹消费折扣联盟平台的会员后，通过指纹识别即可完成消费支付（图4-1）。

图 4-1　指纹支付示意图

（4）声波支付　声波支付，是利用声波的传输，完成两个设备的近场识别。具体过程是：在第三方支付产品的手机客户端里，内置有"声波支付"功能，用户打开此功能后，用手机麦克风对准收款方的麦克风，手机会播放一段"咻咻咻"的声音，然后售货机听到这段声波之后就会自动处理，用户在自己手机上输入密码，售货机就会吐出商品（图4-2）。

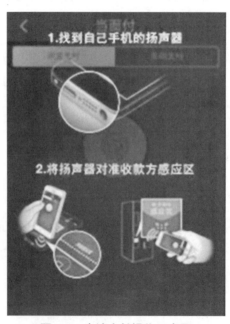

图 4-2　声波支付操作示意图

【任务分解】

任务一　移动支付

在互联网时代，人们的网上购物、消费只能通过计算机实现，自从智能手机和平板电脑产品推出后，其强劲的性能令原本只能在计算机上完成的事务在手机上也可以轻松实现，并且步骤简单，不受使用场景的限制。当你在商场看到一款喜欢的商品，拿出手机进行比价，然后在价格优惠、物流快速的电商平台下单购买，或许等你逛街回家时快递已经在楼下等候。这样的场景曾经是天方夜谭，如今却已非常普遍。在移动互联网时代，人们的生活理念再次被颠覆，一切都变得简单、快速、便捷，生活中很多领域都离不开移动电子商务。同时，移动生活服务、移动医疗、移动教育等也快速发展，逐渐进入人们的生活，一天之中的衣食住行用，有了移动支付，动动手指就能轻松搞定（图4-3）。

图4-3　一天中的移动支付

1. 我国移动支付市场环境

随着移动互联网的迅速普及，移动支付消费场景增加，以及互联网金融浪潮的兴起、国外成熟模式的借鉴，移动支付被推到了"风口"之上。

移动支付的不断升温，一方面国内互联网公司开始进军移动支付领域，另一方面国外多个国家的运营商纷纷推出 NFC（Near Field Communication，近距离通信）业务。2015 年春节期间，支付宝、微信、微博红包大战，席卷了整个中国大地，同时，打车红包、餐饮、电影优惠券也是漫天飞舞。

我国市场从电子红包和打车补贴打开移动支付的市场缺口，微信和支付宝频繁"撞车"，继在城市服务和便利店纷纷抢占市场之后，微信和支付宝又在商超领域对战，进一步刺激人们在线下场景使用移动支付工具，借此增强用户的黏性。总结我国的移动支付市场环境的促进因素与阻碍因素如下。

（1）促进因素

①"互联网＋"的战略落地，使互联网思维加速渗透到传统行业，而一切的交易都离不开支付。

②内置银行 IC 卡的 NFC 手机普及，有效提高交易便捷性。

③线下消费场景的增加以及巨头补贴，有效提高使用频次，促进移动支付使用习惯形成。

（2）阻碍因素

①银联、运营商、第三方支付各方激烈博弈，难以统一标准，造成用户信任度降低。

②欺诈短信和垃圾短信泛滥，造成社会信用缺失。

③传统 POS 机需要升级改造，作为基础设施，成本高昂。

2. 移动支付带来行业质变

移动支付与广义支付最大的区别在于支付方式，用户的信息完全内置于智能终端内，可能是手机里的一个软件，也可能是手机里的 SIM 卡，用户只需携带手机即可完成交易。如今的移动支付方式可谓五花八门，比较常用的包括 APP、二维码、短信支付、刷卡器、NFC 等。

（1）**手机客户端方式** 手机客户端实际上是 PC 支付软件的手机版本，如手机银行、第三方支付手机应用等。越来越多的人出门在外时有线上支付的需求，过去人们选择回到家里或办公室再完成交易，容易拖延或遗忘，而有了手机客户端后在很多应用场景都可以满足用户的需求，例如聚餐之后可立即通过手机银行转账支付餐费，再如过去临时想看场电影却因为没有提前团购而不得不支付高昂的票价，现在则可以在任何时间、任何地点通过手机应用支付团购费用。在 PC 时代，网上银行、第三方支付积累了大量用户，并且培养了良好的使用习惯，因而非常顺利地实现了支付功能的移动化。

（2）**二维码支付** 二维码支付是线下浏览线上交易模式下产生的一种支付方式。用户在户外、报刊、展示墙等任何地方看到商品相应的二维码，即可扫描二维码，将线下产生的账单转移到线上进行支付。传统的支付方式是线上浏览商品线上支付（如电商、团购等），以及线下浏览商品线下支付（如餐饮、商场购物）。二维码支付拓展了原来线上支付所涵盖的商品种类，未来用餐完毕后服务生会出示账单的二维码，实现线上支付，或在商场看到心仪的商品随时扫描二维码支付，免去了排队的痛苦。

（3）**短信支付** 短信支付一般针对的是通信账户，如联动优势推出的一种短信支付方式，用户发送短信生成订单，然后手机回复相应数字完成支付。由于大多数用户通信账户的余额都不多，这种支付方式主要针对小额支付，如快餐店套餐、电子书等。

（4）**NFC 支付** NFC 是近场通信的英文缩写，配置了 NFC 功能的手机可以实现移动支付，即通常说的刷手机进行支付，可以看作是对银行卡、消费卡的替代。NFC 需要硬件的配合，一方面是用户的手机需要改造，并使用带有 NFC 功能的 SIM 卡；另一方面是商户需要专业终端识别手机发出的支付信号。NFC 主要面向的是小额支付，例如超市小额购物、购买车票等，无须携带多种卡片，一部手机即可满足所有支付需求。

3. 关键因素推动移动支付发展

（1）不断简化的支付流程 移动支付的存在就是为了满足用户不断提升的支付需求。中间过程在保障安全的前提下则是越简化越好。

对中间过程的简化可以是操作上的微小变化，比如无须注册、不需要重复输入账号，因此原PC时代的支付账户在向移动领域发展时有一定优势，目前渗透率较高的账户如银行账户、通信账户都具有这个优势。

另外也可以是使用工具的简化，比如不需更换手机、SIM卡、不需购买专业终端等。当软件可以实现的功能越来越丰富时，专业支付终端的市场会逐渐萎缩。首先，硬件有升级成本，不可能低过软件的零边际成本；其次，用户需要更换终端，而使用客户端的话，用户只需在应用商店下载一个软件，不过是几分钟的事情；最后，商户和用户都会等待对方先更新设备，用户一旦更新设备发现可以使用的地方很少，会降低继续使用的动力，进而更多的商户不愿更新，形成恶性循环。这也是为什么NFC发展了近10年效果也不理想的原因。

（2）原始资金账户稳定 移动支付作为一种支付工具不能脱离整个支付产业链，一个好的移动支付账户除了有便捷的支付方式外，还需要一个稳定的资金来源，有足够多的应用场景。

在支付产业链里，原始账户是最基本的一个环节，从目前来看，只要银行还是几乎唯一的结算工具，任何做支付渠道的企业就都离不开银行账户。它具有以下特点。

① 源源不断的现金流入（对大多数人来说是工资）。

② 账户内资金数额庞大，能满足用户各种支付需求，甚至是购买房车等大宗商品。如果有一天银行不再是唯一的结算工具，公司可以将每月工资打到第三方支付账户，那么银行账户作为原始资金来源的优势也就不复存在了。目前，银行仍然在支付领域占据关键地位，所有的第三方支付都需要用户绑定银行卡。

（3）应用场景多元 应用场景多寡是促使人们使用该账户的重要考虑因素。用户对某个应用场景有迫切的需求，而某企业推出的产品是最便捷甚至是唯一的支付渠道，那么人们就会注册并成为这一渠道的用户，如果这样的需求是可持续的，人们就会成为这一渠道的活跃用户。例如支付宝伴随着淘宝网的发展而成功，财付通与南方航空公司合作推出特价机票吸引用户。

移动支付的应用场景，即面向的消费品随着人们需求的增加也在不断扩展，这些商品可大体分为三类：一是线下购买线下消费的产品，如餐饮、商场购物，这些交易过去由银行卡、现金完成支付，未来会走向线上支付渠道；二是线上购买线下消费的产品，如各种团购券、优惠券、电商购物等，这些一直以来都走线上支付渠道，只是由PC端向手机端扩展，未来会有更多的商品加入线上购买的行列；三是线上购买线上消费的产品，如电子书、游戏币等，这些产品的单价都较低。值得关注的有两个方面：一个是线下购买线下消费的产品，如今还占据消费市场主流，如果能将这部分细分市场从线下支付转移到线上支付，无疑有巨大的市场潜力；另一个是线上购买线上消费的产品，线上的数字内容产品越来越丰富，商家需要一个便捷的支付渠道，也具有一定的市场潜力。

任务二　移动支付类型

1. 移动支付常见渠道

通常按照支付渠道可分为银行网上支付和非银行类网上支付，前者如中国工商银行、中国建设银行等，后者如支付宝、财付通、快钱等，后者也称为第三方支付机构。

（1）银行账户　银行主要通过手机银行客户端推广移动支付业务，从银行卡到网上银行再到手机银行，实现了从线下到线上再到移动的一系列转变。目前银行的移动业务主要集中在账户查询、转账等传统业务，支付功能的使用程度并不高（表4-1）。

表4-1　银行账户发展移动支付的SWOT分析

优势	劣势
有源源不断的现金流入 银行卡用户普及率高 实名制 银行的品牌影响力大	与商户对接程序烦琐 商户需要支付一定的手续费 用户通过手机银行支付的动力不足
机会	威胁
新的支付方式如二维码支付有机会代替银行卡拓展手机银行的范围	第三方支付正在阻挡银行与商户的直接对接

（2）第三方支付　第三方支付近些年发展极为迅猛，艾瑞咨询2013年3月发布的《2012—2013年中国移动支付市场研究报告》数据显示，2012年中国第三方移动支付市场交易规模达1511.4亿元，同比增长89.2%，第三方支付增长率未来5年将长期维持在50%以上，2016年中国移动支付市场交易规模达到13583.4亿元。

第三方支付在PC时代已经取得了良好的成绩，积累了大量用户，移动化在未来是大势所趋，会支持第三方支付长期高速发展（表4-2）。

表4-2　第三方支付发展移动支付的SWOT分析

优势	劣势
客户端方式，操作简捷 与广大商户有良好的合作关系 用户大多绑定了银行卡，解决了资金来源的问题 在PC时代积累了大量用户，培养了用户的使用习惯	单笔金额受限
机会	威胁
移动互联网普及支持移动支付产业规模不断扩大	竞争激烈，支付宝一家独大

（3）通信账户　此外还有一个容易被人忽视的账户，即运营商的通信账户。通信账户处在一个非常狭小的细分领域，面向话费账单单一产品，但是有天然的移动属性。随着数字产品的爆炸性增长，通信账户面向的产品也在悄然扩大，不少运营商的通信账户可用来购买电子书、应用、应用内插件等小额数字产品（表4-3）。

表 4-3　通信账户发展移动支付的 SWOT 分析

优势	劣势
用户基数庞大 移动程度高 金额较少，用户对账户安全的要求略低	账户内金额较低（后付费用户账户余额为负、预付费用户账户余额普遍不足百元） 未解决实名制问题 可购买产品范围小种类少 未解决资金来源问题
机会	威胁
数字产品种类迅速丰富，商户普遍寻求一种便捷的支付渠道 NFC 成本走低，未来可能成为手机标配	银行卡、消费卡等仍然占据市场主流 银行、第三方支付凭借各自优势在移动支付领域有所成绩

2. 认识常见移动支付方式

近年移动支付的新闻层出不穷：中国银联联合 20 余家商业银行发布"云闪付"；苹果就 Apple Pay 在中国落地已与中国银联达成初步合作协议，与四大国有银行的谈判也在进行中；摩根大通将推出移动支付服务 Chase Pay，除了支持多家合作银行，还将与沃尔玛、百思买等美国大型实体零售商已经采用的 Current C 支付服务相融合；斯沃琪与 Visa（维萨）合作，推出带有支付功能的斯沃琪贝拉米智能手表（图 4-4）。

图 4-4　移动支付方式

然而在中国，大众常用的移动支付应用是支付宝和微信钱包，而想再造一个大众化的移动支付应用也确实比较难。如图 4-5 所示，是最简单的移动支付的生态系统，从中不难发现移动支付绝对不是孤军奋战，银行与商家的合作是这个功能的题中之意。

图 4-5　移动支付的生态系统

人们接受一种移动支付方式需要一个这样的过程。

第一步，安装这个功能或 APP；

第二步，使用它。

完成了第一步，才能到达场景的战场，但可惜的是大多数移动支付在第一步就失败了，那就更别提之后了。这个失败是情有可原的，让阿里巴巴去推一个新的支付工具也不可能成功，无论是支付宝还是微信钱包，它们都不是再造了一个生态系统，而是接续了生态系统。

（1）**支付宝**　在网络购物的拓荒时代，支付宝应运而生，作为第三方支付平台挺身而出与银行斡旋，帮人们解决付款途径的难题，同时保障人们购物过程中的资金安全。刚开始发展的支付宝是淘宝生态系统的重要补充，使得每个拥有淘宝账号的人也都拥有支付宝的账号。

原本不同的第三方支付平台还各有各的优势和侧重：拉卡拉是专攻线下的金融便民服务，让用户可以在小区便利店完成信用卡还款、水电费支付等；快钱则覆盖更多网络平台，涵盖了淘宝当年的诸多竞争对手。但是依托着淘宝的支付宝拥有不可比拟的优势，随着网络购物的普及、淘宝的壮大，支付宝也飞速成长，成为最大的第三方支付平台（图 4-6）。

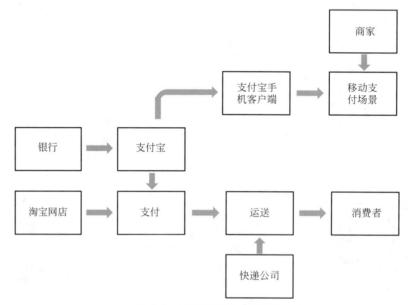

图 4-6　支付宝的生态系统

有了巨大的用户基数，其他平台自然就愿意采用支付宝进行付款，在这个过程中支付宝又逐渐接入了各种功能。在淘宝生态的碾压下，其他支付平台苦心经营建立起来的优势荡然无存，原本快钱、拉卡拉的用户逐渐转为支付宝的用户。而在移动支付时代，生态接续的优势依然在继续。

当支付宝决定推移动支付的时候，智能手机已经普及，用户虚拟支付的习惯已经养成，高速网络已经准备就绪。作为第一个移动支付大户，支付宝已经赢得了广大消费者的认可，方便人们随时随地地管理水电煤、手机话费、信用卡还款，使用到线下的众多消费场景。

（2）**微信钱包**　腾讯早有生态系统接续的历史，微信就是从 QQ 接续而来，而微信钱包则继续接续了微信这个"全民应用"的生态系统。而且它利用现有的优势改造了生态系统的链条，砍掉了"下载"到手机的过程，而让它成为微信的延伸，一键就能开通，现在越来越多的生意用微信公众号来做也是这个道理，对于用户来说，"关注"比"下载"要简单得多。但是由于用户的使用习惯，已经选择了支付宝的用户，就很有可能不再考虑微信钱包（图4-7）。

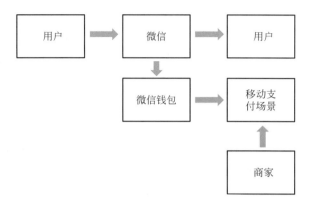

图4-7 微信钱包的生态系统

微信支付的应用情境主要有以下几种。

① 线下扫码支付。用户扫描线下静态的二维码，即可生成微信支付交易页面，完成交易流程（图4-8）。

图4-8 线下扫码支付

② Web扫码支付。用户扫描PC端二维码跳转至微信支付交易页面，完成交易流程（图4-9）。

图4-9

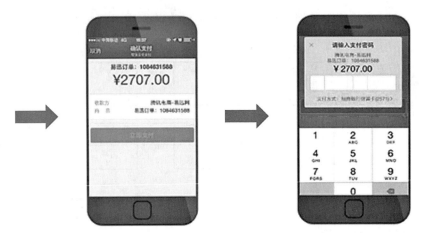

图 4-9　微信 PC 端网站扫码支付使用流程

③ 公众号支付。用户在微信中关注商户的微信公众号，在商户的微信公众号内完成商品和服务的支付购买。

目前已经支持微信支付的有 QQ 充值、腾讯充值中心、广东联通、印美图、麦当劳、微团购等。

以 QQ 充值为例（已完成首次使用微信支付绑卡）（图 4-10）：

a. 关注"服务号"QQ 充值，点击功能菜单中的"充话费"进入充值页面；
b. 填写手机号并选择充值金额，立即充值；
c. 输入微信支付密码；
d. 支付成功，7 秒内收到成功充值确认短信。

图 4-10　微信公众账号支付

3. 移动支付案例——支付宝"双 12"活动

支付宝最初作为淘宝网公司为了解决网络交易安全所设的一个功能，其成立至今已长达十余年，十余年的跨度已经让支付宝从一个单纯的支付工具，成长为涵盖网络支付、转账、理财、公共事业缴费、航旅、电影等多个生活场景支付的平台。2014年"双11"期间，支付宝达到了285万笔/分钟的历史交易峰值；2015年"双11"的支付宝全民账单显示，全国移动支付笔数占比已超过一半以上；支付宝在2015年"双12"期间乘势推出第一场全球性的消费狂欢节，以狂欢为名，凝聚数以百万计的商家、上亿的消费者，以及数万家第三方服务商，共同推进O2O生态的发展，为用户提供更加简单、便捷的消费体验。

（1）"双12"支付宝购物狂欢席卷全国 2015年12月12日支付宝的"双12"活动是支付宝和口碑第二次举办"1212支付宝口碑全球狂欢节"。据悉，2015年国内国外总共有30多万家线下商户参与活动，覆盖餐饮、超市、便利店、外卖、商圈、机场、美容美发、电影院等八大线下场景，遍及全国200多个城市和其他12个国家与地区（图4-11、图4-12）。用户只要在活动商家处使用支付宝付款，就可以享受"双12"优惠。

图4-11 支付宝"双12"微博活动页面

图4-12 超市"双12"活动

人们进入商店后选购所需的商品，在付账的时候只需将手机支付宝打开，点击图片右上方的"付款码"，将出现的条码递给收银员，收银员将条码扫入计算机中，就能完成支付，大大缩短了平均收银速度，提高了商家运营效率（图4-13）。

毫无意外地，2015年支付宝口碑"双12"狂欢节点燃了全国人民的消费热情。早上7点，上海、北京、杭州等地的家乐福、世纪联华等超市门口就排起了长队。截至上午10:00，全国市民通过支付宝总共买走了近 86 万份牛奶、61 万份面包。截至下午 14:30，全国总共有 40 万份炸鸡、25 万个汉堡通过支付宝和口碑被买走。

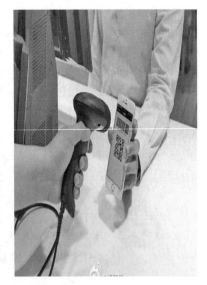

图 4-13　支付宝付款码支付

本次活动中国际市场也首次加入了"双 12"，让狂欢的氛围从国内延伸到了国外。包括澳大利亚、法国、德国、日本、韩国、泰国、新加坡及我国港澳台等 12 个国家与地区，也参与了进来。包括夜市、免税店、百货公司、餐馆、酒吧、SPa、公共交通等多种类型的商家，近 3 万家商户，都加入了支付宝的"双 12"活动。

（2）线上线下联动催生新业态　2015 年 11 月，口碑平台上线了开放平台，向商家、服务商和第三方开发者全面开放平台流量、会员营销、支付体系和大数据运营等四大能力，帮助商家更简单、更高效的做生意。而在"双 12"中，线下商户也真真切切感受到了互联网平台赋予他们的能力。

"双 12"为商家带来了客流的大幅增长。以商超品牌家乐福为例，在接入支付宝后，平均收银速度从原来的一分钟左右，变成现在的 15～20 秒，效率提升了三倍左右，运营一家超市的员工数量也从原来的 500 名员工，减少到现在的 300 名。而且，通过支付宝，家乐福平均年龄在 31 岁的年轻客群人流提升了 18%。

2015 年"双 12"，互联网大数据能力对线下商业的反哺体现也真正开始了。据了解，包括欧尚、永辉、万宁在内的超市、便利店和支付宝打通了小票系统。商家可以通过支付宝的数据能力分析出最受欢迎的单品、购买人群和商品之间的对应关系，并用此来为采购、商品摆放和精准营销做参考。

支付宝口碑"双 12"不仅仅是一场线下消费狂欢，更是线下商业与移动支付联合的一次典型案例。数十万商家与上亿消费者共同参与的"双 12"活动，注定将成为移动支付与线下商业融合的标志性事件。

【知识要点】

1. 移动支付系统

移动支付的运用需要良好的移动支付系统来支持，移动支付系统基于技术的不同有如下几类。

（1）基于SMS的移动支付系统　SMS（Short Message Service），即短信息服务。是最早的短消息业务，而且也是现在普及率最高的一种短消息业务。目前，这种短消息的长度被限定在140字节之内，是通过移动网络用手机收发简信文本的一种通信机制，它通过存储转发、实时监测的机制，提供可靠的、低开销的无线数据业务。发送方可在短消息发送出去之后得到一条确认通知，收到返回成功或失败的信息及不可到达的原因（图4-14）。

图 4-14　SMS 支付示意图

优势：技术基础成熟，几乎现在所有的手机都支持这种方式，对用户来说，不需要更换手机设备。

劣势：①成本不确定，不论交易者在何地，每次交互需 0.1 元；②面向非连接的存储—转发方式，只能实现请求—响应的非实时业务；③无法实现交互流程，不同业务需要使用不同的代码完成；④信息量少。

（2）基于WAP的移动支付系统　WAP是开展移动电子商务的核心技术之一。通过WAP可实现随时随地进行网上交易。WAP提供了一套开放、统一的技术平台，用户使用移动设备很容易访问和获取以统一的格式表示的互联网或企业内部网信息和各种服务。

优势：①可以实现交互性较强的业务；②可以实现网上银行的全部功能。

劣势：交易成本高，不适合做频繁小额支付。

（3）基于I-mode的移动支付系统　I-mode是一种行动上网服务，截至目前已经有超过3200万的用户使用，是全世界最成功的行动上网模式。最大的特点在于计费模式，将原本以时间为主的计费方式，改变成为以封包（下载量）为单位，如此可以大幅降低使用者的上网费用，加快普及的速度。

优势：①具有标准HTML的灵活性；②支持网络内容在单色小屏幕上阅读；③用户操作方便，通过4个按钮（前、后、选择、倒退/停止），就可以完成一系列基本操作；④"随时在线"、按量计费。

劣势：局限在有限存储和低功耗 CPU 上实现。

（4）基于USSD的移动支付系统　USSD（Unstructured Supplementary Service Data），即非结构化补充数据业务。其业务主要包括补充业务（如呼叫禁止、呼叫转移）和非结构补充业务（如证券交易、信息查询、移动银行等）。

优势：①相较于SMS传输速度更快且信息涵盖量更大；②交易成本低，可以以接近SMS的价格实现接近WAP的业务功能。

劣势：与 GPRS 相比，不适用于信息量大的数据传输。

（5）**基于 J2ME 的移动支付系统**　J2ME（Java 2 Platform Micro Edition），即 Java 2 平台微型版本，是为机顶盒、移动电话和 PDA 之类嵌入式消费电子设备提供的 Java 语言平台。

优势：整体的运行环境和目标更加多样化。

劣势：每一种产品的用途单一，且资源限制严格。

（6）**基于 NFC 的移动支付系统**　NFC（Near Field Communication）是一项短距离的无线连接技术标准，可以实现电子终端之间简单安全的通信，只需要将两个 NFC 兼容终端相互靠近至几厘米的距离，或者让两个终端接触即可。用户可以选择将部分或所有的卡片放置在一部移动终端里（手机等），而无需携带几张卡片实物，即可进行电子支付或虚拟货币的支付等（图 4-15）。

图 4-15　NFC 支付系统示意图

优势：①短距离无线通信技术；②实现电子终端间简单安全的通信；③芯片（卡）和天线内嵌于手机中，没有占用 SIM 卡本身的资源；④不同技术、不同信用卡发行商的卡兼容性好。

劣势：①NFC 模块无法与手机的处理器或 SIM 卡通信，用户和运营商无法通过手机控制 NFC 模块，对移动运营商不利；②定制手机，用户需要更换 NFC 手机，成本高。

（7）**基于 RFID 技术的移动电子支付**　RFID（Radio Frequency Identification）是非接触式自动识别技术的一种，能够实现对静止的或移动中的待识别物品的自动机器识别。

优势：①无需更换手机，只需要换 SIM 卡；②符合移动运营商在 SIM 卡加载安全及移动支付应用的要求。

2. 移动支付的运营模式

移动支付业务是由移动运营商、移动应用服务提供商和金融机构共同推出的，构建在移动运营支撑系统上的一个移动数据增值业务应用。目前移动支付的运营模式主要有以下四种。

（1）**移动运营商模式**　当移动运营商作为移动支付平台的运营主体时，移动运营商会以用户的手机话费账户或专门的小额账户作为移动支付账户，用户所发生的移动支付交易费用全部从用户的话费账户或小额账户中扣减。因此，用户每月的手机话费和移动支付费用很难区分，而且通过这种方式进行的交易也仅限于100元以下的交易。

在移动运营商模式中移动运营商直接与用户联系，不需要银行参与，技术成本较低。但是移动运营商参与金融交易，需要承担部分金融机构的责任和风险，如果没有经营资质，将与国家的金融政策发生抵触。

（2）银行模式　　银行也可以借助移动运营商的通信网络，独立提供移动支付服务。银行通过专线与移动通信网络实现互联，将银行账户与手机账户绑定，用户通过银行卡账户进行移动支付。银行为用户提供交易平台和付款途径，移动运营商只为银行和用户提供消息通道，不参与支付过程。当前我国大部分提供手机银行业务的银行（如招商银行、中国工商银行等）都有自己运营的移动支付平台。

在银行模式中运营商只负责提供信息通道，不参与支付过程，各个银行只可以为本行的用户提供手机银行服务，不同银行之间不能互通，而且特定的手机终端和STK卡置换也会造成用户成本的上升。

（3）第三方支付服务提供商模式　　移动支付服务提供商（或移动支付平台运营商）是独立于银行和移动运营商的第三方经济实体，同时也是连接移动运营商、银行和商家的桥梁和纽带。通过交易平台运营商，用户可以轻松实现跨银行的移动支付服务。

在第三方支付服务提供商模式中，第三方支付服务提供商可以平衡移动运营商和银行之间的关系，不同银行之间的手机支付业务得到了互联互通，银行、移动运营商、支付服务提供商之间的责、权、利明确，关系简单。这种模式对第三方支付服务提供商的技术能力、市场能力、资金运用能力要求较高。

（4）银行和运营商合作运营模式　　由于认识到各自在移动支付领域中的优势和不足，移动运营商同银行合作，开创出新的商业模式。相对于第三方移动支付服务提供商，移动运营商与银行（金融机构）的合作优势明显。目前国内外很多公司采用这种合作模式。与分散的"银行+运营商"合作体相比，中国银联在2010年5月宣布联合18家商业银行、中国联通和中国电信两家移动通信运营商、手机制造商等共同成立移动支付产业联盟体。移动支付产业联盟的目标是要"打通支付、通信、芯片、智能卡、电子等不同行业间的壁垒，共建一个平台"。联盟各方将联合推广基于金融账户、采用ISO（International Organization for Standardization，国际标准化组织）有关非接触通信的国际标准的智能卡手机支付业务。同时，公交、地铁、水电煤、影院、石油公司、医院、商业零售等各行业用户都可以基于此平台为用户提供便捷服务。

在银行和运营商合作运营模式中，移动运营商与银行关注各自的核心产品，形成一种战略联盟关系，合作控制整条产业链，在信息安全、产品开发和资源共享方面合作更加紧密，运营商需要与银行合作，或与银行合作组织建立联盟关系。

3. 移动支付的安全问题

移动支付面临的环境非常复杂，它不仅仅同普通的电子商务安全体系一样存在被外部恶意攻击的可能，而且由于移动支付的参与者存在着种种利益方面的冲突，使得一些不诚实的参与者也有向系统发起攻击的可能。加上网络和移动环境等差强人意、网络带宽不足、终端计算能力相对较弱，这种种因素为安全的移动支付系统的设计和实施带来了相当大的困难。

移动支付系统的主要安全问题有如下几个方面。

（1）**移动支付信息的机密性**　商家向移动支付平台传递的产品信息、买家付费的账户信息以及在移动支付平台上传输的机密信息，有可能在网络传送或存储的过程中被他人窃取、泄露或披露给未经授权的人或组织，造成用户损失。不安全的移动终端也有可能使个人账号、密码等敏感信息受到病毒、木马程序的攻击，威胁用户银行账号安全。

（2）**移动支付信息的完整性**　敏感、机密信息以及买卖双方与移动支付平台间的数据可能被未授权者修改、嵌入、删除、重复传送或由于其他原因使原始数据被更改。如果没有一种让持卡人认可的措施来确保支付过程是安全的，将极大影响用户选用移动支付的信心和积极性。

（3）**移动支付多方身份的认证性**　移动支付是在支付各方互不见面的情况下，使用移动终端通过移动通信网进行的交易。移动用户与服务提供商之间不存在固定的物理连接，很难确认彼此的合法身份，建立信任关系，保证支付全过程的安全进行。

（4）**移动支付的不可否认性**　与传统商务活动相比，移动支付是无纸化支付，支付行为难以留下凭证，不便于对支付过程进行记录、分析、管理和追踪。对于信息发布、支付谈判、支付合同签署等关键交易步骤，一旦有一方予以否认，另一方没有已签名的记录作为仲裁的依据。并且即使进入法律程序，由于缺乏配套的法律法规支持，使得诉讼请求不能得到合理的支持。

（5）**移动支付服务的不可拒绝性**　由于移动支付网络中存在拥塞、单点失效、效率和服务质量不高的问题。无法保证授权用户在正常访问信息和资源时不被拒绝，无法保证为移动用户提供稳定的服务。

4. 移动支付的风险防范

（1）**移动终端的安全**　针对移动终端有可能受到的安全威胁，开发商开发的手机应用程序首先要提交给运营商指定的第三方测试公司进行兼容性测试，保证软件没有病毒和有害代码；测试通过后的软件包经过运营商代理数字签名，提交到应用下载服务器，用户在此下载的软件包是经过数字签名的，保证了软件包在分发过程中不会被更改；开发商可以指定软件包中二进制执行文件等关键的数据文件不可更改，否则将无法启动软件，从而防止了文件被外部改动而带来的风险；软件被下载到手机上会生成一个跟卡号相关的签名文件，在每次启动程序的时候，首先要检查当前卡跟签名文件授权的卡是否一致，只有一致才能正常启动程序。

（2）**用户与 SP（Service Provider，服务提供商）平台之间的安全通信**　用户登录到 SP 平台，处理余额查询、转账、支付等业务。在这过程当中需要用户输入卡号和密码等关键信息，要保证这些信息不被窃听和篡改。我们可以让 SP 平台配置有 CFCA（China Financial Certification on Authority，中国金融认证中心）签发的服务器证书，手机端程序中包括 CFCA 的根证书。在用户和 SP 平台之间采用 HTTPS 协议，手机端通过证书对服务端进行身份认证，在传输过程中使用 HTTPS 协议进行加密传输，保证了数据不会被窃听和篡改。

（3）**用户与银行系统之间的安全通信**　用户与银行公共支付平台之间并不建立直接的数据连接，但是在用户和银行联系系统之间要保证用户密码是端到端安全的，在中间的 SP 平台不能得到用户的密码明文信息。

对基于 SMS（短消息服务）的移动支付，我们可以采用的安全措施有：银联系统生成一对 RSA 1024 位密钥。其中公钥随客户端程序分发到手机上。用户在手机上输入密码后，先用公钥对密码进行加密处理，然后只把加密后的密文随同其他信息一起通过 HTTPS 协议传送给 SP 平台。SP 平台再按照银行公共支付平台的接口，把支付请求数据发给公共支付平台，其中密码仍然是密文形式。由于 SP 平台没有对应的 RSA 私钥，所以不能通过密文得到用户的密码，保证了密码在手机和银联公共支付平台之间是端到端安全的。

对基于 WAP 的移动支付，我们可以采用的安全措施有：由于 WAP 与后台之间的通信采用 B/S 方式。不能够在客户端对用户密码先进行加密处理，再通过 HTTPS 传输。为了保证用户密码的安全，在银行系统内设置一台代理加密服务器。用来代理客户端进行用户密码的加密工作，手机与代理加密服务器之间使用协议。由代理加密服务器使用 RSA 公钥对密码进行加密处理，然后把密码的密文以及其他信息通过重定向命令发给用户手机，通知手机把密码密文和其他信息重定向到 SP 平台。这样 SP 平台只能收到密码密文信息，保证了密码在手机和银联公共支付平台之间是端到端安全的。

综上所述，客户端的安全认证，网络传输层的机密性，这些都需要建立完备的机制，并且取得客户的信任，这样才能使移动支付业务得到广泛的认可和接纳。随着移动通信技术的不断发展，网络融合应用服务平台已经搭建，人们对移动支付将变得越来越有信心，移动支付业务最终将全面普及，成为与传统支付并驾齐驱的支付方式。

项目五

移动互联网营销

【项目概述】

在几年前，我们还在谈移动互联网即将到来，到了今天它早已不是趋势，而是现实，并且已经融入我们生活中的方方面面。据国内知名移动数据服务商 Quest Mobile 发布的 2016 年 9 月秋季 APP 数据报告显示，截止到 2016 年 9 月，国内移动智能设备数量有近 10 亿，其中安卓设备突破 7 亿，iOS 设备突破 2.8 亿。手机已经离不开人们的日常生活。在 PC 时代，网络营销是主流营销形式。在移动互联网时代，屏幕变小了，用户的时间更碎片化了。移动互联网营销方式已经成为营销的主角。

【项目分析】

随着智能移动设备的不断普及和性能的不断提升，移动互联网在近几年得到了快速发展，移动营销作为移动互联网中的重要细分行业之一，成为许多移动互联网企业盈利的重要来源，在面临着巨大挑战的同时也迎来了巨大的发展机遇。

本项目通过在日常生活中常见的移动互联网案例，了解基于应用市场的 ASO 技巧，了解常见的二维码营销、微博营销、微博营销、移动 Web 营销、H5 营销等营销方式。

【任务分解】

任务一　移动互联网营销

1. 初始移动互联网营销

2012 年 9 月滴滴的出现让我们知道打车已不再是难事，随之而来的是滴滴与快的打车、优步一轮又一轮的营销大战，在整个过程中为占据打车市场滴滴使用各种移动营销手段。

滴滴更名的社会化营销是最为大众所熟知的。开始时滴滴将启动界面更换为"滴滴打车，再见"，随之通过官方微博发布 6 款海报，文艺煽情范儿结合地域要素传播，引起用户的各种猜测，主要集中在滴滴业务是否大转向上，包括要停掉出租车、滴滴为规避限制自己买车租给车主、快车业务要消失等流言，滴滴下午发布官方微博辟谣（图 5-1）。从客观上说，这些流言对于滴滴的更名起到了相当大的关注度预热的作用。

紧接着滴滴在第二天推出 H5 创意页面，用户通过微信扫描二维码进行浏览，由于内容新颖在朋友圈广泛流传，其内容主要是卸载与保留 APP 的创意，典型的悬疑式推广（图 5-2）。

在 2015 年 9 月 9 日滴滴通过微博、微信公众号正式发布自己的新版本"滴滴出行"（图

图 5-1　滴滴官方微博——滴滴出行

图 5-2　滴滴 H5 页面

5-3）。之后滴滴不仅邀请多名明星助阵新品的升级，还发起了一次"拼D大赛"的活动，当然中间少不了各种红包和优惠券（图5-4）。

与此同时，滴滴通过做 ASO 优化、选择首发平台、与开发商合作等方式占据各大应用市场的榜单来提升下载量，如图 5-5 所示。

滴滴在本次营销过程中，通过前期预热、制作悬念、H5 宣传、邀请明星助阵、发起活动、创建话题等一系列动作来完成版本的转型，其中用到微博营销、二维码营销、微信营销、H5 营销、ASO 优化等各种营销手段，滴滴经过残酷的市场竞争，成为市场领导者，其成功与创新思维密不可分。在计算机技术和媒介技术不断进步的移动互联网时代，一切都变得越来越碎片化。如何动态把握受众的需求变化，有效利用各种资源，创新营销方式，让产品和服务真正成为消费者生活的一部分，成为整个行业面临的共同挑战。

图 5-3　滴滴出行发布

图 5-4　滴滴出行活动

项目五 移动互联网营销

图 5-5 滴滴出行排名

2. 移动互联网的营销模式

目前，主流的移动互联网营销可以分为基于目标用户的精准营销和基于信息分享的社会媒体营销两种模式。

（1）精准营销 比亚迪在一次营销中大力挖掘手机用户。首先，比亚迪向其他 WAP 网站投放广告，手机广告提供商运用无线身份识别系统，为每一位手机用户分配唯一对应的 ID。当手机用户访问 WAP 网站的时候，该手机号码的来源地域、WAP 网站来源、手机品牌型号等信息已经通过技术手段为比亚迪所获取，然后通过对用户的访问习惯、常用服务类型等信息的长期积累并分析，判断用户的性别、收入等更多信息，并将这些信息储存到庞大的数据库中，比亚迪利用这些数据开展一对一的精准营销。

移动互联网的使用者大多数是固定不变的，由此可以使用新的网络技术深入洞察消费者的兴趣和需求，并建立针对每个具体客户的数据库。在分析客户数据的基础上，可根据不同客户的特征及偏好等信息进行精准营销，同时还可以根据客户的信息反馈有针对性地调整产品及其营销，以更好地满足顾客的需求。

（2）社会媒体营销 社会媒体营销以移动互联网用户之间的信息分享为基础，病毒营销、事件营销和体验营销都是其典型形式。

① 病毒营销 可口可乐公司曾推出过一次火炬在线传递活动，而这个活动堪称经典的病毒式营销案例（图 5-6）。如果你争取到了火炬在线传递的资格，将获得"火炬大使"的称号，头像处将出现一枚未点亮的图标，之后就可以向你的一个好友发送邀请。

图 5-6　可口可乐的病毒营销

如果 10 分钟内可以成功邀请其他用户参加活动，你的图标将被成功点亮，同时将获取「可口可乐」火炬在线传递活动专属 QQ 皮肤的使用权。而这个好友就可以继续邀请下一个好友进行火炬在线传递，以此类推。网民们以成为在线火炬传递手为荣，"病毒式"的链式反应一发不可收拾。这个活动在短短 40 天之内就聚集到 4000 万人（41169237 人）参与其中。平均起来，每秒钟就有超过 12 万人参与，一个多月的时间内，在大家不知不觉中，身边很多朋友的 QQ 上都多了一个火红的圣火图标（同时包含可口可乐的元素）。

病毒营销通过引导人们给朋友发送信息或邀请朋友加入某个应用，以类似于病毒传播的方式传播营销信息，病毒营销的关键是要使人们产生传播意愿，并使其能轻易完成信息的传播。如可口可乐的火炬传递一样一旦成功，可将信息爆炸式地传递给成千上万的人，迅速提升企业及其产品的知名度。

② 事件营销　2017 年 3 月 4 日，一则名为"两会喊你加入群聊"（扫描图 5-7 中二维码体验该 H5）的 H5 开始刷屏朋友圈，戳进去一看，不仅能跟总理、部长聊天，还能为他们的朋友圈点赞。据悉，该 H5 由人民日报客户端推出，推出不到 24 小时，点击量就超过 600 万次。

图 5-7　事件营销

事件营销是指企业通过策划、组织和利用具有新闻价值、社会影响以及名人效应的人物或事件，吸引媒体、社会团体和消费者的兴趣与关注，以求提高企业或产品的知名度、美誉度，树立良好品牌形象，并最终促成产品或服务的销售的手段和方式。

事件营销利用发生的某个或某种事件进行营销传播。移动互联网和社交网络的发展，使人们不再局限于传统的交流方式，信息的获取也不再局限于传统的渠道。用户能通过移动互联网对热门事件进行评论和转发，使其影响力能在极短的时间内以滚雪球的形式迅速扩大，这就为事件营销提供了更大的发展平台。公司可以通过策划议题、制造名人事件等方式，激发用户的评论及自主传播，使营销信息尽可能达到最佳的传播效果。

③ 体验营销　体验营销通过看、听、用、参与的手段，充分刺激和调动消费者的感官、情感、思考、行动、联想等感性因素和理性因素，重新定义、设计的一种思考方式的营销方法。

体验营销通过使用户在消费过程中能亲身体验产品或服务，来满足消费者的体验需求，移动互联网则可使消费体验过程更加人性化和真实化。同时，移动互联网较强的信息交互性，也可使企业在用户体验的过程中收集到充足的信息，为产品和服务的改进提供可供参考的数据。

3. 移动互联网营销方式

移动互联网营销主要包括"推""拉""交互式"三种方式。

（1）推　用于公共信息发布。应用领域包括时事新闻、天气预报、股票行情、彩票中奖公布、交通路况信息、招聘信息和广告等，例如腾讯新闻（图5-8）、墨迹天气等。

（2）拉　主要用于信息的个人定制接收。应用领域包括服务账单、电话号码、旅游信息、航班信息、影院节目安排、列车时刻表、行业产品信息等。这些主要针对有需求、进行订阅的用户，例如，海底捞服务号（图5-9）、海诺旅游服务号等。

图5-8　腾讯新闻APP

图5-9　海底捞服务号

（3）交互式　包括电子购物、博彩、游戏、证券交易、在线竞拍、咨询等。这种手法使得用户与商家充分互动，并且在互动的过程中还能够完成在线的电子商务交易，例如百度糯米团购 APP 等（图 5-10）。

图 5-10　百度糯米团购 APP

任务二　移动 APP 市场的 ASO

1. 认识 ASO 优化

所谓的 ASO 就是应用商店优化，作用是增加 APP 在应用商店中的曝光率，正如 PC 端的 SEO 对 Web 的意义一样，目前 APP 应用市场有两大阵营，APP Store 是苹果手机用户下载 APP 的唯一渠道，而安卓的手机用户也在通过各大应用市场软件下载 APP，所以 ASO 是 APP 推广的奠基石。有数据表明，现在有 75% 的用户是通过搜索功能获取 APP，而其中有 70% 的流量又被搜索热词的前三名瓜分，所以 ASO 的重要性不言而喻。

当提交一个 APP 应用程序到各种应用程序商店，无论是谷歌的 Google Play Market、苹果的 APP Store，或是在 Windows 的市场上，做好优化是必需的，如在搜页面搜索"租房""外卖"，下拉列表会就会出现相关 APP 如"搜房""租房网""美团""饿了么"等，引导用户进入 APP，ASO 要做的工作就是将用户搜索的关键词与产品进行匹配优化，让自己的产品第一时间出现在用户眼前（图 5-11）。在应用程序的名字中凸显品牌 APP 名称，描述内容的撰写也很重要，要根据用户的搜索习惯制定相应产品标题的撰写规则，容易看懂，并可引发兴趣，提高点击率。

图 5-11 搜索结果

2.ASO 的展现形式

根据应用市场的不同，ASO 可以通过在不同栏目下 APP 的排名体现，总的来说各大应用商店的栏目可分为精品推荐、分类、排行榜、搜索等，下面以 APP Store 和安卓市场为例进行详细介绍。

（1）苹果 APP Store　ASO 效果在 APP Store 推荐、总榜、分榜、搜索结果页、热门搜索页等均有体现。APP Store 的首页是精品推荐，苹果手机运营人员对 APP 的市场及下载量进行统计分析后推荐给用户（图 5-12）。

榜单分为总榜和类别榜，每个榜中又有付费/免费/畅销三类，不同类别的榜单排名情况带来的吸量不尽相同。目前行业类较为关注的是总榜免费榜和类别免费榜，最近很火的两款 APP "借贷宝"和"小咖秀"分别占据着总榜排名榜前 2 名的位置，每日的新增在百万级别（图 5-13）。

热门搜索位于 APP Store 搜索栏，行业内简称"热搜"，在进行搜索之前页面会出现 10 个热词，这个位置吸引用户的下载量大概在 2000 至几十万不等，具体的吸量情况由以下几个因素决定。如图 5-14 所示。

① 所选用的热词是否能吸引用户。目前吸量比较多的以行为词居多，知名度很高的 APP，其品牌词上热搜吸量也不错。大家在做热搜时需充分考虑用户的行为习惯。

② APP 本身的质量。主要包括 icon（图标）/应用名称/截图/描述/评论等因素。这些因素对用户是否下载 APP 产生最直观的影响。

③ 热搜榜停留时间。目前热搜更新时间是随机的，短则几分钟，长达几十个小时都是有的，目前上过热搜

图 5-12　APP Store 首页

的 APP 时间基本是在 3 小时以上。

图 5-13　APP Store 排行榜

在 APP Store 中 ASO 主要的优化方式为通过大量的下载、激活来快速提升关键词排名，不同类别 / 热度的关键词吸量是不相同的，以"超市"为关键词搜索结果如图 5-15 所示。

图 5-14　APP Store 热搜　　　　　图 5-15　APP Store 关键词搜索

（2）安卓市场 ASO 的展现形式　　安卓市场的 ASO 效果其实与苹果的 APP Store 较为相似，在推荐、软件、游戏、排行，ASO 效果在总榜、分榜、搜索结果页、热门搜索页等均有体现（图 5-16）。

图 5-16　安卓市场首页

安卓市场的榜单主要由风云榜、飙升榜、特色榜三个部分组成，与 APP Store 不同的是该市场内所有的 APP 均为免费软件，所以市场竞争比较激烈，在做 ASO 优化时在关键词精准度上要格外注意，不同类别的榜单排名情况带来的下载量不尽相同（图 5-17）。

图 5-17　安卓市场排行榜

如图 5-18 所示，安卓市场的热门搜索提供的关键词分为 HOT、软件、游戏，在每个分类下面有热门的关键词列表。这些热词都是吸引用户下载的行为词和知名的 APP 名称，所以在做热搜词时需要充分考虑用户的行为习惯。

图 5-18　安卓市场热门搜索

不论是 APP Store 还是安卓市场主流的 ASO 优化方式，都是通过大量的下载激活快速提升关键词排名，不同类别/热度的关键词吸量是不相同的，安卓市场以"超市"为关键词搜索结果如图 5-19 所示。

图 5-19　安卓市场关键词搜索

3. 影响 ASO 的主要因素

（1）**应用名称**　应用名称对于应用排名的影响就恰似"Title"标签对于网站的影响。如图 5-20 所示，它的名称为"携程旅行"，毫无疑问，这是对应用排名影响最大的因素之一。但是对于应用名称，却不像网站的 Title 标签那么容易修改，很多时候名称是早就定好的，很难修改。但是如果有修改可能的话，要考虑到用户在应用商城搜索此类应用最常用的关键词。

（2）**应用的关键字或者标签**　上传应用时填写的关键字或者标签，就像制作网页时填写的"keywords"标签一样。如携程的"旅行""酒店""机票"等关键字，在应用商店关键字搜索排名中占据一定地位，所以一定要思考自己应用要设置的关键字和标签。

（3）**应用的描述**　很多商城还需要区分简要描述和详细描述。简要描述往往显示在应用列表页，详细描述则是应用的重点介绍内容，如图 5-21 所示，携程的描述分为"酒店""机票""全球购"等，APP 的描述对于应用的推广也是极其重要的，因为用户在搜索结果列表页看到应用时，吸引他们点击进入详情页的就是应用的简介，而且这个因素还将直接跟应用的搜索结果点击率有关，而搜索结果点击率也很可能影响应用在该搜索结果的排名。

图 5-20　APP 优化元素

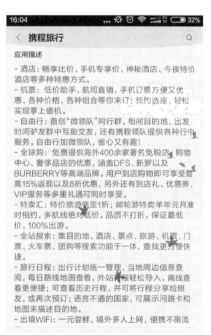

图 5-21　携程应用描述

（4）**应用的图标**　图标之于一款应用就好比长相之于一个人。如果想让别人对你的应用有个良好的第一印象，首先就要从设计一个漂亮的图标开始。

（5）**应用的截图及视频**　应用详情页里的截图及视频会影响应用在排行榜的表现，用户会通过详情页对 APP 有个大致的了解，从而再决定是否下载。应用市场非常重视用户体验，基本上会事先下载进行用户体验。

（6）**用户评论**　用户评价是用户对 APP 的一种信息反馈，也是 APP 与用户互动的唯一途径，如图 5-22 所示，我们可以从评论中得到用户对 APP 优化的一些意见和建议，这也是用户评论最具价值的一点。

图 5-22 用户对携程旅行 APP 的评价

（7）应用安装量　通过刷榜使应用获得下载量的高排名，然后利用榜单效应带来大量下载。苹果商店现在虽然对刷榜进行了严格的审查，但是可以肯定的是应用安装量依然是 ASO 一个非常重要的因素。

（8）活跃用户量、活跃用户比例及短期用户留存度等　随着各大应用市场应用排行算法的完善，最终还是要归于"用户体验最好的应用获得最好的排名"的目标上。所以对于任何应用开发者来说，保持产品质量，提高活跃用户数量、活跃用户比例及短期用户留存度等才是最重要的。

4. 产品层面优化要点

产品层面的优化主要是指优化关键词的权重（即关键词的排名）。就目前可优化的内容而言，主要包括应用名称／关键词／产品描述／用户评论。权重大小排序：应用名称＞关键词＞产品描述＞用户评论。

（1）应用名称撰写规则

① 应用名称允许 255 个字节，大概 90 个字符，原则上充分利用所有字符，例如"趣味牛牛—史上最休闲的游戏，泡泡龙、找你妹、酷跑、爱消除、炸金花、魔漫相机、风行唱吧"。在苹果审核愈趋严格的大环境下，单纯的热词堆砌是行不通的，在热词填充应用名称时需要保证语句的通畅以及无矛盾存在。

② 应用名称与关键词的权重无法叠加，如果在标题中出现，最好不要在关键字中再出现，否则浪费字符。

③ 应用名称采用主标题加副标题的形式，主标题是 APP 名，副标题介绍 APP 作用并提升核心关键词的权重，例如"今日头条——个性化阅读推荐平台，定制你的新闻资讯"。

④ 利用副标题的高权重，采用轮换战术，优化各个核心关键词，当已有核心关键词排名优化靠前时，选用其他的核心关键词。

（2）关键词撰写规则

① 关键词共有 100 字符，越靠前的关键词权重越大；

② 没搜索排名、没热度的，并且分词没意义的，下一版删除；

③ 核心关键词，务必放在应用名称的副标题里面；

④ 大量分析竞品的关键词，比对热度，建立属于自己 APP 的热词库；

⑤ 挑选 10 个竞品，按照热度降序，排名前 5 的竞品词都可以放在关键词中。

（3）产品描述撰写规则

① 描述性的字数控制在 300 ～ 500，并保证核心关键词 8 ～ 12 的频次出现；

② 最好出现公司的联系方式，如公众号／微博账号／服务 QQ/QQ 群等；

③ 描述中出现的新词主要是对关键词的补充，关键词的权重和描述的权重是可以叠加的。

（4）**用户评论撰写规则**　自从苹果 APP Store 和安卓市场等应用下载市场严打刷榜以来，下载量和评论的权重被逐步调低，尤其是那些本身权重就很低的账号去做下载和评论，几乎对 APP 权重影响不大，除非是堆量，但这样做的风险系数很大。即使评论的权重被相应调低,但依旧是比重很高的一块,催生出现在的真实账户评论的业务。在作评论时,提前写好评论,如果想重点优化某些关键词,可让这些关键词在每条评论中频繁出现,这样操作对关键词排名的提升帮助较大。

任务三 微博营销

1. 认识微博营销

在移动营销中,基于微博的功能优势,借助微博平台展开客户服务、策划营销活动等成为企业开展市场营销的热门选择。如今71%的用户是通过移动端设备访问微博。同时,微博是中国社交网络当中唯一一个跨PC和移动端双端的产品,客户端界面如图5-23所示。依托于新浪网和新浪博客,新浪微博媒体特征明显,用户使用微博之后,可以实时了解到社会上各类热点问题。同时,作为一种社会化媒体,微博的互动性和娱乐性特征也非常强,用户可以随时在微博上发布消息,与博友开展互动,或者参与各类媒体、企业、机构举办的互动活动。具体企业微博营销形式如图5-24所示。

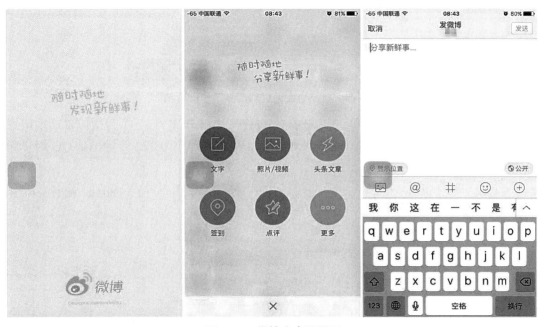

图 5-23 微博客户端界面

在中国互联网络信息中心发布的第42次《中国互联网络发展状况统计报告》中,数据显示,2018上半年中国微博用户规模为3.37亿人,与2017年年末相比增长2140万人,在整体网民数量中微博用户数比例达到42.1%。而在手机微博方面,数据显示,2018上半年中国手机微博用户规模为3.16亿人,与2017年年末相比增长2923万人,占手机网民数量的32.6%。近年来,随着智能手机技术的快速完善,人们对手机依赖度提高,越来越多的工作娱乐交际等都可以在手机上完成。2018年上半年使用手机微博的用户数量达3.16亿人,而全国微博用户规模为3.37亿人,占比高达93.5%。

图 5-24 各类企业通过移动微博进行营销

据移动互联网大数据监测平台 Trustdata 发布的《2015 年 1 月至 11 月微博移动端用户研究报告》显示，在用户每日使用移动互联网时长上，微博用户为 322 分钟，是 QQ 用户和微信用户的 1.2 倍。322 分钟也就是 5.4 个小时（图 5-25）。

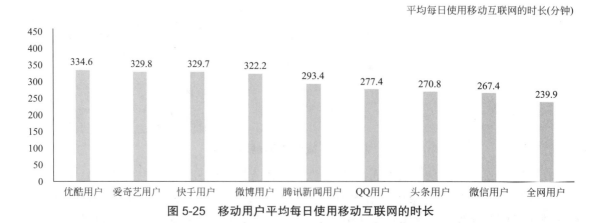

图 5-25 移动用户平均每日使用移动互联网的时长

目前，80%的新闻包括八卦新闻基本是从微博得到的，微博已经成为移动用户最重要的资讯来源地。如图 5-26 所示，微博稳居移动资讯类应用首位，日覆盖率高达 12.4%。

随着智能手机的容量越来越多，手机中下载的 APP 也愈来愈多，但每日必用的可能不多，而微博囊括了资讯、图片、视频、游戏、音乐、电商等，微博新用户转化为忠实用户的比例是腾讯新闻的 2 倍。

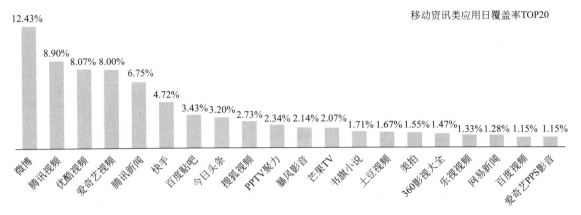

图 5-26　移动资讯类应用日覆盖率 TOP20

在移动互联网时代，通信与视频 APP 着实是用户的刚性硬需求，作为社交媒体的微博能够在这份报告入围，足以证明微博已经是移动互联网时代的重要入口。

通过微博来做营销也是许多企业的首选，如 C 实习官方微博，在微博中发布与官网相关的内容，引导用户进入网站注册学习，如图 5-27 所示，C 实习会举办各种比赛让学生学习技能的同时得到相应岗位的实习机会。

图 5-27　C 实习官方微博

2. 微博营销常见的推广形式

在平时刷微博时，我们经常会发现在刷的过程中自己没有关注的微博出现在状态栏里，原因在于微博会根据平时用户搜索习惯为用户主动推送相关产品软文微博，软文内容根据营销需要有直接的活动内容、产品介绍或是利用小视频和美图吸引用户点击（图 5-28）。

图 5-28 常见的微博推广形式

如图 5-29 所示,是一个搞笑视频的微博,与其他视频微博并无区别,但当点击进入时会发现你看到的并不是视频内容,而是页面直接跳转到了一家化妆品销售的网店。

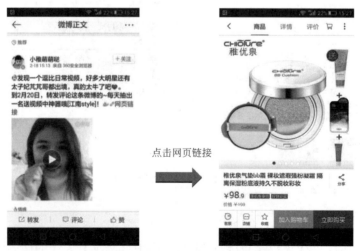

图 5-29 微博中的小视频推广

如图 5-30 所示,是一则关于宝宝摄影的推广微博,结合"#宝宝照花海抢档 ing#"的话题活动再加上突出活动特点的文案，引导用户"点击网页链接"，进一步获得用户信息。

图 5-30　微博中的优惠活动推广

除以上外，我们还可以通过互粉、评论微博、转发、撰写长微博等方式进行微博推广。

3. 微博营销的特点

既然微博营销是一种新型的营销方式，它肯定和传统的营销方式有很大的不同，与传统的营销方式相比，它有以下特点。

（1）**成本**　成本低、效果好。140个字发布信息，远比博客发布容易，对于同样效果的广告则更加经济，而在移动端微博进行营销成本更加低廉。

（2）**覆盖**　速度快、覆盖广。微博信息支持各种平台，特别是现在移动产品发展迅速，更使这个优点得以放大。

（3）**效果**　针对性强。微博营销是投资少、见效快的一种新型网络营销模式，其营销方式和模式可以在短期内获得最大的收益。

（4）**手段使用**　多样化，人性化。从技术上，微博营销可以同时方便地利用文字、图片、视频等多种展现形式。从人性化角度上，企业品牌的微博本身就可以将自己拟人化，更具亲和力。

（5）**开放性**　微博几乎是什么话题都可以进行探讨，而且没有什么拘束的，微博就是要最大化地开放给客户。

（6）**拉近距离**　在微博上面，总统可以和平民点对点交谈，政府可以和民众一起探讨，明星可以和粉丝们互动，微博其实就是在拉近距离。

（7）**传播速度快**　微博最显著特征之一就是其传播迅速。一条微博在触发微博引爆点后短时间内互动性转发就可以抵达微博世界的每一个角落，达到短时间内最多的目击人数。

（8）**便捷性**　微博只需要编写好140字以内的文案即可发布，从而节约了大量的时间和成本。

（9）**操作简单**　信息发布便捷。一条微博，最多140个字，只需要简单构思，就可以完成一条信息的发布。

（10）**互动性强**　能与粉丝即时沟通，及时获得用户反馈。

4. 微博营销的内容设计

（1）文章标题设计　　有关数据显示，50%的网民只看标题或开头一段内容；70%的网民根据标题或者摘要内容来决定是否进行继续阅读。一个好的标题就让微博内容的设计基本成功了一半，标题设计不仅要引发人的好奇心，而且要简洁、精准，能够给传递人不一样的感受，有令人继续阅读下去的欲望。

① 直入主题的标题。这种标题表达直接，意思明确。如图 5-31 所示，《四成上市公司的利润不够买北上广深一套房，真相呢？》这种就是直接表明内容主题。

② 忽悠性标题。这种标题有点卖关子的意思在里面，如果不点进去，就不会知道文章的内容，也有可能标题和正文内容不相关。

图 5-31　微博标题设计（1）

③ 数字式标题。这种方式最常用，类似 7 招教会你学习课程、6 个小妙招、100 个值得关注的公众号等，数字加主要内容，简单明了表达文章内容和结构。

④ 提问式标题。比如，C 实习发表的一篇文章，标题为《没有任何预算！该如何推广 APP？》（图 5-32）。这类标题首先让目标用户心里产生疑问，带着疑问进入文章中寻找答案，对于有价值的信息用户都乐意进行传播。

图 5-32　微博标题设计（2）

（2）文章排版　　在微博的素材管理里面，相对来说功能还是有限的，可以参考以下几点。

① 段落与段落之间空出来一行，这样看上去不会有太挤的感觉，视觉上看着也会更舒

服些。

②字号需要适中,不要太大也不要太小。太大会显得不太协调,太小有可能会看不清楚。

③在文章正文中,部分文字可以用不同颜色标注出来,达到提醒读者重点阅读的目的,从而使整篇文章形成变化。另外,如果插入图片,尽量把图片放在文章开头。

(3)正文的内容 能否保持长久的吸引力,主要核心在于文章的正文内容是否有价值,是否是受粉丝喜爱。文章内容有以下两个决定因素。

一个决定因素是写作的风格。就同一个标题,不同人写会有不同的风格呈现,因为每个人的思路各不相同。同时在表达方式、逻辑性方面的水平也参差不齐。文章风格的形成需要长久的练习和写作积累。

另外一个因素就是将粉丝的喜好和自己的写作特点相结合,一来可以运用自己擅长的专业知识,给粉丝一定的帮助,二来粉丝看到喜欢的实用信息也会将文章转发给其他用户。

(4)文章结尾的设计 结尾的设计同样重要。好的结尾能够让粉丝觉得津津有味,还期待有后面的更新。就像评书里常说的:"欲知后事如何,且听下回分解。"这样就吊足了读者胃口,并且还会继续关注后面的微博更新。结尾常用的几种方式如下。

①撒娇卖萌型。"客官,你就打个赏呗,伦家好几天没吃顿好饭了。"这给人轻松自在之感,也人让人心生怜悯,人皆有善心。

②心理暗示型。"看完文章别走,别急着走啊,看看下面的按钮写的啥?"

③测试型。这种就是满足人的好奇心理。可以先出一个测试题,然后呢,想要看答案的话,可以引导读者到另外一篇文章里,让读者能够看到更多的文章。

5. 微博营销中 4C 理论的应用

4C 即指消费者(Consumer)、成本(Cost)、便利(Convenience)、沟通(Communication)四个方面。在微博营销中 4C 理论的应用如下。

(1)以消费者为导向,让粉丝成为忠实的顾客 4C 理论首先强调要满足消费者的需求,只有深刻领会消费者的真正需求和欲望,才能获得成功。对于一个企业而言,首先要确定的是自己的消费者在哪里,哪些群体是自己的消费者,这样才能知道其需求。所以,微博营销为企业如何赢得消费者提供了一个途径,当企业开通了官方微博后,有过消费经历的老顾客自然就会关注该企业,从而成为它的粉丝;而对于潜在的消费者,企业可以通过在微博上发布有诱惑的内容去引起注意,进而获得更多的粉丝。最后企业将产品信息发布在微博上,并与粉丝进行探讨,征求大家的意见,这样就有利于新产品的开发和推出。

(2)降低产品宣传成本,让消费者真正受益 4C 理论中考虑的顾客的成本,是消费者愿望在获得满足时愿意支付的。如何让消费者获得一个满意的成本,微博营销可以帮助企业实现。微博营销大大降低了网络营销的成本。企业只需要开通一个微博就可以在网上进行营销推广。相比较传统的媒体,微博营销只需要创新的广告主题就能达到宣传的目的,这样不仅降低了广告成本,也间接地降低了产品的成本,进而消费者能够以比较满意的价格获得产品。企业可以在微博上进行有奖调查,不仅能吸引新的消费者,而且可以就调查的问题与访问者进行直接的交流,提高调查的效果,还降低了调查研究费用。这些途径可以有效降低企业的产品成本,进而让消费者获得一个满意的成本。

(3)建立微博话题,与消费者互动,拉近与消费者的距离 微博搭建了一座企业与消费者之间沟通的桥梁，当企业人员愿意与消费者进行直接沟通时，不仅能让消费者更直接的了解产品及企业文化，还能吸引更多的粉丝关注，进而关注产品。微博话题能够吸引粉丝的关注和讨论，在话题讨论的过程中推出有奖互动环节就更能吸引粉丝的关注，并有助于粉丝变成消费者。

总之，企业利用微博进行营销要结合微博的多样性、即时性、便捷性、广泛性的特点，在微博营销的过程中要站在消费者的角度设计营销方案，以获得消费者的认可和关注为出发点，以消费者能接受的价格去设计开发产品，在微博营销的过程中多与消费者展开互动，获得最直接的信息以帮助企业赢得长期忠实顾客，巩固其市场地位。

6. 微博营销对传统市场营销的挑战

（1）营销渠道需要扁平化 随着竞争和信息透明，生活在移动营销时代的消费者，城乡距离在逐步缩短。无论消费者在哪里，都可以使用移动应用APP、二维码、移动搜索等工具满足自我的消费需求。传统企业营销组织通常包括业务员、营销部、营销专区等，在每个层级中还会细分，形成复杂的金字塔结构，但是在移动互联技术的支持下，企业销售渠道结构仅需要两层，即主管和业务员两个层次。微博营销的扁平化的销售组织，不仅可以减少企业管理成本，最关键的是管理者及时对消费数据进行分析，关注消费者体验结果，利用大数据分析及时调整企业营销战略。

（2）快乐营销逐步渗入 随着科技不断发展，未来商品必然趋于同质化，甚至出现品牌过剩，消费者在消费过程中都是"凭任性""看心情"。因此，像微博营销这类的快乐营销将成为商品营销的重要手段。据工业和信息化部发布的数据显示，截至2016年1月，中国的移动互联网用户已达到9.8亿人。巨大的用户数量体现出用户展现自我和获得社群认同感的内心诉求，如果企业不进行创新变革，冷冰冰的品牌将无法得到未来消费者的青睐，特别是80后、90后的消费中坚力量。

（3）用户定制至上 移动互联网时代产生了海量的客户数据信息，未来的市场将会实现产销合一，消费者将最大限度地融入商品的生产过程，工厂将会按照消费者需求实现定制生产。要实现消费者的定制要求，由市场营销变化所带给企业的挑战包括：第一，所有的商品按照订单生产，零库存；第二，工厂的制造车间生产效率大幅提升，商品的生产管理理念与制造生产流程全面变革，与之适应的企业制度建设也需要全面提升。

（4）粉丝经济的推动 传统年代，商家将消费者比喻成上帝，为"上帝"提供价廉物美的商品，但是在移动互联时代，商品不再仅仅是单一的物品，而是被赋予了精神具有生命力的商品。如果说企业市场营销最初关注的是价格，然后是性能，最后是品牌，那么现在企业市场营销应该更多关注粉丝经济。粉丝经济实际上是粉丝从恋人到恋物。例如"果粉"从对乔布斯的个人膜拜转化为对苹果手机的疯狂，这种精神的力量足够强大，让人如着魔一般。企业未来的发展一定要重视微博等新媒体社群组织的发展，其效应远远超过了传统广告的效果。

7. 微博营销策划与实施

（1）微博营销的策划

①方向确定。移动微博营销的策划，首先需要确定整体方向，即企业的商业目标、营销传播目标和目标受众。商业目标或经营目标，即在一定时期企业生产经营活动预期要达到

的成果。营销传播目标即企业的市场营销及传播活动希望实现的目标。目标受众是一个企业的业务及营销传播所针对的群体。

② 现状分析。微博营销需要至少分析四个方面：一是微博平台，如微博功能等；二是企业希望与其进行沟通的目标用户；三是企业的直接或潜在的竞争对手，他们也在针对同样的目标用户进行营销传播；四是企业自身，如现有企业微博。

微博平台分析：以新浪微博为例，它不断推出各种新的功能，如微直播、微访谈、大屏幕等，对这些功能的了解，必然有助于发现对企业有价值的机遇和营销方式；同时，量化公开的业界报告对于给公司提供重要数据和信息也是非常有效的。

目标用户分析：对目标用户在微博上的心理及行为特点进行全面分析，了解其喜好，从而"投其所好"地满足其需求，实现精准营销传播。通过对微博用户发微博、评论和转发的时间按周和 24 小时的具体时间分布分析，有助于了解企业应该在什么时间发布微博或与用户进行互动。

竞争对手分析：了解竞争对手在微博上做些什么也是非常重要的，可以按照行业情况，竞争对手的粉丝数、关注数、微博总数、首次发博时间、话题分布等基本指标考察；企业也可以据此制定活动相关指标的度量，比如分享与回复的次数等。

企业自身分析：如果企业自身已经拥有官方微博，对企业自身微博现状进行分析必然是一个重要环节。与正常的标准做对比，就能够判断是否存在问题，从而对症下药。比如，通过本企业最近 1 个月内发布微博的 24 小时分布情况，和目标用户 24 小时的转发和评论情况做一个对比，就可以判断出企业的发布微博时间是否合理，是否是在用户最活跃的时间段发布的微博等。

③ 目标设定。微博营销传播的目标设定，是与企业的商业及整体营销传播目标保持一致的，而且应该遵循 S.M.A.R.T 原则，即，S（Specific 明确性）、M（Measurable 可衡量性）、A（Attainable 可实现性）、R（Relevant 相关性）、T（Time-based 时限性）。

在绩效指标 KPI 的设定中，有一个误区需要引起注意，即盲目重视粉丝数量，不重视粉丝质量，这也是造成僵尸粉横行的原因之一。比如，一个微博账号粉丝数量 200 万，但是当这个微博账号发布了微博后，只能带来 1 条评论和 2 个转发，这是什么情况，明眼人一望便知。

④ 战略战术。微博营销传播的具体目标和关键绩效指标确定后，相当于"目的地"已经非常明确了，下一步就是要确定"如何抵达目的地"，即战略和战术的制定。

a．关注策略。关注策略有两层含义，一层是如何吸引粉丝的关注，另一层是企业品牌微博如何通过主动地关注别人来实现自己的目标。吸引粉丝关注，做法大致可以分为以下几种。

自有媒体推广：在企业自主拥有的媒体上进行推广。

付费媒体推广：传统意义上的媒体购买和推广。

赢得（+社交）媒体推广：如通过高质量的内容吸引粉丝主动转发和关注。

制定巧妙的微博用户主动关注策略也是一种增加粉丝数量的重要手段。

b．内容策略。一个优秀的内容策略对微博活动的成功性具有显著推动效果，其中至少有三点非常重要：内容主题、内容来源和内容发布规划。

考虑到企业的传播目标，在这里，有一个三分原则可以作为出发点：1/3 为为用户提供有价值的内容，如对用户或用户周围好友有帮助的信息（用于增加转发量和曝光度）；1/3 为交互内容,与用户进行互动的内容(用于体现微博的活跃性,增加交互度);1/3为品牌和促销等相关内容:一定还需要有与企业品牌、产品等相关的内容。

内容来源主要包括三大类型:原创、转发、互动(与网友评论交流等)。同样可以遵循三分原则。发布时间取决于业务需要,可以制定年度、季度、月度、一周内容日程,并根据上面提到的内容主题提前准备好相关内容,从而指导日常的内容发布和更新。准备并保持一个发布时间规划(类似于媒体刊登计划),并且提前准备好相关内容用于指导每日发布与更新。

⑤ 运营规划。在宏观的战略和具体的战术作为方向的指导下,运营规划也是非常重要的。

a. 粉丝管理。针对不同微博行为特点的用户,应该针对其行为和偏好等,采用不同方式进行沟通与交互,从而进行有效的粉丝管理。

b. 意见领袖管理。意见领袖关系管理(IRM),是一个长期的、动态的过程,需要有方法和工具的支持。其中一种方法是从相关度、影响力和合作机会三个维度对意见领袖进行综合评估。

相关度是指该意见领袖与企业传播目标和内容的相关程度大小;影响力是指该意见领袖的影响力大小;合作机会是指与该意见领袖达成合作的可能性大小。根据这三个维度,可以制定出一套意见领袖管理模型,针对不同的意见领袖,采取不同的管理措施。

c. 微博活动。从是否涉及其他平台的角度,微博活动可以进行以下几种规划。

微博活动:仅使用微博平台。

整合线上活动:微博 + 其他网络营销渠道。

整合活动:微博 + 其他网络营销渠道 + 线下渠道。

d. 整合营销传播。微博营销只是众多营销形式中的一种,是为了实现总体目标的众多手段之一。因此,微博营销不能孤立地考虑微博平台的情况,必须要与其他营销形式相结合,优势互补,共同为总体目标服务。

e. 资源规划。这里的资源包括人力、财力、物力等多个方面,比如规划好需要的年度或季度预算、建立相关团队或者与外部代理商进行合作等。

f. 微博危机管理。很少有人会质疑市场营销的潜力,然而,网络舆论就像一把双刃剑。客户可能投诉,人群可能传播负面信息,而企业机构在危机发生之时,可能并无防备,难以回应与处理。所以,为了应对危机,对微博的实时监控必不可少。

g. 舆情监测。国内的社交媒体平台与国际环境有很大不同,新浪微博里很多国外工具是无法监测的。这里可以考虑针对国内网络平台和环境而量身定制的国内相关工具。

⑥ 实际行动。各司其职,分工协作。在制订行动计划的过程中,不同类型的工作需要不同的团队和人员。比如,全年的微博营销战略规划,更需要策划方面的人才;日常微博的内容来源搜集、内容撰写、微博日程的规划等,更需要内容和文案方面的人才;而微博的图片处理和企业版微博首页的设计,更需要美术设计和用户体验方面的人才等。

另外,根据不同企业的实际情况和需求(如预算情况等),可以考虑内部和外部两种类型的资源。内部资源即使用自己公司内部已有团队,或新建自己的团队;外部资源指外包给第三方的专业代理公司。这两种方式各有利弊,企业应该结合自身实际情况综合考虑作出选择。

⑦ 监测控制。在采取行动的过程中,为了保证绩效的不断优化,持续的监测和控制是

必不可少的。为了保证绩效的不断优化，需要工具的支持来收集必要的数据。在这里，关键的一步就是对这些数据进行分析与挖掘，找出其中有价值和指导意义的要点，从而为接下来的优化进行指导。

（2）微博营销的实施

① 寻找微博上的精准用户。

a. 通过标签寻找用户。微博上的用户都会根据自己的特点或者喜好为自己的微博贴上不同的标签。这些标签都是用户自身设定的，最能体现出个人的特点。根据这些粉丝的特点，可以对他们进行年龄、身份、职业、爱好等方面的归类。如果目标用户正好和某一类人群重合，则这类微博用户就是目标用户，也是需要引导的人群。

b. 通过话题找用户。微博上的话题是通过＃话题名称＃来实现的，最大的优点就是可以通过微博搜索直接找到参与某个话题讨论的人群。如发现某些用户经常参与＃NBA＃、＃足球＃这样的话题进行讨论，而企业恰好又是卖运动鞋的，那么这些微博用户就是企业的目标用户。

② 让精准的用户成为企业微博粉丝。

a. 内容为王。一个微博要想拥有更多的粉丝，最重要的一条就是要有优质的内容。微博可写的内容非常多：记录自己每天的想法、心情；自己身边发生的趣事、新鲜事；相关行业的评论；热门话题的讨论；有价值的经验分享等。一定要让其他用户通过微博感受到一个真实的自我，只有这样才能赢取用户信任。单纯的企业信息或者营销信息的发布平台，是很难受到欢迎的。

b. 主动关注目标用户。如果自身微博能有一些优质的内容，而且大都是目标用户爱看的内容，那接下来的事情就是把他们吸引到企业微博上来。主动关注的目标用户是个不错的办法，一般用户在得到新关注（即获得新粉丝）之后，都会回访一下对方的微博，看看新增的粉丝是哪些人，发表了哪些内容。这时如果微博内容能够引起用户的兴趣，那么大多数情况下用户也会主动关注，成为粉丝。如果个人资料再丰富些，头像再吸引人一些，互粉的可能性就会更大。

c. 转发和评论用户的信息。并非所有用户都会回访或者互粉自己的新粉丝，这种情况下就需要企业微博主动出击了。经常转发用户的微博，并在转发的同时写一些有价值、有深度的评论，不用几次就会引起用户的注意。用户会觉得自己得到了尊重，自己发表的东西有人懂得欣赏，自己又找到一个志同道合的朋友，这时用户主动关注成为粉丝就是水到渠成的。这种方法看起来虽然简单，但只要坚持做，用心去评论别人的信息，最终可以取得非常好的效果。

d. 在目标用户集中的微群积极互动。微群为大家提供了一个围绕某个话题交流和讨论的场所，群内的成员也往往都是对这一话题关注的人。如果能常常发一些用户关注的内容，经常和群内的用户进行交流讨论，帮助用户解决问题，甚至成为群内的名人，那么群内的用户也会慢慢转变成粉丝。

③ 在微博互动中实现企业营销目的。

a. 得粉丝的信任是根本。微博营销是一种基于信任的主动传播。在发布营销信息时，只有取得用户的信任，用户才可能帮转发、评论，才能产生较大的传播效果和营销效果。获得信任最重要的方法就是不断保持和粉丝之间的互动，让粉丝觉得你是个真诚、热情的人。要经常转发、评论粉丝的信息，在粉丝遇到问题时，还要及时地帮助他们，这样才能与粉丝结成比较紧密的关系。在发布营销信息时，粉丝也会积极帮忙转发。

b. 在发广告时需要一定的技巧。在发布企业的营销信息时，建议大家在措辞上不要太直接，要尽可能把广告信息巧妙地嵌入到有价值的内容当中。这样的广告因为能够为用户提供有价值的东西，而且具有一定的隐蔽性，所以转发率更高，营销效果也更好。像小技巧、免费资源、趣事都可成为植入广告的内容，都能为用户提供一定的价值。当一个广告能成为用户群中的话题，那么这条微博营销信息便算是成功了一半。

c. 通过活动来做营销。抽奖活动或者是促销互动，都是非常吸引用户关注的，能够实现比较不错的营销效果。抽奖活动可以规定，只要用户按照一定的格式对营销信息进行转发和评论，就有中奖的机会。奖品一定要是用户非常需要的，这样才能充分调动粉丝的积极性。如果是促销活动，一定要有足够大的折扣和优惠，这样才能够引发粉丝的病毒式传播。促销信息的文字要有一定的诱惑性，并且要配合精美的宣传图片。如果能够请到拥有大量粉丝的人气博主帮转发，就能够使活动的效果得到最大化。

8. 影响微博营销效果的重要因素

（1）**圈子的有效覆盖** 微博与时下流行的 SNS 开心网类似，都是以各种关系建立起的粉丝圈，每个主题账号通过发布言论影响自己的粉丝圈，如果足够有吸引力，那么都有可能因为是强有影响力的意见领袖让粉丝圈扩大。但既然是圈子，就存在着信息覆盖的有限性。即使是粉丝数十万的超级红人，其覆盖率也只能是"粉丝数 × 活跃率百分比"。而如果想覆盖更多的人群，那么就必须有数量众多的意见领袖，通过有计划地传播信息，在他们的圈子内传播企业、产品、品牌消息及信息。

就目前而言，业内对于社交新媒体的覆盖率提升的最好办法是让更多的"红人"账号发布和传播推广品牌信息。企业要想在微博营销策划中获得较好收益，就必须寻找比较好的执行团队，达到更为广泛的覆盖。

（2）**信息的有效影响力** 关乎微博营销成败的关键因素是信息的内容对于目标受众的直接影响力，即话题能否引起目标的关注、回复、讨论、争论及形成共识。微博由于字数限制，内容上要求精简，类似于手机短信营销，话题的契合性非常重要。另外，图片是否吸引人眼球，视频的展示画面是否让人想点击观看等都是在执行中需要特别注意的要点。

另外，话题是否具有可复制性是决定微博营销的关键。即好的内容能最大限度地激发转发功能对于覆盖率的贡献。简单说来就是企业通过一个微博粉丝群发布了泛相关群体非常感兴趣的话题，这些粉丝会自发形成口碑意见，并通过转发影响到更多圈子。制造公众和舆论感兴趣的话题、事件或者人物，公众会因为觉得有趣、相关性或者支持反对而自发形成传播，专业定义为"病毒式营销"。这是在有限的投入下达到传播覆盖率、信息至圈子到达率及有效影响力的效果提升器。

（3）**信息至圈子的到达率** 企业、产品、品牌想要在无数个圈子中传达必要的信息或者举行某个活动，其传播的内容及载体，直接决定了信息在圈子里的到达率。这种到达率的影响因素很多，除了粉丝活跃率百分比外，发布时间、发布内容及表现形式都是重要方面。例如发布时间如果集中在人群黄金时段，到达率可能就会更高。表现形式方面，图片显然是在众多信息中获得有效的利器，但是区区一百多字再配合图片，表现形式也有限，所以多媒体形式的视频也会成为微博营销中提高到达率的重要手段。

任务四　微信营销

1. 认识微信营销

"微信"作为时下最为流行的社交 APP，已从单纯的通信工具发展到集聊天、分享、购物、金融等功能于一身的多媒体社交平台，伴随"微信"功能及服务的丰富，"微信"也逐步成为商家们营销的主战场，朋友圈营销、红包营销、订阅号营销等各种形式的营销模式层出不穷。

集文字、语音、视频于一体的微信，正在逐渐改变着我们的社交与生活。当自媒体迅速崛起，微信公众号广泛受宠，微信已拥有 7 亿用户，微信圈成为人们晒心情、晒活动的社交圈时，以电视、广播和纸媒为途径的传统传播模式已经到达饱和时代而停滞不前。而以微信朋友圈口碑传播为主要表现形式的微信营销，因为拥有了海量用户和实时、充分的互动功能，正成为营销利器。

（1）微信营销的定义　微信营销是网络经济时代企业或个人营销模式的一种，是伴随着微信的火热而兴起的一种网络营销方式。微信不存在距离的限制，用户注册微信后，可与周围同样注册的"朋友"形成一种联系，订阅自己所需的信息，商家通过提供用户需要的信息推广自己的产品，从而实现点对点的营销。

（2）微信营销的特点

① 点对点精准营销。微信拥有庞大的用户群，借助移动终端、天然的社交和位置定位等优势，每个信息都是可以推送的，能够让每个个体都有机会接收到这个信息，继而帮助商家实现点对点精准化营销。

② 形式灵活多样。

a. 漂流瓶。用户可以发布语音或者文字然后投入大海中，如果有其他用户"捞"到则可以展开对话，如，招商银行的"爱心漂流瓶"用户互动活动就是个典型案例。

b. 位置签名。商家可以利用"用户签名档"这个免费的广告位为自己做宣传，附近的微信用户就能看到商家的信息，如：饿的神、K5 便利店等就采用了微信签名档的营销方式。

c. 二维码。用户可以通过扫描识别二维码身份来添加朋友、关注企业账号；企业则可以设定自己品牌的二维码，用折扣和优惠来吸引用户关注，开拓 O2O 的营销模式。

d. 开放平台。通过微信开放平台，应用开发者可以接入第三方应用，还可以将应用的 LOGO 放入微信附件栏，使用户可以方便地在会话中调用第三方应用进行内容选择与分享。如，美丽说的用户可以将自己在美丽说中的内容分享到微信中，可以使一件美丽说的商品得到不断传播，进而实现口碑营销。

e. 公众平台。在微信公众平台上，每个人都可以用一个 QQ 号码，打造自己的微信公众账号，并在微信平台上实现和特定群体的文字、图片、语音的全方位沟通和互动。

③ 强关系的机遇。微信的点对点产品形态注定了其能够通过互动的形式将普通关系发展成强关系，从而产生更大的价值。通过互动的形式与用户建立联系，互动就是聊天，可以解答疑惑、可以讲故事甚至可以"卖萌"，用一切形式让企业与消费者形成朋友的关系，你不会相信陌生人，但是会信任你的"朋友"。

（3）微信营销基本手法

① 草根广告式。查看附近的人产品描述：微信中基于 LBS 的功能插件"查看附近的人"可以使更多陌生人看到这种强制性广告。

② 品牌活动式。漂流瓶产品描述：移植到微信上后，漂流瓶的功能基本保留了原始、简单、易上手的风格。

③ O2O 折扣式。扫一扫产品描述：二维码发展至今其商业用途越来越多，所以微信也就顺应潮流结合 O2O 展开商业活动。

④ 互动营销式。微信公众平台产品描述：对于大众化媒体、明星以及企业而言，微信开放平台结合朋友圈的社交分享功能的开放，已经使得微信成为一种移动互联网上不可忽视的营销渠道。要想做好微信营销，互动就成了企业与用户之间不可缺少的因素之一。

（4）微信的七大商业价值

① 商业价值一——微信号：身份的标志。

ID 是互联网时代最重要的标志，简单来说即个人的身份或标志。使用者利用它来记录自身的行为，商业机构利用它来找到目标群体（以前最重要的 ID 是手机号，再往以前是 E-mail 地址和通信地址）。微信让 UV（网站独立访客）、手机号、E-mail 等"数据人"挣脱虚拟成为现实。对于精准营销的从业人员来说，数据库中的手机号、E-mail 地址即数字符号，无法判断使用者的个性，更不可能谈及精准。微信账号则让 ID 变得立体起来，通过 ID 可以判断使用者的性别、来自哪里，而且未来微信还会进一步丰富个人信息。更重要的是，未来微信会成为一个像手机号一样的通用 ID，这样就具备了建立用户数据库的可行性。

② 商业价值二——微信公众账号：销售渠道多元化。

微信公众账号让商家解决了线上的数字身份问题，也解决了传播模式的问题（一对多、互动反馈、富媒体、移动化），这让商家的销售渠道变得更加多元化、丰富化。而对微信商业模式的探索也正是基于此。微信是服务，而不是骚扰。传统广告的弊端在于在没有得到受众允许的情况下，向受众展示了其不需要的内容。因此，没有允许、不需要，是扰民的根本原因，而在这点上，微信考虑的要相对周全。比如，公众号关注是用户的自主行为，微信平台不会对公众号做出推送举动，用户要添加公众号唯一途径就是手动添加。出于自愿原则下的内容推送，必然是更容易让用户接受的。

③ 商业价值三——自由度：迅速与好友互动。

微信为信息流动提供了更大的自由度，可以快速地与好友联络，大大激活了现金流的流动。它为信息的流动提供了最大程度的自由度，使用者可以迅速而方便地与好友进行联络（通过发送给好友、分享到朋友圈、群聊的方式），这也为信息流、现金流的流动创造了条件。

④ 商业价值四——定位：专属的交易记录。

私人微信号可以用来定位个人，公众账号则用来定位商家，记录个人和商家间的交易记录可以形成一种"消费云"。微信为个人提供消息信息管理、积分服务等，从另一个角度来说能够为企业累积人气提供交易数据、客户数据以及提供 CRM 服务。

⑤ 商业价值五——微信游戏化：手机社交游戏有价值。

微信的后续发展将会逐渐向手机社交游戏靠拢。由于游戏、增值服务是腾讯利润的主要来源，可以围绕微信制作一些手机社交游戏，把相同的社交游戏理念植入到微信当中同样有尝试价值，比如曾经红极一时的 QQ 农场。微信游戏平台将会成为游戏开放者的又一座金矿，开发微信网页小游戏的利润很有可能会高于制作游戏 APP。

⑥ 商业价值六——形成闭环 O2O：线上线下融合。

O2O 即 Online To Offline，也就是将线下商务机会与互联网结合在了一起，让互联网成为线下交易的前台。这样线下服务就可以用线上来揽客，消费者可以用线上来筛选服务，成交也可以在线结算，很快达到规模。

微信中的 O2O 应用，最典型的如二维码扫描，商家拥有虚拟会员卡供用户通过扫描二维码获取，最后和支付打通形成闭环，从而获得收入。其实相比 B2C，微信 O2O 更具潜力。在微信中整合会员卡、优惠券功能是 O2O 应用常用的方式，而预定、客服等功能则会成为微信 O2O 无法模仿超越的核心功能。微信给了营销者一条直接与用户对话的渠道。所以对于 O2O 来说，微信无疑是最好的平台。

⑦ 商业价值七——打造一个轻量版的 APP Store。

微信，让精准营销从可能变成了可行。各种类型的公众账号和轻量级应用通过微信就可以进行推送和服务，而不需要从一个 APP Store 下载应用。另外，微信向营销者提供了更多的技术可能性。随着 HTML5 技术的普及，营销者完全可以开发出独具特色的营销工具，然后用微信发送给用户，实现真正意义上的绑定移动设备。

2. 微信公众号图文推送技巧

公众号图文推送是一个细致的运营过程，图文消息编辑细节决定成败，图文编辑做到细而精，图文阅读和分享自然多，最终达到品牌植入与推广的效果，如图 5-33 所示。

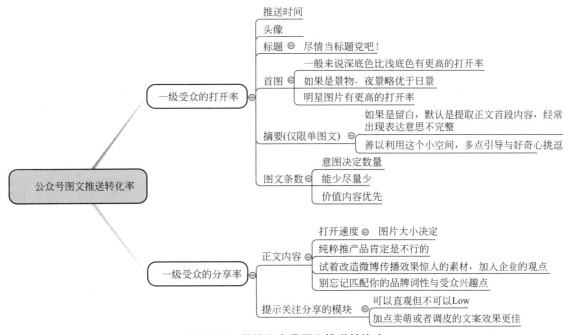

图 5-33　微信公众号图文推送转换率

（1）公众号内容形式选择。微信公众平台包括实时交流和消息发送两个板块。实时交流趋于内容的编辑和制作，形式主要有以下几种。

① 纯文字内容。微信内容以纯文字形式呈现，语言简练，高度精密，字数限制在 600 字以内，对于文字功底要求较高，一般较好的文字内容发布于此。

②语音内容。亲切、真实，带给用户的存在感极强，而且容易被用户群体接受，拉近彼此之间的距离。

③图片内容。图片展示的效果很直观，直接带给用户的是视觉的记忆，因此内容上也就要求具有独特的视角和创新。

④视频内容。生动、真切，用户群体不仅可以欣赏图片还可以身临其境地去感受所表达的内容，导向性营销很好，对于宣传企业的品牌、产品和文化等内容有着极大的作用。

⑤图文内容。图文并茂，这种形式最常使用，也被更多用户群体吸引和接受，高质量的内容很有视觉刺激的效果。在内容编辑过程中，可以针对不同营销目标对粉丝进行分组管理，这样可以精准化地达到营销效果。微信公众号的内容发布可以有五种不同的类型，可细分为图文消息（多图文与单图文）、图片、语音、视频以及投票。不同类型的微信内容都有自身独特的优势，但无论是哪种方式的内容推送，都是以用户的关注度为推送目标的。

（2）推送技巧

①发送时间。每天一大早打开手机，一篇红点点，正常人习惯是大概浏览，然后一晃而过，看哪些内容吸引自己，所以发布时间点要错开。这一技巧与内容无关，因为运营公众账号的内容都不会差。

②标题和摘要。将公众号放到一个屏幕上，显示的就是文章标题和大概12个字，其作用相当于摘要。这20多个字一定要脱颖而出，能马上激起用户的兴趣。

③适当连载。用连载的方式培养用户阅读习惯。根据心理学家的研究表明，一个人要真正养成好的习惯需要21天，所以连载的文章不能少于21篇，通过不断连载让读者产生对公众账号的依赖。

④CRM。根据不同人群分类推送，微信公众账号后台有一个订户分类。有的人按照地域分；有的人按照新旧客户分类。针对新会员提供他们想要的内容，针对老会员提供他们需要的服务。

⑤推送的频率。一般2～3天推送一次内容；周六日休息，但可以发一次更新后的总目录，这样用户可以利用自己的空隙时间自由点读。这种技巧不但不会打扰用户，同时又可以帮助他们利用好空隙时间。

3. 微信朋友圈活跃度运营原则及技巧

微信平台的用户和影响力不断扩大，"微信朋友圈"营销不得不说是微信营销的重中之重。每天每时每刻，各种微信营销活动依然进行得如火如荼，包括点赞、评论、回复、收藏、转发等方式。有的人在微信朋友圈能够如鱼得水，越做越顺手，效果越来越明显，而有的人却只坚持了一段时间，发现微信营销比想象中的难度要大得多。然而影响微信营销活动的因素有很多，但提升朋友圈中粉丝（好友）的活跃度是运营的关键。

（1）微信朋友圈运营原则

微信朋友圈内容运营原则应遵循以下几点。

①具备行业的专业性，朋友圈信息嵌入企业所在的行业知识，在一定量化内是必要的，显示自己专业的一面，做到一定量的曝光，增加浏览者对发布者权威性的认定。

②掌握发布时间和数量，一般情况下每天每个小号发布最多5条朋友圈信息，编辑不同类型分别间隔1.5～2小时发布一次，这样可避免浏览者打开朋友圈显示的全是你的更新而感到排斥，同时发布后注意评论互动，小号发布消息适当的@经过分类的目标用户。

③ 宣传的企业信息做到热情和透明化，主要体现在产品信息、服务信息的细节上。

（2）微信朋友圈运营技巧

知道了运营原则，还需要掌握基本的运营技巧。

首先，提升微信朋友圈的活跃度最重要在于提升互动性。传统的"点赞""分享""评论"等方式对于微信营销内容的互动性还是有所缺乏，原因就在于信息的互动交流不足。所以，就需要在提升互动性方面多做文章。一方面，微信营销的内容要具有一定的吸引力，包括内容标题和摘要（微信朋友圈中列表中显示的部分内容）要能够容易引起好友的关注，人都是有好奇心的，使用问答、猜谜等趣味性的方式更容易引起粉丝的好奇心。另一方面，增加评论回复的频率也可以提升朋友圈粉丝的互动积极性，因为有了进一步的评论回复，更能够让好友参与进来，感觉到内容发布者是用心在参与问题的讨论和分享，从而带动其他粉丝的参与。

其次，提升微信朋友圈的活跃度可以引入一定的商业模式。毫无疑问，微信营销的目的就在于营销，有一些比较实用且有效的商业模式在微信营销中都可以使用进来。之前被人一直使用的"饥饿营销"方式可以在微信营销中以"商品抢购"的形式出现，在朋友圈中引入"限量限时"抢购以此来增加用户的参与度；又如，可以在微信朋友圈中进行"商品竞拍"，类似淘宝等商城的购物形式也是一种有效的营销方式，因为这些商业模式的引入对应微信朋友圈用户的心理会产生相关联的影响，从而在心理上促使他们参与到朋友圈的互动中来。

此外，提升微信朋友圈的活跃度可以利用生活中的素材。微信朋友圈的用户虽然网络参与，但都生活在现实当中，因此，如果营销内容和生活中的素材相关，可以更容易让用户参与进来。生活中的点滴创意和琐碎事情、事物如果能够加以利用，在合适的时间和地点发布到微信朋友圈，也是能够引来朋友圈的流量，特别是创意且充满乐趣的事物更能够让微信朋友圈的活跃度大大提升。如在微信朋友圈发布一个大多数人平时都见不到的动物，可以引发用户进一步了解的欲望，利用好奇心可以引起更多用户的关注，从而提升微信朋友圈的活跃度。

任务五　微网站营销

1. 认识微网站

现如今的我们处在一个互联网科技飞速发展的时代，各式各样的新产品、新软件、新概念层出不穷，特别是移动互联网技术的进步、智能手机的普及，加快了信息的传递，随着移动网络的不断发展，移动互联网端宣传也走进了人们的视野，尤其是微信诞生以后，围绕微信所开展的业务逐渐扩散，微网站也悄然地走入了我们的生活。

华住酒店集团拥有禧玥酒店、漫心酒店、全季酒店、星程酒店、汉庭酒店、海友酒店六大酒店品牌，有超过 1700 家门店遍布全国。华住酒店一改以往酒店的运营模式，借助微信公众平台推出了专属于自己的微网站，该微网站就像是一个缩小的网页，用户在该微网站上可以进行酒店查询、房间预订、订单查询及查看促销信息等功能（图 5-34）。

蚂蜂窝是我国领先的自由行服务平台，其业务以自由行为核心，为用户提供旅游目的地的旅游攻略、旅游问答、旅游点评等资讯，以及酒店、交通、当地游等自由行产品及服务。

蚂蜂窝为了用户使用更加方便，在微信公众平台推出了以自由行为主题的微信公众号"蚂蜂窝自由行"，值得注意的是该微信订阅号通过连接微网站的方式，为用户提供旅行指南、酒店预订、蜂窝问答及租导游的特色服务。用户点击"蚂蜂窝自由行"订阅号页面下方的功能按键，页面会自动跳转至其相应的微网站供用户查看使用（图5-35）。

图 5-34 华住酒店微网站

图 5-35 蚂蜂窝自由行微网站

通过以上华住酒店和蚂蜂窝自由行的案例可以了解到微网站是一个基于微信入口的手机网站，其可以将企业信息、产品、服务、活动、地址、联系方式等内容通过微信网页的形式进行展现，让顾客方便快捷、全面地了解企业，用户在获得丰富信息量的同时，也使信息的展现更加赏心悦目，进一步提升用户体验。因此简单地说，微网站就是把传统网站通过微信公众平台进行展示的网站。客户不用再通过域名访问，直接关注企业微信公众账号即可直接访问。

2. 微网站的优势及商业价值

微网站作为移动互联网时代下的一种新型的信息传播方式，得到了很多企业乃至政府的重视，都纷纷开设了自己的微网站，力求将其业务、服务、品牌覆盖到人们生活的方方面面。

塞拉维西点是烘焙行业佼佼者，同时也是通过微官网进行拓展业务的一家优秀企业，当我们关注点击进入塞拉维西点的微官网，就可以清晰地看到整个网站的内容，清晰的栏目分布，实时更新的商品图，充分地将商品展示出来；不仅如此，该微网站还将其店铺地址、点位、客服制作成其可点击的功能键，用户只需要点击就能轻松了解到店铺的地址、电话等信息（图5-36）。

图 5-36　塞拉维西点微网站

北京安贞医院为了更好地方便病人就医，通过微信公众平台推出了自己的微官网，该微官网不仅清晰地将出诊信息、医院概况、医院新闻等信息进行了展示，还创新地加入了搜索功能，这大大地方便了用户进行信息的搜索（图5-37）。

通过以上案例，我们可以从中感受到微网站作为移动互联网时代下的一种新型的信息传递模式，具有内容精简、操作简单、受众精准、易于互动、便于传播、时效性强等方面的优势，因此吸引了企业乃至医院的重视。

（1）**内容精简**　微网站因其是基于移动端设备浏览的网站，因此微网站所呈现出的版面内容非常精简，能够以最直接、最直观的方式展示给用户，让用户一目了然。

（2）**操作简单**　因为微网站基于微信公众平台，所以用户访问微网站时不需要输入网址，而对于商家企业而言，微网站不需要注册域名购买空间，更不需要进行网站备案等操作，这大大地方便了商家及用户的操作浏览。

（3）**受众精准**　用户需要通过微信平台进入微网站，因此对于商家而言，凡是进入微网

图 5-37 北京安贞医院微网站

站进行浏览的用户，均是已经关注其微信公号的用户，因此微网站是商家对潜在客户群进行的一个自然筛选，以此获取最为及时和准确的市场信息，而商家能够更准确地锁定客户。

（4）**易于互动** 基于微信公众平台的微网站，其最大的特点就是便于用户与商家之间进行互动，用户可以通过微信公众平台直接与企业客服进行文字、语音交流；不仅如此，企业还可将诸如论坛、留言板块制作到微网站中供用户进行信息互动使用。

（5）**便于传播** 微网站是移动互联网发展进步的产物，有着移动互联网本身的优势，微网站可通过手机、平板电脑等移动设备在任何有网络的地方打开查看。这一特性使得微网站特别便于传播，而其又基于微信平台，微信庞大的用户群体更是为其传播起到助力作用。

（6）**时效性强** 微网站具有操作简单的特性，商家可以随时进行新品、促销活动信息的发布，让自己的微网站发布产品与服务的最新动态，及时把最优惠的活动信息传达给客户，培养更多潜在的客户群。

面对着移动互联网迅猛发展的今天，商家更需审时度势，紧随互联网发展的趋势，并根据自身产品相关信息不断地革新营销模式，成功营销出自己的产品，从而带来可观的经济效益。

微网站开发带来的经营销模式，更适应现代网站的发展模式，所以微网站的开发也具有更好的商业营销效果，其面对的受众是 5 亿左右的微信用户，蕴涵的商机是无限的。

将企业微网站植入微信公众平台，关注公众平台即可访问网站。所有微网站中显示的所有文章及板块都可以通过设置关键词而实现自动回复。公众平台搭配微网站，堪称如虎添翼！在保留公众平台所有优势的前提下，提升展示形象，更好地与客户互动。所以在移动客户端浏览市场对浏览体验与交互性能有更高要求的情况下，以微网站开发技术来展示企业产品的方式更加灵活化也更易接受。

把公司开设在微信上，把自己的生意装到用户的手机里，传统生意要做到互联网上，要有互联网站，在移动互联网上，就需要有微网站。企业通过微网站上发布的产品和服务，让顾客了解自己，并通过后续的跟进，达成成交的关系。这是微网站的另一大好处，移动互联网交易因其便捷，快速蓬勃地发展起来。

从诞生的第一天起，微信就只有移动互联这一个方向，腾讯的技术平台能力以及腾讯在电商、团购等领域的经验也有助于其快速整合。所以基于微信发展的微网站，也借由这个平台充分发挥自己的作用，微网站开发具有与微信同样的潜力，微网站必将成就企业的商业价值。

任务六　社群营销

每个人在现实生活中都有自己的角色，然而这个角色并不一定让自己满意，但在互联网上，人们可以塑造自己的角色，说自己在现实生活中不敢说的话，做一些不敢做的事，成千上万的人在网络上寻找到了自己的部落，从而组建成各种社群。

互联网创造了很多的奇迹：小米开创互联网营销的"小米模式"，特斯拉电动车崛起，Uber颠覆出租车的既有概念。这些产品在移动时代给用户带来了满意的体验，无一不是利用了社群的力量，实现产品引爆。几乎可以肯定的是，企业的下一个重要流量入口，非社群莫属，基于此，社群越来越受到诸多人群的关注，资本市场的目光也开始向有影响力的社群倾斜。

社群的概念：点与点之间通过某种媒介的互动和连接，就出现了联系，连接两个点之间的这条线就是社交。每个点不只连接一个点，于是多点之间的多线条社交就形成了面，并且经过不断的优胜、劣汰、协作，连接线越来越牢固，形成的这个面也越来越稳固。这些点与线形成的面，就是社群（图5-38）。

图5-38　社群

随着移动互联网快速发展，桌面端转移到移动端，再加上打破空间、时间的高效率工具（比如QQ、微信）的出现，这些限制逐渐被摆脱，使得社群组织更容易，互动更容易，管理也更容易。

1. 构成社群的五要素

构成社群的第一要素：同好。它决定了社群的成立。所谓"同好"，是对某种事物的共同认可或行为。可以是基于某一个产品，比如苹果手机、锤子手机、小米手机；可以是基于某一种行为，比如爱旅游的驴友群、爱读书的读书交流会；可以是基于某一种标签，比如星座、明星的粉丝、PPTer；可以是基于某一种空间，比如某生活小区的业主群；可以是基于某一种情感，比如老乡会、校友群、班级群；可以基于某一种"三观"，比如"每天进步一点点"的社团。

构成社群的第二要素：结构。它决定社群的存活。社群的结构包括组织成员、交流平台、加入原则、管理规范四个部分。这四个组成结构做得越好，社群生存得越长久。

组织成员：发现、号召那些有同好的人抱团形成组织。最初的一批成员会对以后的社群产生巨大的影响。交流平台：QQ、微信、YY等。加入原则：设立筛选机制为门槛，一是保证质量，二是会让新加入者由于感到不易而更珍惜。管理规范：一是要设立管理员，二是要不断完善群规。

构成社群的第三要素：输出。它决定了社群的价值。没有足够价值的社群迟早会成为"鸡肋"，群主和群员就会选择解散或者退群。好的社群一定要能给群员提供稳定的服务输出，这也是群员加入群、留在该群的价值。比如逻辑思维坚持每天一条语音、大熊坚持定期做干货分享、某些行业社群定期可以定期接单等。另外，"输出"还要衡量群员的输出成果，全员开花才是社群。

构成社群的第四要素：运营。它决定社群的寿命。通过运营要建立社群的"四感"：仪式感，比如入群要申请，行为要接受奖惩；参与感，比如通过有组织的讨论、分享等，保证群内有话说、有事做、有收获的社群质量；组织感，比如通过对某主题事物的分工、协作、执行等，以此保证社群战斗力；归属感，比如通过线上线下的互助、活动等，保证社群凝聚力。

构成社群的第五要素：复制。它决定社群的规模。由于社群的核心是情感归宿和价值认同，社群越大，情感分裂的可能性越大。一个社群如果能够复制多个平行社群，将会形成巨大的规模。在复制多个平行社群之前需要完成以下三件事：首先需要构建好组织，具备足够的人力、财力、物力；其次，组织核心群，要有一定量的核心小伙伴，他们可以作为社群的种子用户加入，引导社群往良性的方向发展；最后，形成亚文化，要形成一种群体沟通的亚文化，比如大家聊天的语气、表情风格的一致。

2. 社群的组织模型

只要是能长期生存一段时间的社群，都有其内在生态模式。重点分析基于兴趣或者学习成立的群组，在这样的群组里都存在如表5-1所示的几种角色。这种角色的不同组合，就构成了不同的群生态模式。

围绕这些群角色，基本上分为两种管理模式：一种是基于社交群的环形结构，另一种是基于学习群的金字塔结构，如图5-39所示。

表 5-1 群角色说明

群角色	说明
组织者	负责群的日常管理和维护，也是群的活跃分子
思考者	群的灵魂人物，在圈子里拥有威信或影响力的人
清谈者	能够轻松自如地和大家聊天，让群变得活跃和有气氛的人
求教者	在群里提出自己各种困惑希望得到帮助的人
围观者	习惯潜水，偶尔插一句话，很快又消失了的人
挑战者	加入一个群组后往往对群的管理方式或者交流内容公开提出不满的人

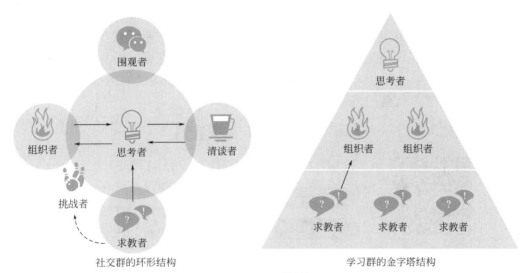

图 5-39 群结构

在环形结构中，每一次群交流中，每个人的身份可以互相变化和影响，但是一个群里面必须存在至少一个活跃的灵魂人物，他可能身兼思考者、组织者多个身份，如果一个群拥有两到三个活跃的思考者，那这个群不但生命力很强，而且会碰撞出很多火花。也正因为环形结构可以身份互换，群规的设置往往很难严格，留下很多弹性空间。

在金字塔结构中，一定有个高影响力人物，然后发展一些组织者帮助管理群员，在此结构中，基本上都是追随影响力人物进行学习的，所以在群里必须设计严格的群规，否则如果每个学员都直接和影响力人物沟通的话，影响力人物就无法进行任何有效的通信，所以在这种学员都想直接和影响力人物沟通的情况下，最可能的模式是影响力人物在群里进行定期分享，由组织者进行日常的群管理。

3. 社群构建

要成功构建社群并使其良性地发展壮大，应该回归到社群构成的原点——五大要素，从五大要素出发，找同好、定结构、产输出、巧运营、能复制五步构建一个完整的社群。

以 C 实习为例来讲解社群的构建过程。C 实习是博导前程旗下的电子商务技能提升与实习就业对接平台，连接着学生用户、教师用户与专家用户，致力于培养社会所需要的优秀专业人才。为了让每一个用户群能够更好地沟通，也更方便于企业管理，C 实习官网有专业的管理人员分别在 QQ、微信以及官网论坛上组建了对应的学习交流群。那么接下来就来看看

C 实习是如何组建社群的。

4. 找同好

社群的组建离不开灵魂人物，对于企业而言，可安排专业人员来专项负责社群的创建与经营管理工作，也可根据企业自身定位，找到产品发烧级用户，让这样的用户成为自己运营的社群里面的精神领袖，从而完成企业领袖的培养。

有了社群的创建者，还要确定社群的管理者，管理者要做到赏罚分明，能够针对成员的行为进行评价并运用平台工具实施不同的奖惩。比如 C 实习 QQ 群的管理人员是 C 实习君，C 实习君会在群里负责答疑、审核新成员、监督群纪律等工作。

C 实习的受众是广大的在校电子商务专业学生及老师，为了吸引这些人员参与到社群的活动或讨论中，C 实习的官网首页上把 QQ 群的信息及微信群的二维码展现出来，同样在一些 C 实习的线下活动中这些加群方式也会出现在海报中，这极大地方便了用户加群（图 5-40）。除开以上几种加群方式，C 实习官网组织的一些论坛活动的主战场也定在 QQ 群，在活动中有时会以奖励红包的方式吸引群内成员带人入群。

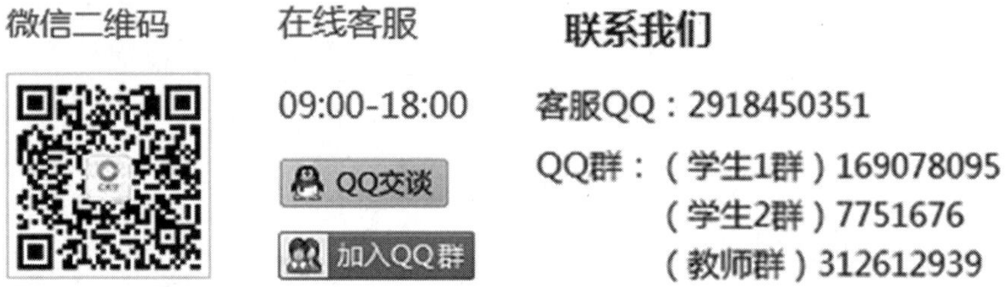

图 5-40 加群方式

群的活跃度决定了参与度，要想提高活跃度，参与者中有一些牛人、萌妹子、搞笑大神等会很有效，这一群人能激发社群整体的活跃度，所以在找"同好"加群的同时要特别留意此类人的加入，日后可以借助他们提高群的活跃度。

5. 定结构

群结构有环形结构与金字塔结构，具体做好群的结构就要从以下四个方面做起。

（1）**组织成员** 发现、号召起那些有"同好"的人抱团形成建群的最初一批成员。最初一批成员将会对以后的社群产生巨大影响。在社交群里，必须有一类活跃分子，清淡者很难奉献出结构化有深度的内容，但是他们往往有比较多的信息来源，可以给群提供一些有趣的话题，诱发思考者奉献出有质量的内容，一些围观者也可能被激活，带来有深度的内容。

另外，清淡者往往有比较开放包容的心态，能够接受调侃，这样会让一个社交群不至于像工作群一样变得单调乏味。

（2）**交流平台** 组织好成员之后，要有一个聚集地作为日常交流的大本营，目前常见的有 QQ、微信、YY 等。那么选用什么工具做社群营销好？

如果是 B2C 类型的电商，采用微信公众号或微博比较好，因为 B2C 平台的客户太多，少则几十万，多则几千万，唯有微信公众号与微博才能管理这么多的客户群体，其他工具无法胜任；如果是自媒体类或者企业交流分享群，则采用 QQ 群为好，QQ 群最多人数为 2000 人，能够将 2000 人聚集起来，一起分享一起创造价值，自然会产生很大的经济效应。

C实习在微信上开了C实习小助手微信公共账号,也是C实习官方微信账号,专注于电子商务、互联网、网络营销相关高端行业,专注于经典网络营销案例、话题分享、探讨与剖析。推送全网营销、社会化营销、微博营销、精准营销等相关网络营销新闻、知识与观点,探寻热点趋势变化,分享新潮营销概念。C实习小助手微信公共账号每天为听众推送电商、互联网行业、网络营销、科技类的最新资讯,并实时回复听众的相关提问与资讯,并且与微博结合,通过二维码进行传播扩散和推广。

C实习把重要的交流分享平台选在QQ上,C实习目前拥有两个普通的学生群,每个群的群成员在2000人左右,三个教师群,每个群的群成员在1000人左右。

(3)加入原则 有了元老成员,也建好了平台,慢慢会有更多的人慕名而来,那么就得设立一定的筛选机制作为门槛,C实习的加群方式设置为邀请制,可以是群管理人员主动邀请,也可以是群成员推荐好友加入,申请加入的人员需要通过管理员的审核才可以加群。这种加入方式一是保证质量,二是会让新加入者感到加入不易而格外珍惜这个社群。

(4)管理规范 人越来越多,就必须有管理,否则大量的广告与灌水会让很多人选择屏蔽。所以,一是要设立管理员,二是要不断完善群规。

一般群规主要是限制群员发和群无关的内容,特别是发垃圾广告,或者两个人在群空间里过度聊天,影响别人的阅读体验。对于违规的群员,一般会采取的模式有小窗提醒、公开提醒晒群规、私下警告、直接移除等。

新人入群后看到的置顶公告即是本群须知,这样的操作让群员在入群时就能对群规有一定的了解,在以后的群管理期间就比较容易得到群员的认同,如图5-41所示,为C实习学生群的置顶群公告。

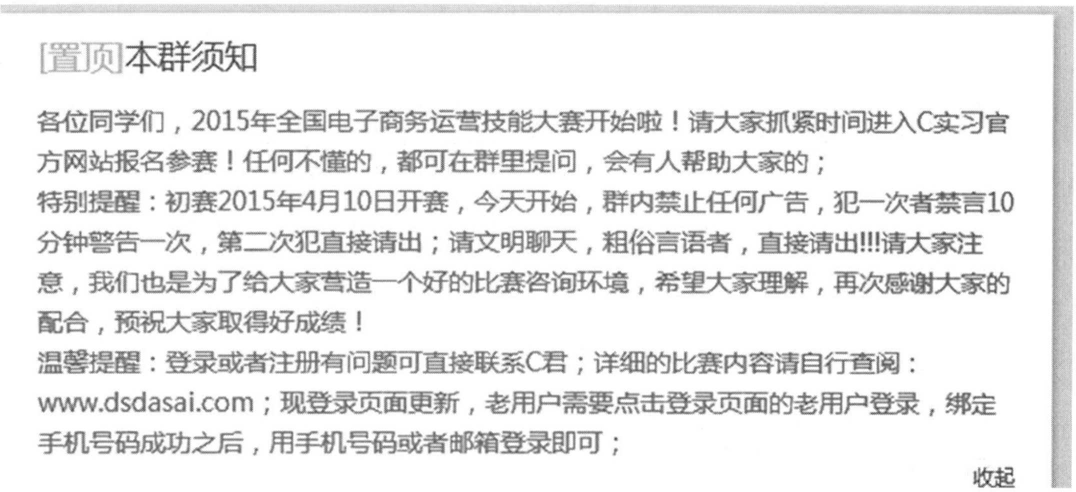

[置顶]**本群须知**

各位同学们,2015年全国电子商务运营技能大赛开始啦!请大家抓紧时间进入C实习官方网站报名参赛!任何不懂的,都可在群里提问,会有人帮助大家的;

特别提醒:初赛2015年4月10日开赛,今天开始,群内禁止任何广告,犯一次者禁言10分钟警告一次,第二次犯直接请出;请文明聊天,粗俗言语者,直接请出!!!请大家注意,我们也是为了给大家营造一个好的比赛咨询环境,希望大家理解,再次感谢大家的配合,预祝大家取得好成绩!

温馨提醒:登录或者注册有问题可直接联系C君;详细的比赛内容请自行查阅:www.dsdasai.com;现登录页面更新,老用户需要点击登录页面的老用户登录,绑定手机号码成功之后,用手机号码或者邮箱登录即可;

收起

图5-41 本群须知

6. 产输出

输出,决定了社群的价值,要进行社群进化,就要让普通群成员也能输出。C实习的核心输出是优质课程与学习资料的不断开发与升级,群输出还包括群每天的"新闻早知道",群每周的群作业,每周一、二、四的话题分享,每周末定制的教师群的晚八点半到九点半的教学分享等。

C 实习组建的群主要是服务于 C 实习教学平台，而 C 实习教学平台不管对于学生的学习还是教师的教学都有很大的帮助，在此平台上教师梳理自己的教学过程，应用 C 实习内的资源、训练、任务等串联起教学，并可定制出自己个性化的教学过程，C 实习平台提供的班级内学生在站内的动态数据汇总，如学习进度、训练完成成果分析等，系统化地将这些数据进行归类，给教师提供了教学建议，进一步稳固和提升了教学效果。同时，便捷的班级管理能够让老师与学生在 C 实习内建立充沛联系与交流。

学生进入 C 实习平台可以学习海量免费课程，也可付费购买精品收费课程，完成学习，学生也可通过完成技能点下的训练任务，获得技能成长，在获取技能模块勋章后，就可承接企业实战任务，获得综合实践经验与经济回报，还有机会直接被企业选中获得工作机会。

7. 巧运营

运营要建立"四感"，激活群内的活力也是从四感出发的。仪式感：建立仪式感，入群做自我介绍，老群员纷纷欢迎新成员。参与感：例如 C 实习群的"每日一签"赚金币活动，定期的分享、话题讨论、公开课。如图 5-42 所示，C 实习的学生群每周都会有一周一练

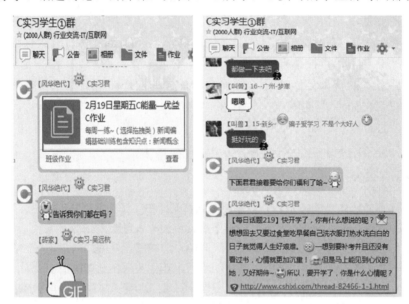

图 5-42 学生群常规活动

图 5-43 教师群常规活动（1）

的"C 能量 - 优益 C 作业"，让群成员可以每周都可以持续学习新知识。群内每天都有一个话题，供学生讨论，互相分享。如图 5-43、图 5-44 所示，在教师群每天都有"新闻早知道"，播报最新的国内大事与生活服务类内容。组织感：社群可以组织群员协作完成任务，例如 C 实习定期做的线上电子商务技能大赛，组织教师带领学生一起来做任务，在比赛中学技能。归属感：线下交流、聚会吃饭等。

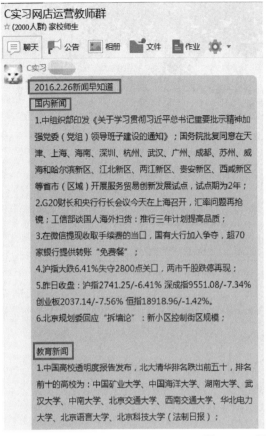
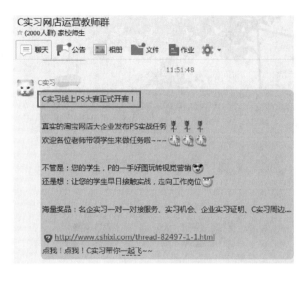

图 5-44　教师群常规活动（2）

8. 群内统一的命名和视觉化

以 QQ 群为例，群头像、群名称、群资料的统一，在进群之前就给人一种规范的感觉；同时，加群之后会弹出群公告了解入群相关事宜，并适时发布新消息进行更新置顶；成员的群名片备注，有助于更好地进行管理和促进相互之间的了解。

统一规范群名片，群内成员以"学校名—姓名"修改名片名，因为 C 实习对接学校与企业、培养学生、方便教师管理的定位，这样的群名片更便于在后期运营中根据学校需求把群内成员转化为 C 实习官网用户。

多个群名的统一，教师群以"C 实习＋课程名称＋教师群"为名，目前有"C 实习教师群""C 实习网络营销教师群""C 实习网店运营教师群"三个教师大群，而学生群命名依次为"C 实习学生①群""C 实习学生②群"……

9. 群设置的应用

除了群视觉化的统一，群设置也不能忽视。相比微信群，QQ 群为群管理提供了丰富的选项，也带来了很多可用性。点开左上角的群名称，从弹出的群设置中，"首页"可以看到群的基本信息、群成员的群名片管理等，有效利用群设置的每一个选项是很有必要的。如图 5-45 所示是 C 实习的群设置截图，由图可见 C 实习的加群方式设置的是"需要回答问题并由管理员审核""允许群成员邀请好友加入群"，在访问权限上设置"不允许非群员访问""不

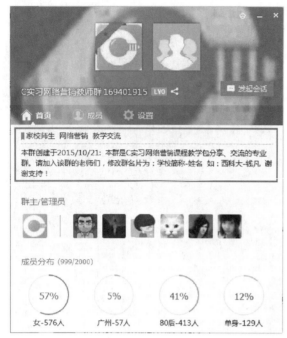 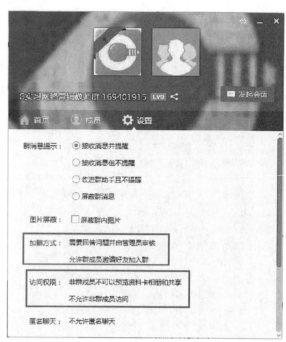

图 5-45　群设置

可以预览资料卡相册和共享"。C 实习群在设置的基本信息处注明本群是 C 实习课程教学包分享、交流的专业群，并提示加入该群的成员，修改群名片为"学校名称—姓名"。让入群的成员一入群就可以对本群有一个初步了解。

10. 组织群活动

组织群内活动是提高群活跃度的一个很有效的方式。C 实习在 QQ 群目前的主要活动安排如表 5-2 所示。

表 5-2　C 实习学生群活动安排

活动名称	活动内容	活动时间	奖励机制
群作业	互联网知识、电商知识、电商大赛知识点及其他根据情况调整的知识点（如网站更新点提问等）	每周三和周五	由群成员答作业题，君君批作业，每月××日在群里公布最佳作业获得者，3 名。偶尔可以在群内搞投票的形式，投票最佳作业只有 1 名。奖品有：QQ 会员、各种 Q 钻、电子书、读书券等
群签到	每日一签	每天	金币奖励：一天一金币，签到连续一个月获得 50 金币
群话题	小话题：内容主要围绕学生关注的微博热门话题或者热门事件等	每周一、二、四	无奖励
群游戏	定时炸弹（QQ 群自带小游戏）	时间待定，与群话题结合进行	无奖励
辩论赛	主要围绕电商主题偶尔可有其他主题	两周一次	胜利队伍每人 1000 金币最佳辩手再得 500 金币

不管是哪种形式的活动，要组织成功，都是不容易的。C 实习组织的活动形式中最常见的是群分享活动，要做一次成功的分享，需要仔细考虑细节。

（1）提前准备

① 寻找话题。干货分享模式要邀约分享者，并请分享者就话题准备素材（特别是对于没有经验的分享者，管理员应检查其分享的内容质量），特别要强调分享者应该分享对大家有启发的内容，而不是借着分享只想做自己的广告。

话题分享模式要准备话题，并就话题是否会引发大家讨论进行小范围评估，也可以大家提交不同的话题，由话题主持人选择分享话题。

② 分享预告。确定好话题之后，接下来就是写预告，通知 QQ 群成员群内将要进行一场分享活动。如图 5-46 所示为 C 实习"每周一小时"的分享活动，在活动开始之前会在群公告中提前贴出公告，并在活动当天再次强调，以求更多的人看到此公告并准时参与到此次分享活动中。事实证明这样的操作也为 C 实习每次的分享活动带来了不错的活跃度。

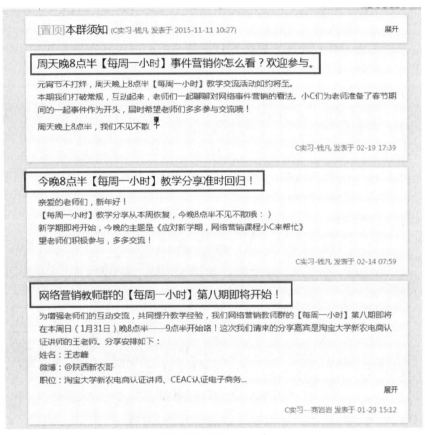

图 5-46　群分享预告

③ 互动稿的准备。对于没有太多分享经验的人来说，需要提前设想在分享的不同过程中应该说什么话，并将其写下来，也可请教群管理组中其他成员让大家帮忙看看并提出意见，在这个过程中也可以让自己心里更有底。正常讨论就可以按照互动稿上面的内容进行，不过也需要注意看情况进行适当变动。

（2）分享进行时

① 强调规则。每次在群分享前都会有新朋友入群，他们往往不清楚分享规矩，有可能出现在不合适的时机插话、影响嘉宾分享的情况，所以在每次分享开场前都需要提示规则。如果是 QQ 群，可以在发布分享规则时临时禁言，避免规则提示被很快刷掉。

②提前暖场。在正式分享前，应该提前打开群禁言，或者主动在群内说一些轻松话题，引导大家上线，进入交流氛围，一般一个群上线的人越多，消息滚动越快，会吸引更多人顺便看看。

③介绍嘉宾。如果是干货分享模式，分享者在出场前需要有一个主持人引导一下，介绍下该分享者的专长或者资历，让大家进入正式倾听状态。

④诱导互动。不管是哪种分享模式，都有可能出现冷场的情况，所以分享者或者话题主持人都要提前设置互动诱导点，而且要适当留点耐心等别人敲字，对于很多移动端在线用户，打字通常不会太快。

如果发现缺乏互动，需要提前安排几个人赶紧热场，很多时候需要有人开场带动一下，这样就容易进入气氛。

⑤随时控场。在结束上一个问题，进入下一个问题时，或者有重要的事情要通知时，就需要及时开启禁言，避免因为过度刷屏导致管理人员重要的发言被淹没。

有时候在分享过程中有人乱入，只描述自己的问题，或者提出和主题无关的内容，这个时候主持人需与其私聊，QQ群直接小窗沟通引导这些人先服从分享秩序。

（3）分享结束时

①收尾总结。分享结束时，对本次分享的发言进行汇总，并把本次分享的重点内容整理成笔记供群内成员后期回顾学习。汇总完内容后，可以修改一下汇总文档的内容确定无误，就可以上传到群共享中，同时在群里发布通知，告诉大家分享的内容已经整理上传了，来不及赶上讨论的人可以下载阅读，如图5-47所示，C实习管理员把群分享内容整理完成后发布到了群文件中供群成员随时下载。

 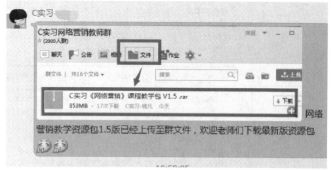

图5-47　群分享整理

②提供福利。分享结束后，要引导大家就分享进行总结，甚至鼓励他们去微博微信朋友圈分享自己的心得体会，这种分享也是互联网社群运营的关键，也是口碑扩散的关键。在分享结束后，对总结出彩的成员及用心参与的成员，发放各种小福利给以鼓励，这样更加吸引大家下一次来参与分享。

11. 能复制

复制决定了社群的规模，在保证社群质量的前提下要适当扩大群规模。C实习网站是以大学生实习、就业为出发点，糅合线上学习讨论、线下实训、就业服务，为大学生们提供各种帮助并专注于提升大学生就业能力的学习成长型互动网络平台。在此平台上汇聚了来自全国的20万学生用户，3000多位老师用户。为了与这些学生用户与老师用户进行更深入的沟通，

C实习需要把之前做得好的群模式不断地复制扩大,吸收更多的群成员,壮大C实习群规模。

C实习决心利用网络找到面向的用户群,一方面在C实习官网用户上导流,另一方面做线下的校园内部广告宣传。当第一个学生群运营进入良性循环,人数突破1500人时,C实习开始第二个学生群的组建,首先通过内部小窗,转移了一部分老群员到2群,这样做的好处是2群一开始就有了一定的规模,再添加新人入群感觉就会好很多。然后老群员在群里,自然就把群里的文化传承下去了,不需要管理人员再过多的干涉和引导。等第二个群快加满的时候,再建设第三个群,然后交叉引入。以此类推,建设更多的学生群。交叉法引入学员的好处是新老结合,既有数量上的抱团感,又为群管理打好基础,群文化也自然得到了复制。

在不到两年的时间内,C实习的学生群发展到两个2000人的大群,教师群也发展到三个1000人的群,分别是C实习的教师群、C实习网店运营教师群、C实习网络营销教师群,经过两年多的沉淀,内部群的信赖关系和互动已经达到默契的地步,在目前的规模下C实习管理人员也在不断征集群内成员的意见,筹建新的教师群组。

12. 社群营销

几乎每一个互联网门户都提供了管理群的工具:最早是新浪网易这些门户网站推出的红极一时的聊天室,等腾讯基于通信交流平台QQ推出群组功能后,因为其软件的超高普及率和功能体验上的易用性,成为国内垄断的群组管理软件,直到近年微信群的火爆才打破了这一局面。

(1) QQ群与微信群 在中国最早普及的在线群是QQ群,现在最火的是微信群,回顾QQ群和微信群的功能发展变化,分析其中的产品设计逻辑,对于理解如何管理群会非常有帮助(表5-3)。

表5-3 QQ群与微信群的对比表

对比项	QQ群	微信群
群规模	购买超级会员后可以建4个超级群,每个群2000人。500人群随意建,1000人群8个	早期一个微信用户只能创建40人群,群的数量没有特别限制,现在普通用户可以建立500人的群
群数量	低于500人的群可以建多个,只要不超过QQ好友剩余上限	随时可以建,可以认为没有限制
群结构	每个群必须有一个群主,群主可以设置管理员帮助管理群,只有管理员权限才能允许别人入群	每个群有一个创建者,每个群之间的关系其实是平等的,大家可以同时面对面建群,每个人都可以拉自己的好友入群,对应QQ的讨论组
群权限	群的管理员拥有比普通群员更大的权限,例如批准新成员加入,淘汰老成员,可以群发群邮件、群发文件、修改群信息等	群员之间权限更平等,但群的创建者可以踢人,其他群员不能踢人 不支持群发邮件或文件
群玩法	群有很多让群有趣味的玩法,比如匿名、群等级、改名、群发消息、全体禁言、个别禁言等玩法 QQ群也支持红包,单个金额最高5000元,最多200人	微信群目前最有趣的玩法其实是可以打赏红包,微信群红包单个金额上限刚刚调整为5000元,最多100人
群共享	有群论坛,群里发任何网站链接都可以	微信群屏蔽了某些网站的跳转链接,比如淘宝

实际上,很多人对群的管理困惑,就源自没有从根本上理解QQ群和微信群在产品设计逻辑上的区别。在QQ里面提供了一个讨论组功能,讨论组表面上基本功能和QQ群接近,但是它更接近微信群组的逻辑,如果需要什么事情临时联络一下,开一个长期维护的群并没有必要,那么就开一个讨论组,大家都可以拉需要的人进来,话题聊完,讨论组就可以退出关闭,消失在时间流里。当然实际操作过程中大部分人并没有意识到讨论组和QQ群有什么不同。

如果是为了社群运营，QQ 群比微信群目前更适合社群运营，主要理由有以下七点。

① QQ 群覆盖面更大，不管是哪个年龄段的人，都有 QQ 号。

② QQ 群容量可以超过 500 人，一直到 2000 人，规模优势明显。

③ QQ 群有更灵活的管理手段，比如改群名片、禁言、群发消息等。

④ QQ 群桌面交互功能更强，支持多群同时互动，而微信群是不支持多群多窗口同时进行互动的。

⑤ QQ 群基本对链接没有设置屏蔽，对网络跳转兼容性比微信更好。

⑥ QQ 群对文字分享和交互参与的支持更好，进行群分享的内容可以很快汇总打包变成对外传播的文字分享版。

⑦ 群群管拥有管理群员的权限，对大社群的运营，如果群管没有足够权限管理群也是很麻烦的。

（2）其他群产品

① 微博群。微博早期建立了一个微群，虽然也有群主，也有群员，但是它本质是一个论坛，不是真正定义的聊天群。现在微博也允许会员开设聊天群，但在没有真正社交关系的人群中，在微博私信流中开设一个聊天群的场景并不好实现，它既没有更好的体验替代 QQ 和微信，也没有找到 QQ 和微信不能满足的交流产品。羊年微博群借发红包迅速火了一阵，但是没有真实应用场景支持的微博群还是没法长久生存，除非微博定位这个群是粉丝群，专心服务明星和粉丝的互动。

② YY。YY 语音分享是当下比较常用的群组学习工具，也是目前唯一支持万人加群的平台。

YY 有两种模式：一种是游戏工会，支持群内再分组，典型的金字塔式管理架构；另一种是在线学习群，这种群组的成立往往主题非常单一，老师做在线分享，群员在线学习和交流，互动多存在于老师和学生之间的交互，群员之间的互动非常少，就如同老师在上面讲课学生在下面开小课的场景，很不合适。

如果群员之间建立了认同，变成好友，他们会选择互相加 QQ 或者微信群。YY 没法摆脱一直以来的工具定位，不能附加最有价值的社交关系。

③ 阿里旺旺。淘宝聊天工具阿里旺旺也有群功能，可以针对有兴趣的游客买家或老用户进行促销和维护，快速导流到店铺中，快速群发优惠信息，跟大多群性质一样，针对淘宝商户推出一些相关的功能。这种比较适合重复购买商品的忠实粉丝。

13. 保证群活跃度的方法

以下几种情况，就算群主很少出现、很少投入，群里的用户也能非常活跃。

（1）**群里有≥1个灵魂人物或者明星用户**。比如明星的很多粉丝群，或者很多大咖的粉丝群，其实道理很简单，大家加入群的目的就是冲着某些人来的，所以聊的话题自然就会有针对性。

（2）**从某些用户组织或者用户型产品衍生出来的社群**。比如版主团队、游戏上的工会、一些群组类的产品，大家觉得那里不能聊或者聊得不够深入时，就在 QQ 或者微信上建一些群。

（3）**从大的社群里把一些非常核心的用户拉出来再建一个群来辅助管理**。其实某种程度上讲，这等于完善了大群的用户金字塔。所以企业管理用户组织的时候，往往有很多群，绝对不可能只有一个群。

（4）**因为某些特殊的爱好而产生的社群**。比如大家喜欢足球，逢比赛的时候，群内一定会有很激烈的讨论。

基本上除以上情况外，群主或者群管就得花更多精力来维护这些群。

14. 社群营销的三维定位

用一个三维空间图（图 5-48）来帮助了解社群营销的定位。从这个三维图中可以判断一个企业的社群究竟达到了"立体沟通""平面沟通"，还是停留在原点没有任何进展。三个维度分别是"内容""交流"和"引导"，而原点就是品牌账号。

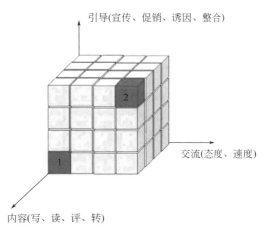

图 5-48 社群营销的三维空间图

（1）内容 这是所有社群营销的基础，其要点是四个字："写、读、评、转"。一个好的话题，需要让用户"希望写、想要读、愿意评、用力转"（不必四项兼备，满足一两项即可）。宣传汽车可以写保养小常识，食品可以写养生心得，化妆品可以写美丽秘诀，电脑可以介绍趣味软件等。然而纵观目前的品牌账户，还是多以自我宣传为主，很少从真正意义上与消费者互动。固然，企业社群担负着企业营销的任务，但是怎样巧妙糅合两者，是企业社群在经营上首先需要思考的议题。毕竟，群建好、群员组织完成只是社群营销的第一步。内容和互动才是接下来的关键。

（2）交流 一旦有了品牌账户，企业就开启了一扇门，消费者随时有权进来在这个平台上发表任何言论。这时候企业的回应方式极为重要。用具有诚意的态度交流，正面的言论能够得到正面的印证，负面的言论也有可能变成转机。此外，需要让消费者看见改变，鼓励消费者勇于建言，并且针对消费者的建言作出改进。

（3）引导 消费者很少会特意上网搜索和询问一个企业的品牌专页或者官方微博是否上线。他们需要企业自己来告诉他有了这样一个平台，甚至告诉他为什么要上这个平台。适度的引导非常必要，尤其是需要在短期内看到效果的时候。不只是互联网，其他一切可以运用的媒体都需要引导这一步。好的产品需要做广告，好的平台亦如此。

三维定位，只是检验社群营销的一个标准。要在每一个维度作出表现，必须整个工作团队不断地思考"用户体验"这个极为重要的命题。当能够真正在用户体验上用心并且实践，思考如何将品牌精神传递给消费者，而非单纯、重复地传递自己的广告信息的时候，消费者也一定会用相应的热情来回馈。这，才是社群营销真正的意义所在。

任务七　移动广告营销

移动互联网的迅猛发展，随之而来的则是广告投放的转变，越来越多的广告主开始从传统的渠道转向移动端投放广告。

众多商家深知移动端屏幕战场的重要性，不惜重金来获得更多的客户关注度，提升客户忠诚度，为了更好地达到营销目的，商家普遍选择多种移动广告的形式全面展开，打的是移动广告组合拳。

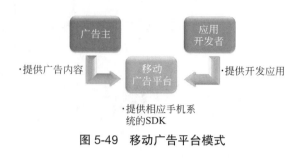

图 5-49 移动广告平台模式

1. 认识移动广告

（1）**移动广告的定义** 移动广告是通过移动终端设备（手机、平板电脑等）访问移动应用或移动网页时所显示的广告，广告形式包括：图片、文字、插播广告、HTML5、链接、视频、重力感应广告等。移动广告大多通过移动广告平台进行投放，和互联网的广告联盟相似，移动广告平台属于一个中介平台，连接着应用开发者和广告主。移动广告平台模式如图 5-49 所示，在这个平台上，开发者提供应用，广告主提供广告，而移动广告平台就会提供相应手机系统的 SDK（软件开发工具包）。

（2）**移动广告的特点**

① 精准性。相对于传统广告媒体，移动广告在精确性方面有着先天的优势。它突破了传统报纸广告、电视广告、网络广告等单纯依靠庞大的覆盖范围来到达营销效果的局限性，而且在受众人数上有了很大超越，传播更广。移动广告可以根据用户的实际情况和实时情景将广告直接送到用户的移动终端上，真正实现"精致传播"。

② 即时性。移动广告的即时性来自于移动终端的可携带和可移动性。以手机为例来讲，手机属于个人随身物品，绝大多数用户会把手机带在身边，甚至 24 小时不关机，所以手机媒介对用户的影响力是全天候的，广告信息到达也是最及时、最有效的。

③ 互动性。移动广告的互动性为广告商与消费者之间搭建了一个互动交流平台，让广告主能更及时地了解客户需求，使消费者的主动性增强，提高了自主地位。

④ 扩散性。移动广告的扩散性，即可再传播性，指用户可以将自认为有用的广告转给亲朋好友，向身边的人扩散信息或传播广告。

⑤ 整合性。移动广告的整合性优势得益于 3G 技术的发展、无线技术的普及和移动终端设备功能多元化，移动广告可以通过文字、声音、图像、动画等不同的形式展现出来，例如手机不仅仅是一个实时语音或者文本通信设备，也是一款功能丰富的娱乐工具，它具有影音功能、游戏终端、移动电视等功能，也是一种及时的金融端——手机电子钱包、证券接收工具等。

⑥ 可测性。对于广告业主来讲，移动广告相对于其他媒体广告的突出特点还在于它的可测性或可追踪性，使受众数量可准确统计。

（3）**移动广告的应用** 近年，全球移动广告市场风起云涌，移动互联网迎来新的发展机遇，移动广告平台作为移动营销产业链的重要一环，已经凸显出独特的魅力和商业价值。移动广告平台主要依托于 APP 及手机 Web 端导流量，在产品平台型入口诞生的时候，诸如苹果 APP Store、豌豆荚、91 助手等，移动互联网平台之上运行的更多是产品，一些满足各方面需求的 APP 产品成为传播的主体，并且迅速满足了用户的基本需求。而随着业务平台型入口，诸如淘宝、天猫、京东、微博、微信、支付宝、新闻客户端产品等的诞生和成熟，移动互联网平台之上运行的更多是业务和服务而非产品，一些满足用户需求的业务和服务成为传播的主体，并且呈现集中化趋势。各式各样的手机 APP 为人们的生活提供了很大的便利，用户所有的需求都被细化成每一个客户端，用户消费入口更加多元化。当下用户的目光、时间、消费都已经转移到了移动端，丰富的手机 APP 吸引了用户的注意力，广告商们深知用户的注意力在哪里商机就在哪的道理，所以在人们使用手机刷微博、看新闻、玩手游的时候，在不知不觉中就被移动广告包围。毫不夸张地说，移动广告已经无处不在，并融入日常使用的各种应用当中。

2. 移动广告的展现形式

在日常使用手机 APP 过程中遇到的移动广告形式可以说是多种多样，在应用开启时出现的 3～5 秒的全屏展示开屏广告，在手机屏幕的顶部或底部出现的 Banner 广告，应用开启、暂停、退出时以半屏或全屏的形式弹出的插屏广告，在微博、微信好友动态中的信息流广告，玩游戏过程中获取积分的积分墙广告等，现在的移动端屏幕空间可以称得上寸土寸金，争夺十分激烈，众多的企业也在移动广告方面不惜重金投入，来获得更多客户的关注度，增加与客户之间的黏度。

（1）开屏广告　开屏广告是在应用开启时加载，一般会全屏展现 3～5 秒，广告内容无法点击跳转，展示完毕后自动关闭并进入应用主页面的一种广告形式，如图 5-50 所示。

开屏广告对于广告主来说，是一种广告效果最大化的广告形式，在广告发布页面里，它基本上可以实现独占。因此，在广告进行收缩的这段过程里，基本上对用户浏览广告没有任何干扰。开屏广告的表现是根据广告创意的要求，充分利用整个页面的最大空间而形成广告信息的传递，通过特定技术手段把广告锁定在最大空间。对用户的视觉冲击力强烈，能够表达一个整体的宣传概念，可以达到很好吸引客户的目的，使客户的广告点击率非常高。

图 5-50　开屏广告

（2）Banner 广告　移动端的 Banner 广告是对 Web Banner 广告的直接复制，直接嵌入在屏幕的顶部或底部，如图 5-51 所示。

图 5-51 Banner 广告

Banner 广告可以看作是简单地将传统 PC 互联网桌面广告缩小尺寸的移植，并没有真正利用手机的特性进行创新的广告营销。不过 Banner 广告展示量大，对于提高品牌的曝光率有很好的效果，但是 Banner 广告的展示面积较小，很难承载丰富的信息。其实 Banner 广告更多的是起到了配合推广的作用，在移动端效果没有那么大，但绝对是不可或缺的。

（3）**插屏广告**　插屏广告一般就是在应用开启、暂停、退出时以半屏或全屏的形式弹出，展示时机巧妙避开用户对应用的正常体验。如图 5-52、图 5-53 所示。

图 5-52　视频中插屏广告

插屏广告最大的特点就是用户的点击率高，转化效果明显，广告图片丰富绚丽，并能够大尺寸展现应用特点,现在已经成为广告主喜爱的投放方式之一。在尺寸方面,插屏广告拥有占据手机屏幕超过一半的大尺寸,可以更好地展示品牌广告主的创意,点击率和广告效果也要比Banner广告更为明显。在用户体验方面,插屏广告一般不固定占用应用界面,而是通过事件触发式的方式弹出,不会影响用户的正常体验。在用户质量方面,插屏的用户高于其他广告形式,也是效果类广告主的首选。

(4)信息流广告　信息流广告就是夹杂在用户想要阅读内容中的广告,因为内容的原生加工,从而让用户容易忽略其广告属性,在第一道心理防线上放下警惕,能够有效吸引用户的注意力的广告模式。如图5-54所示。它最早于2006

图 5-53　游戏中的插屏广告

年出现在社交巨头 Facebook 上,现在国内的 QQ 空间、微博等社交媒体也相继推出信息流广告。信息流广告之所以成为一种趋势,不仅因为整个互联网环境催生的社交信息爆炸,更是因为它在实际的运作模式中,完全能融入每个用户的社交生活。

图 5-54　信息流广告

以国内最早涉足信息流广告的微博为例,2013年第一季度,微博推出粉丝通,这算是国内最早正式推出的信息流广告。过去两年内,已有超过4万家客户投放了微博信息流广告,重复投放比高达50%,而在后期口碑中,可以看到无论品牌客户还是中小企业都取得了不错的效果。

以一个典型案例来看微博是如何解决精准传播这件事的。2014年,韩剧《继承者们》

带着《来自星星的你》横扫中国，肯德基顺势邀请金宇彬、全智贤担任新一季代言人，在传播媒体广告轰炸的同时，使用微博"韩剧迷"人群，进行精准投放，其转发、评论、点赞互动率达到4%，比行业平均值高出5倍。

而微信朋友圈广告所处的环境，相较微博更加私密，在后期投放中还存在诸多用户体验的问题。目前大多品牌还是以微博的粉丝头条、微博精选、品牌速递等信息流广告产品为主，去满足品牌从博文、应用、账号到商品、活动、视频等不同场景的投放需求。而原生互动的广告机制也显著提高了品牌信息的曝光率达到口碑式裂变传播，还能保证用户体验以及广告投放效果。信息流广告的特殊机制应时应景，存在着诸多大机遇，是值得品牌尝试的一种移动广告推广方式。

（5）积分墙广告　积分墙是在一些应用中嵌入软件包，这个软件包里会嵌入一个类似于墙的屏幕，这个屏幕上会展示各个广告主的应用（图5-55）。用户下载这些应用就会获得一定的积分或虚拟货币，当积分或虚拟货币累积到一定量，就可以用来购买应用中的道具，继续应用，而该应用的开发者就能得到相应的收入，目前积分墙主要支持Android和iOS平台。

图 5-55　积分墙广告

积分墙的广告形式属于激励型广告，通过激励的形式吸引用户的参与，并尽量延长用户在应用的停留时间，因其有用户的互动从而使用户下载应用转换率较高，受对广告效果要求日益严苛的广告主的青睐。

积分墙的本质是交叉广告，而因为激励的原因存在，导致用户更多是为了获取道具而去下载，广告的效果更为利己而非利人，对于一些游戏开发商来说，在产品早期，可以通过积分墙广告提高低价值的非付费用户的留存率，同时换取一定的广告收入。而在产品的发展期，积分墙广告又可以用来提高排名。在产品的成熟期，积分墙广告还可以用来增加用户。

① 积分墙广告的特点。

第一，操作简单。不管是用户还是开发者在操作上都很容易实现，无需烦琐的过程和步骤。

第二，丰富多样。积分墙内的应用非常丰富多样，可以说只要愿意基本都可以在积分墙上体现，当然那些劣质的应用除外。

第三，智能可靠。现在的积分墙基本能实现实时表现数据，能够有效地避免数据延误，同时拥有多重安全机制，可以最大限度保护积分墙聚合服务不间断。

现在比较主流的积分墙广告形式有：APP 内积分墙、聚合积分墙、微信积分墙。三种积分墙形式也是各有特点。

a．APP 内积分墙的特点：通过多重激励的形式吸引用户的参与，提高了用户对下载应用的留存率；根据广告主产品主要受众群体有针对性地进行精准营销，使营销效果显著；利用积分墙平台自身巨大的广告网络，使"积分墙"拥有了更多可嵌入优质应用的合作，在合作应用内会展示各种与广告相关的任务，而用户通过在应用内完成任务来获得虚拟货币奖励；积分墙将广告与应用融为一体，避免生硬的广告推送，对用户体验影响最小；积分墙对媒体采取严格的准入制度，只有优质应用才能接积分墙广告。高质量的媒体保证了广告的真实有效性，避免开发者的弄虚作假；同时为广告主带来有效的活跃用户，提升用户质量；高效的互动广告形式最大限度地提升广告主投放的 ROI，显著提升应用在 APP Store 的排名。

b．聚合积分墙的特点：集合多家积分墙的所有应用，为用户提供更多选择；过滤掉用户已安装或曾经安装过的应用，大幅提升激活确认率；根据每个用户的行为数据优先推荐其感兴趣的 APP；架构稳定，多重安全机制，最大限度地保护积分墙聚合服务不间断。

c．微信积分墙的特点：微信平台拥有庞大的潜在用户群，开发者要更多地考虑如何增加微信公众号的粉丝数量；在"人手一机，手机必微"的时代，用户只需关注公众号即可使用积分墙免费获取奖励；通过微信公众号与用户增强互动，能够极大地提升用户在积分墙的黏稠度；微信积分墙可以直接获得现金奖励，通过微信的支付通道，用户可以轻松地提取现金。轻松的变现方式能够更大地刺激用户的活跃度。

② 积分墙的运作原理。常见的积分墙运作如下：广告商将自家 APP 按照一定的单价（随时可变）投放到积分墙并接入到自己的 APP 中，用户便能在积分墙上看到广告商的 APP，下载后获取若干虚拟奖励，而广告商支付的推广费用由积分墙和开发者共同分成，所以这是一个多方共赢的局面，除了付不起钱买积分墙的开发者。积分墙的运作原理如图 5-56 所示。

图 5-56　积分墙运作原理

③ 展现模式。有积分的模式内含有"虚拟积分"的功能，开发者可以在自己的应用中设定消耗积分的地方，比如购买道具，以刺激用户在应用中安装积分墙的产品，获得积分进行消耗。

无积分的模式分为列表和单个应用两种展示模式。通常以推荐"热门应用""精品推荐"等为推荐墙入口，用户点击进入，便可看到推荐的优质产品。

④ 积分墙的计费方式。积分墙按照 CPA（Cost Per Action，每行动成本）计费，只要用户完成积分墙任务（下载安装推荐的优质应用、注册、填表等），开发者就能得到分成收益。CPA 单价根据广告价格而定，广告价格高，单价也会越高。

（6）**移动 SEM 广告** 移动 SEM 广告是根据用户搜索意图来进行广告软投放，它能够精准地锁定目标用户群，并以此来获得高质量用户。如图 5-57 所示。

图 5-57　移动 SEM 广告

现在的移动 SEM 广告多是比较大的平台，推广效果真实可控。推广的关键字按点击计费，并不是按账户里有多少个关键字来收费，展现也是完全免费。假定账户里有 10 万个关键字，每天有 20 万次展现，但带来的点击量是 0 个，是不会产生任何费用的。最重要的一点是移动 SEM 广告是一个非常有效的收口渠道，与其他的渠道一起配合投放，效果极佳。

现在移动广告已经走向了深耕细作的推广模式。除了 Banner、插屏、积分墙等广告形式外，更加多样化的广告形式也是陆续面世，包括开屏、移动视频以及原生广告等。目前，市场仍以效果取胜的积分墙广告、开屏、插屏和 Banner 广告为主，整体占比达到 85%，而视频富媒体类广告也是快速上涨。此外，现有技术被广泛应用到移动应用广告上，包括 LBS 定位、二维码、图像识别等，使得移动端的互动广告形式提速迅猛，未来互动及原生类广告会逐渐增多，更多适合移动端的独特广告模式将陆续出现。

3. 移动广告的投放

（1）**移动广告投放技巧** 如果说，以往投放广告就是选媒体、定天数、报价格，那么现在的移动广告的投放越来越像一门"技术活"，现在的移动广告已经从简单的"广告位时代"迈向精准的"人群时代"，广告主可以直接在整个互联网上按照"人群"来投放广告。这意味着要在如此碎片化的网络海洋中挖掘到"自己的目标客户人群"，除了需要借助更为先进的数据和技术手段作为支持，还需要运用大数据优势充分把握互联网人群的行为特征及趋势，深入洞察，发现规律。

首先，移动手机、移动 Pad 等电子产品的屏幕都是有限的，再大也大不过计算机屏幕，所以这就导致了在一个屏幕上移动用户能够观看和浏览到的信息是有限的，也可以说是没有计算机上那么多的。除此之外，手机用户在使用手机进行网上信息浏览时速度远比在电脑上浏览信息要快速得多，因此，在移动互联网上进行网络广告投放时，广告信息一定要简短精悍，要保证在较短时间内实现信息的最大化展示，这样才能方便移动用户在使用手机上网时快速浏览到自己投放的广告信息。

其次，移动互联网中广告的投放也必须重视用户体验，这要求其投放的广告信息不仅要在内容上最大化满足用户，也要在其展示模式和展示时间上满足用户的需求和个别要求。手机用户对于网络广告的用户体验感受更为严格，他们都希望可以自主选择自己想观看的或者自己需要的广告信息，而不是被一大堆广告信息强制性绑架，所以，在移动互联网广告投放中必须重视用户体验。

最后，在移动互联网市场进行网络广告投放时，广告的投放模式和展示模式一定要实现多样化，目前网络广告市场中有太多相似的网络广告模式，同质化现象越来越严重，已经无法对用户和消费者产生较大的吸引力了，因此，只有实现网络广告投放和展示的与众不同性才能对移动用户产生视觉冲击效果，吸引更多的消费者关注投放的广告信息。

（2）**移动广告投放的条件设置** 根据广告受众的手机价格进行区分：高端设备指 2000 元以上设备；中端设备指 1000～2000 元的设备；低端设备指 1000 元以下的设备。不同的价格情况可以代表受众不同的收入情况，可以选择性地进行广告投入。

根据广告受众的网络类型进行区分，分为中国移动、中国联通、中国电信和 WiFi 情况下收到企业广告。

根据广告受众的手机操作系统进行选择，分为 iOS、安卓、塞班、Windows Phone 等。

根据地域进行定向，适用于较大范围、精度要求较低的情况下进行广告投放，最大精准到区。

根据广告受众的使用习惯进行专业时间设定，用户上下班途中、午间休息以及睡前是智能终端设备的使用高峰期。

根据智能终端设备的保有量以及地域受众的使用习惯，广告投放主要集中在六大经济区，包含以北京、天津为首的华北地区，以上海、杭州、南京为首的华东地区，以沈阳、长春、哈尔滨为首的东北地区，以武汉、长沙为首的华中地区，以广州、深圳、福州、厦门、三亚为首的华南地区以及以成都、重庆、西安为首的西南地区。

移动互联网上经典的投放广告形式包括：LBS 推广；定向某一个地点或多个地点周边人群；适用于定向商户周边、精度要求较细的情况。

(3) 移动广告投放的策略

① 与用户第一时间产生互动。手机媒体最大的优势是互动,更多的互动才能产生更多的信赖和行动。不要采取单独的广告展示,广告要带有活动性质,比如问卷调查、抽奖、小游戏等。移动营销最大的特点是把你的东西植入用户手机里面,要在用户看广告的时候,留点你的东西给用户。如果有APP,一定引导用户下载APP,有公众平台或者个人微信号等要引导用户去进行关注,或是让用户主动把页面截图保存到手机里等。

收集客户的信息是移动营销最重要的目的和手段,多设置一些让用户主动留下联系方式的引导。采取填写手机号、邮箱、QQ、微信号以及发送验证码的形式等。

除了常规的借力话题、借力节日等,大部分移动互联网推广载体都具有一定的品牌性。同样,有活动的集中推广的时候,借力他们的活动和推广进行自己的推广。

选择目标人群集中的载体,将它的目标人群变成自己的用户。推广的终极秘籍:不管线上还是线下,只要花钱做了推广,就要想办法把这些花钱载体的目标人群变成你的用户。

在此过程中,应重点关注:避免投放广告的恶意点击。

恶意点击主要四个来源:竞争对手;自己人不慎点入;网络游民;不良网站和APP。应对方法主要有:

选择IP定向控制,自己人上线以域名方式登录;引导到粉丝平台,通过微信公众平台等;每天做详细的统计,每周统计投放计划表与对比表,选择最好的网站及APP。

② 移动广告投放的效果监测。移动推广效果如何,最有力的证明就是数据。为了确保数据的真实性、有效性、及时性,数据的监测和提供通常是选择由第三方数据统计平台来完成,比如国外的Flurry和国内的"友盟+"就是这样的第三方数据统计平台。第三方数据统计平台对移动广告投放的效果监测主要表现在以下六个方面。

a. 应用整体趋势。整体的应用趋势可以清晰展现应用每天的新增用户、活跃用户、启动次数、版本分布、行业指标等数据的变化曲线,这些曲线可以了解客户的实际装机量和用户实际使用量,整体掌控应用的推广情况及增长动态。

b. 投放渠道分析。在哪里做推广最有效?从哪里获取的用户最有价值?投放渠道分析可以实时查看不同渠道的新增用户、活跃用户、次日留存率等用户指标,通过数据对比评估不同渠道的用户质量和活跃程度,从而衡量各渠道推广效果。

c. 用户留存分析。通过新用户的留存分析数据可以掌握每日(周/月)的新增用户在初次使用后一段时间内的留存率,留存率的高低一定程度上反映了用户对于应用的认可程度。

d. 用户行为分析。有针对性地进行应用内的数据统计,了解用户在应用内各页面的停留、离开情况,从而掌握用户对应用的使用细节、行为特征和操作习惯,找到应用改进的突破点,根据改进过后数据的变化,评估应用优化的效果。

e. 用户地域属性。根据各城市新增用户、活跃用户、启动次数数据,可以清楚地了解推广应用在各个城市的用户下载使用情况,判断广告投放的目标地域是否达到预期效果,是否在用户数据较低的城市增加投放数量和时长。

f. 应用错误分析。通过收集并归类应用的崩溃日志,提供应用在用户使用过程中发生错误的版本型号、错误发生的时间、错误发生的次数、错误的内容摘要,帮助应用更好地解决应用所存在的使用问题,从而提高应用的稳定性,改善应用质量,提升客户应用体验,提高客户留存。

任务八 二维码营销

随着近几年移动互联网的发展，"二维码"已经不是陌生的词汇，这个由黑白小方格组成的矩阵图案，只需用智能手机轻松一拍，就可获得意想不到的丰富信息。二维码营销方式因其创新性、互动性，让传统广告从"反感扰人"变得"亲切宜人"。

而另一种营销方式——H5页面也在这几年异常火热，不管是"围住神经猫""打企鹅""2048"等H5游戏，还是"支付宝十年账单""京东白条周年庆"等H5活动，都吸引了众多用户参与进来，也让很多企业看到了移动营销的新方式。在移动互联网时代，如何利用二维码营销方式进行引流，已成为众多企业进行移动营销的关键和难题。

在日常生活中，二维码的应用非常广泛，我们在手机上团购的电影票，可以用二维码在取票机上取票；使用支付宝或者微信购买商品的时候，需要使用二维码进行支付；在商场、饭店等公共场所，都会有各种各样的二维码供人们扫描。二维码能够提供的内容形式多样，非常适于营销。使用二维码营销也成了各企业、个体进行营销时首先想到的营销方式。

1. 二维码与二维码营销的定义

二维码是用特定的几何图形按一定规律以黑白相间的图案形式记录数据信息。在代码编制上巧妙地利用构成计算机内部逻辑基础的"0""1"比特流的概念，使用若干个与二进制相对应的几何形体来表示文字数值信息，通过图像输入设备或光电扫描设备自动识读以实现信息自动处理。它具有条码技术的一些共性：每种码制有其特定的字符集；每个字符占有一定的宽度；具有一定的校验功能等。同时还具有对不同行的信息自动识别功能及处理图形旋转变化点的功能。

二维码营销则是指通过二维码图案的传播，引导消费者扫描二维码，获取产品资讯、商家推广活动，并刺激消费者进行购买行为的新型营销方式。二维码营销常见的互动类型有视频、电商、订阅信息、社会化媒体、商店地址等。

2. 二维码营销实施

不管是运用何种方式、使用哪种工具进行营销，营销过程都有其相似之处，如前期市场分析策划、营销内容设计与制作、不同渠道的投放等。二维码营销也不例外，主要分为前期策划、二维码内容制作、二维码投放三个阶段。

（1）前期策划　前期策划在整个二维码营销实施过程中起到引导规划作用，在前期策划过程中，将工作内容分为三个方面：二维码内容确定；二维码的视觉展示；二维码投放途径的确定。

① 二维码内容确定。二维码储存的内容可分为文本、网址、名片、文件、图片等，在二维码营销之前需要先确定二维码的内容形式。

② 二维码视觉展示。视觉展示包括二维码图像个性化设置和内容优化。

二维码图像个性化设置：通常情况下我们看到的二维码都是以黑色为主，但事实上彩色的二维码生成技术也并不复杂，并且备受年轻人的喜爱。可以根据情况选择黑色或者彩色的二维码。目前，已有网站使用彩色二维码在线生成免费服务，基于二维码的纠错功能，即使二维码部分被覆盖或丢失，扫描设备依然能够识别出其记录的完整信息。

二维码的内容优化：不管是二维码的类型、尺寸还是颜色，或者是二维码中心的图片，都可以根据实际需要进行灵活设置。

除此之外，二维码的引导话术也是至关重要的，话术要求言简意赅，能引起用户关注，可根据营销产品进行创意。

③ 二维码投放途径的确定。二维码的投放途径有线上和线下两种。线上投放包括网站和各大APP两种渠道，如在PC端的网页上通过扫描下载APP及关注微信公众账号，明星在微博中的二维码营销、微信公众账号内二维码营销等。

线下包括购物中心、广场、社区等地点的发放，一些卖家尝试用二维码刺激消费者二次购物，在快递包裹或者商品包装上加上店铺地址的二维码，并承诺扫描二维码再次购物有优惠，以此鼓励用户返回线上购物。

图 5-58　草料二维码生成器

（2）**二维码内容制作**　完成前期策划后进入二维码内容制作阶段，通过互联网搜索"二维码制作"或"二维码生成器"，会出现很多工具，视觉码、美图GIF、草料二维码和联图网等，如草料二维码能实现电话、文本、短信、邮件、名片、Wifi的二维码，还通过云技术，实现了文件（如ppt、doc等）、图片、视频、音频的二维码生成（图5-58）。

（3）**二维码投放**　二维码的投放包括线上渠道投放与下线地推投放两个方面。

① 线上投放。线上投放的方法有以下几种。

a. 利用微博进行二维码投放。在微博推广时可以使用图文结合的方式，在文字中加入微博自带的动态表情吸引眼球，在图片中除二维码宣传图外，周围加上需要宣传的内容或商品，使得内容更具有吸引性，使用户产生购买欲，引起用户点击大图，从而扫描二维码进入店铺。除此之外，我们还可以利用微博的视频、话题、长微博等功能对店铺进行宣传。

b. 利用微信订阅号进行二维码投放。在微信订阅号图文消息中添加店铺二维码，通过用户转发、分享图文消息，增加阅读次数，从而增加流量。

c. 通过论坛社区做微信二维码推广。在论坛上推广自己的产品，可以选择一些宣传效果较好的论坛社区，如淘宝论坛、百度贴吧、开心网、人人网等。这里以淘宝论坛为例，进入淘宝论坛点击卖家之声，在这里回帖和发帖，为了防止被踢需要注册多个淘宝账号，在卖家之声中可以就目前小店的发展情况进行阐述，例如发表一篇关于"如何使用二维码为店铺引流"的文章，并在适当的位置加入二维码图片，这样既能防止被封帖，还能很好地推广自己的二维码。

d. 利用问答平台做微信二维码推广。目前主流的问答平台有百度知道、搜搜问问、新浪爱问、天涯问答、360问答、知乎等，但由于个别平台不断加大审核力度，是很难将二维码发布上去的，不妨挑选几个审核不太严格的问答平台，坚持发布一段时间，也会产生比较好的效果。

e. 充分利用网盘做微信二维码推广。在百度中搜索，会有很多免费网盘，尤其是在百度搜索前两页的网盘权重都很高，而且多数网盘还支持外链分享，可以充分结合客户的需求，制作一些电子文档，并且插入微信二维码，制作好以后，把文档上传至各大网盘中，一定要将网盘文件生成外链或设置成公开分享，这样才会被百度收录，文档被百度收录后，或许还会获得较好的排名。

②线下投放。线下的二维码投放渠道有很多，如广告屏、报纸、杂志、DM 单、户外广告大屏幕、地区路牌、包装、名片、宣传单、灯箱等。例如，可以将设计好的二维码宣传页在各大购物中心发放，也可以将二维码印制在购物袋上等。

在电子商务营销过程中，二维码不仅仅具有店铺引流的功能，它还可以作为支付接口，进行现场支付，还可以是消费者手中的优惠券，顾客消费时只要向商家展示手机上的二维码优惠券，并通过商家的识读终端扫码、验证，就可以得到优惠，除此之外还可以作为会议签到的凭证，省去了过去传统的签名、填表、会后再整理信息的麻烦，总之，二维码在电子商务营销中的位置至关重要，使用恰当会大大节省营销成本。

3. 二维码营销注意事项

二维码营销最基础的目的是引导用户进入你的手机网站，直接让消费者看到你希望他看到的内容。但在实际运用移动二维码进行营销时，用户不是看到任何二维码都会进行扫描，只有对产品或活动感兴趣才会扫描。从这点出发，商家必须在制作、展示、用户扫描、查看等每一个环节，充分考虑用户的心理和习惯。故而，在移动二维码营销过程中，有以下因素是必须要考虑的。

（1）**为用户提供有价值的扫码理由**　二维码所对应的内容必须有足够的诱惑力，能够解决顾客的问题，如优惠、售后服务、顾客感兴趣的阅读信息等。

（2）**把二维码放在合适的地点**　二维码放置的位置非常关键，如果你选择把二维码放在过道的广告牌、路边的橱窗上，那匆匆而过的人群，就很少会有人驻足来扫描。楼顶灯箱广告上放置二维码就更不靠谱了，自己扫一扫就知道有多难。最适合的地方就是大家比较闲的地方，例如公交车站的灯箱、餐厅的桌角、电影院排队的地方等。

（3）**建立移动版网页**　当顾客扫描完二维码后，满怀期待地等待，居然迟迟无法打开，好不容易打开，居然是电脑桌面版的网站，你的营销就丧失了意义和机会。所以建立移动版网页是必需的，能使用手机快速加载页面，并且适应不同的手机浏览器类型和屏幕大小至关重要。

（4）**内容编排要简洁**　扫描二维码后进入的网页不要设计得太过繁复，因为用户扫码是有明确目的的，他们需要立即在他的小屏幕中找到所需的内容。所以，牢记一个原则：简单而清晰。

任务九　H5 营销

H5 页面就是 HTML5 页面，是万维网的核心语言、标准通用标记语言下的一个应用超文本标记语言（HTML）的第五次重大修改。HTML5 的设计目的是为了在移动设备上支持多媒体。新的语法特征被引进以支持这一点，如 video、audio 和 canvas 标记。HTML5 还引进了新的功能，可以真正改变用户与文档的交互方式。

2014 年起，H5 页面正式进入人们视野，无论是基于 H5 页面开发的小游戏还是邀请函、招聘公告，乃至网易、腾讯、人民网等大型网站开发的 H5 新闻页面，都试图通过这种以触碰、滑动为第一接触方式的页面技术向用户推荐产品、传播信息。当前 H5 页面也成为各大共管机构和网络公关传播者普遍采取的表现形式。在移动端各个领域，H5 页面有多个名称，会被称为翻翻看、手机微杂志、广告页、场景应用、海报、画报（动态海报、指尖海报、掌中海报、动画海报、微画报、微海报）等。

1. H5 营销的特点

目前 H5 营销主要有以下 3 大特点。

（1）文化价值传达为主，文字叙述为辅 H5 页面是一种根植于智能手机的表现形式，离开了移动设备，H5 页面显得内容呆板、互动性极差。为了更加适配于移动设备，H5 产品往往选择丰富的表现形式和简短的文字去吸引用户注意力。H5 支持滑动阅读，但是却不侧重于用户在页面滑动过程中阅读过度的文字和图片信息，而力图通过动画、音乐、情节的设置去吸引用户的注意力，使他们身临其境，获得极大的参与感或者产生共鸣。之所以这样做，是因为 H5 营销，本质上仍然是一种依赖于社交网络的病毒式营销。设计者的根本思路是通过更多用户的分享，达到品牌宣传或者理念传达的目的。不需要用户进行深度阅读和理解，仅仅希望给他们以简短有趣的印象，便于分享。以大众点评网为电影《失孤》做的 H5 页面为例（图 5-59）。这则 H5 作品结构相当简单，仅仅包含 3 个画面：第一步，用户可以输入自己和父亲的生日；第二步，系统自动根据用户输入的年份，推算父亲与孩子的生肖属相，形成两个生肖共同构成的趣味动画，系统将之命名为"和老爸的合影"；第三步，系统鼓励用户将合影分享到朋友圈等平台，并艾特自己的老爸，在这里，一旦用户选择了分享就可以看到电影《失孤》的海报和在线购买电影票并选择的功能按钮。这则小小的设计结合需要宣传的电影主题，通过极其简单的画面和文字，抓住了现代人远离父母，急需情感倾诉与共鸣的内在需求，取得了意想不到的营销效果。

图 5-59　电影《失孤》的 H5 宣传页面

（2）注重隐藏流量、消耗时间，注重推出时机　H5 页面在生存和传播形态上有着鲜明的弱点：一方面，H5 页面由于包含了较多的媒体形式，必然存在着打开较为缓慢、消耗流量较大的问题；另一方面，由于本身依靠社交媒体传播，使得 H5 页面具有极大的易逝性，除了极少数核心用户会通过 PC 端、新闻客户端等方式去追寻某个 H5 页面的所在，绝大多数用户不关心这个页面的来源，看过或者分享后也很少二次传播。

为了克服这个问题，设计者通常通过舒缓的音乐、可爱的卡通形象，或者某种情感期待（如上个例子中提到的等待亲子照片生成）来留住用户，同时尽量将每一屏画面设计得各具特色，从色彩、构图、文字上吸引用户继续翻屏。同时，为了确保 H5 页面能够在特定时间段取得预期的传播效果，H5 页面的推出往往采取"早启动、重人工、巧推广"的方式发布。从时间上看，H5 页面在社交媒体平台的启动往往早于营销对象本身，如电影的预热、大型会展互动的邀约、招聘的前期宣传等，早期通过核心人群和有影响力的个人、公众账号、自媒体账号对 H5 页面的传播，带动二轮、三轮用户的病毒式传播，以达到在营销对象最需要推广的时候，相应的 H5 页面刚好出现在该用户的社交媒体圈，或者，当用户还不了解某个产品时，H5 页面通过简单的游戏活动促使他们对产品有了初步的认识。从 H5 的生存周期来看，一个 H5 页面的爆发式增长时间不会超过 1 周，1 周之后，用户基本会对产品感到厌倦，从而自然就会终止分享。

（3）新媒体内容推广为主，经济价值暂未显现　新闻媒体利用 H5 技术制作一些精美的新闻页面已经不再新鲜，今年"两会"期间，网易制作的"人民大会堂小明带你玩"和腾讯的"给老王送打虎棒"都取得了不错的口碑。对于新闻媒体而言，H5 页面的新闻几乎不需要严谨的内容和导语，也不追求即时性和深度，更像是一种配合主流报道做的新闻小品，使读者在阅读严肃新闻的同时可以会心一笑，参与到新闻事件的科普与传播当中。从经济价值来看，由于 H5 页面的生存周期较短，传播效果不可控，也使得广告投放工作不容易找准定位和价值。

2. H5 营销的表现方式

H5 营销的表现方式可以分为幻灯片式、交互式、功能型等方式，每种表现方式都各有特点，使用场景也有所区别。

（1）幻灯片式　这是 H5 最初期也是最典型的形式，由于简单、实用，所以至今还很流行。其效果就是简单的图片展现、翻页交互，最终整体的表现很像幻灯片展现。其实幻灯片式的 H5 现在已出现了很多在线制作软件供大家使用，所以制作成本几近等于零。

由于制作简单，周期短，这类 H5 展现情势适用于频繁、小型的需求。用在线编辑器的话，不需要任何开发，只需要配备 1 名设计和文案。幻灯片式 H5 到目前为止有以下使用场景。

① 定期发布的内容，几近零预算。这些内容相对而言比较常规，如新上线的产品或功能、活动邀约、活动相册等，微信图文信息无法到达理想效果，通过 H5 页面的形式会更容易传播。

② 结合热门的营销，周期极短。这类情况下，时效性是非常重要的，如果开发 1 个 H5 用了半个月，热门想必也结冰了。所以，应当以最快的速度推出才是明智的选择，而这时候引发广泛传播的关键就在于文案和设计。

（2）交互式　可口可乐的 H5 营销是应用 H5 绘图功能的典型例子，全部可口可乐的时间轴是随着用户向上滑动页面"绘制"出来的，整个过程交互比较简单，页面特点体现在交互式动画的制作上（图 5-60）。

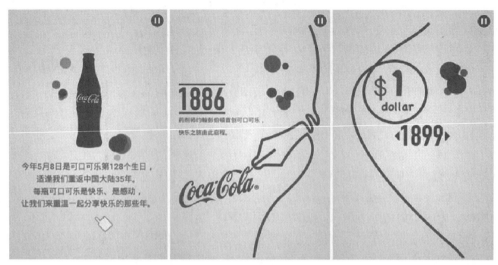

图 5-60　可口可乐的 H5 营销

其实除这类叙事型的 H5 动画，我们能看到的大多数 H5 游戏也都属于这一类，比如"财务包子铺"，在这个游戏中用户扮演包子铺的创业老板，在事业发展的不同阶段做出经营决策，虽然游戏中植入产品（知乎的 1 本新书），但最后还是获得了 3 天破 300 万 PV 的成绩。

这些类型各异的 H5 利用，本质上都是基于 H5 的动画技术做的。它们所触及的相关动画技术主要有 H5 的 Canvas/SVG 和 JS、CSS3，目前大部分 H5 的动画效果还是用 JS 实现的，实现的效果类似 PPT 中的动画功能，只能实现元素的平移、旋转、隐现等。事实上通过 JS+Canvas/SVG+CSS3 可以实现非常复杂的交互式动画，最直观的就是 H5 游戏。以下为交互式使用场景。

① 中小型活动/品牌事件的传播：预算不多、周期较短。这类情况一般就是某些新品发布、企业招聘、公关事件、中型会议等的传播。此时你需要权衡周期和本钱的因素。

② 大型活动/品牌事件的传播：预算充足、计划性强、周期较长。一般大家看到那些极具传播性的 H5 基本上都属于这一类，比如上文提到的可口可乐"分享快乐 128 年"，像这类在美学、交互和故事性上都表现突出的案例，需要两周以上的时间才能完成。

（3）**功能型**　举两个例子：第一个是百度针对地铁涨价所制作的 H5，它可以计算你每天坐地铁要多少钱并且实时显示大家的评论；第二个是 STC 的社交移动风云榜，很简单，就是精品 H5 的展现（图 5-61）。

这两个 H5 都有一个特点，除针对受众的热门内容传播之外，它们很像一个"供用户重复使用"的产品，这就是所谓的功能型 H5。所谓功能型 H5 是同时聚焦于用户需求并且重视传播性的 H5 轻利用，在设计 H5 的时候除斟酌传播的问题之外，也要思考如何把它变成一个延续运营的产品。这里面实际上是思考角度的问题，从"我要传播什么"到"我希望用户传播什么"的转变。

轻交互重功能的功能型 H5 制作周期较短、本钱也不高，成功的关键不在于酷炫的交互，而在于用户需求的掌控和后续的运营。因此，这类 H5 需要的是一名高水平的产品经理，而以设计、开发为辅。以下为交互式使用场景。

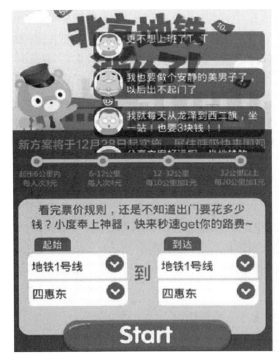
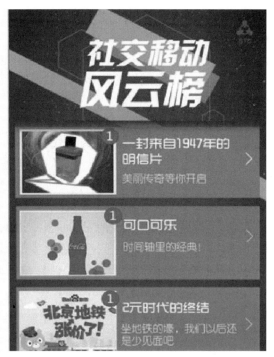

图 5-61 精品 H5 例子

品牌账号的粉丝运营。功能型 H5 由于具有一定的产品特性，其最大的价值就是提高粉丝活跃度和虔诚度。我们需要根据本身品牌的形象定位和受众的特性设计功能型 H5，要将品牌或产品的功能性特点抽象到生活方式或精神寻求的层次。

结合热门内容的品牌传播。这种类型的传播是最多见的，但是常常很多结合热门的 H5 传播都是一次性文娱消费，存活时间较短。其实如果能从用户需求发掘和产品运营的角度去思考，许多针对热门的 H5 传播都有很大的提升空间。

3. H5 营销实施

（1）前期策划　H5 从立意、创意、设计，到制作、传播，是一个一气呵成的系统工程，技术的把握、创意与文案的优化、传播的执行不可或缺，所以在 H5 营销的前期策划中需要做的主要工作为确定页面主题、页面内容、传播方式、形式。

① 确定主题。为吸引用户关注，主题需突出产品特点的同时增加创意、避免抄袭。

② 确定内容。在确定内容时主要从用户角度考虑，通过图文并茂并添加用户互动功能，促使用户点击，提高粉丝活跃度和忠诚度，根据本身产品定位以及受众的特性设计 H5 作品，在文案设计中抓住用户心理，添加用户感兴趣的词汇，同时可根据用户群的不同特点编写标题。

③ 传播。目前比较常用的 H5 页面推广方式有公众号的图文群发推广、微信群推广、线下二维码推广，以及 KOL（意见领袖、微博达人）转发和投稿等。

④ 确定形式。H5 的形式非常多样，包括幻灯片式、小游戏、海报等各种形式，可以选择最合适的形式进行营销。

（2）H5 页面制作

① 制作工具的选择。H5 制作的工具很多，如 MAKA、易企秀、epub360 意派等。按

照 H5 工具的自主定制空间及使用方式等可将 H5 工具分为以下三类，即完全自主定制（如 epub360、vxplo 互动大师等）、自主定制类、非自主定制类，不同类型有各自的优缺点。完全自主定制和自主定制类的优势是完全自主定制可操作性强，劣势在于功能较多，学习时间成本较大。非自主定制类的优势在于操作简单、随学随用，劣势为只能选择使用，不能定制功能和交互效果。

不同工具在模式上也有不同，一般可分为免费和付费版，免费版中包括部分广告，如需去除广告需支付相应费用，广告形式主要有两种：一种是在加载页显示对应 LOGO 和"由××提供技术支持"字样；另一种是在最后一页显示"免费创建这样的展示""点击制作我的××"等。

这里介绍四款常用的 H5 页面制作工具。

初页。初页作为手机端制作动态海报的 APP，门槛比较低，容易上手，可以直接在手机上编辑，制作极为便利，图文混排的模板也很丰富。可免费下载安卓版和苹果版初页 APP，或通过电脑在线创建、编辑，轻松创作优雅、炫酷、利于微信传播的 H5 海报（图 5-62）。

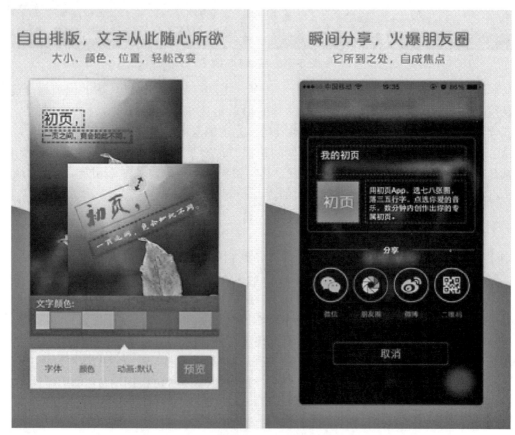

图 5-62　初页

MAKA。在 MAKA 这个平台上制作 H5 相对简单，编辑界面有新手（有模板）和高阶（无模板）两种编辑模式，提供一些特效模板，都是设置好的效果。MAKA 的劣势在于它的模板比较少，并且预览页面也比较小，看起来比较费劲。MAKA 除收费版外提供免费版，不过免费版不提供自定义动效、支付、导航、预约等服务，也不能添加外链（图 5-63）。

项目五　移动互联网营销　　161

图 5-63　MAKA

易企秀。易企秀是比较早期发展起来的 H5 页面制作工具，所以功能上比较齐全（图 5-64）。由于起步较早，易企秀俨然是目前国内市面上使用最频繁的 H5 微场景制作工具。不过由于适配的原因，做出来在手机上观看两边会有留白。解决方法是将图片变成背景。易企秀也是免费的，有多种动态模板，可以简单、轻松制作基于HTML5的精美手机幻灯片页面。

图 5-64　易企秀

epub360 意派。意派的交互功能极为强大，可以说更适合专业的设计师打造交互设计（图 5-65）。动画效果出色，虽然简单傻瓜式的模板不多，但自由度相对较高。不过如果只是制作简单的单页，上手也并不是很复杂。只是免费版作品数量限制为 10 个，导出有 LOGO。

图 5-65　epub360 意派

② H5 活动页面。设计 H5 活动页面时要避免以下误区。

a. 不设定目标。任何设计项目开始前，设计者必要弄清楚项目的核心目标是什么，在项目进行中再去确认目标，即使发现问题，也很难跳出已有的思维框架。现有的 H5 活动虽然内容较为丰富多变，但万变不离其宗，基本可以分为以下 3 类。

拉新：通过 H5 传播，引导新用户访问最终进行转化。

曝光：利用 H5 跨平台、兼容性高、易传播的特性，引导用户通过关系网络进行分享和传播，目标优先级：参与＞分享＞下载。

促活：这种主要针对社交类产品，通过持续的站内活动保持用户活跃的稳定。目标优先级：参与＞分享＞下载。

b. 不考虑真实场景套用一般模式。任何一种方式都只能适用于一定的场景。例如在微信或微博的传播中，最常用的登录方式就是授权登录，这样可以大大降低用户的参与门槛，但是授权登录并不是万能的，只能获取用户头像、昵称等基本信息，并没有任何联系方式，对于存在奖励/派奖的 H5 活动并不一定适用。在真实场景下，用户参加完活动后再次访问的可能性是很低的，更不会手动收藏 H5 链接，如果你的活动存在奖励，就一定要引导用户留下手机号或引导用户下载 APP，这样才能确保奖励及时、有效地触达用户。

c. 过分考虑成本忽视体验。活动成本的考虑是所有策划者无法避开的环节，但过分考虑成本而忽视活动体验将会产生一个本末倒置的结果，即分享、下载、促活这三个目标，一个也达不到。例如在某 APP 中看到一个新用户拿红包活动，虽然以拉新为目的，但是参与活动的前提需要上传一张线下彩票店的彩票照片，该活动的本意应该是希望以这种方式筛选目标用户以节约成本，但是线下购彩票线上上传的方式，不但极大地提高了真实用户的参与门槛，而且存在伪造、刷单等漏洞，在无形中提高了活动成本。

d. 行为引导不唯一。在用户参与活动结束后，需要对用户的行为进行引导，例如分享、下载、再玩一次等。一个活动只能有一个核心目标，因此，在活动结束页面中，应尽量避免让用户选择，当出现两种行为引导时，核心目标一定会被次要行为分流而受到影响。

e. H5 页面设计要素。背景图片须采用 CSS 中 "background-size：cover；" 属性来实现；在进行 H5 页面内容规划布局设计的时候，不能将重要内容放在太偏下的位置或者偏上，否则前端布局时可能出现内容显示不全的情况。

移动端 H5 页面的设计稿尺寸大小规范内容如下：

任何图片作为数据信息被保存在存储盘中时，只有宽高像素数是有意义的，此时的 ppi（即像素每英寸，也叫像素密度）对于图片来说没有任何意义，也并不能描述这个图片有多少英寸的宽度或者高度，只有在被打印出来后 ppi 才有意义，被打印出来才可以描述这张图片有多高多宽。

平时制作 H5 页面时设计原型时，一般原型稿建议屏宽为 320px，用这个尺寸一是为了浏览方便（现在很多手机的屏宽达到 1440px，用这个尺寸去模拟显然不现实），二是以 iPhone 5s 为标准的手机屏宽较小，进行内容排版布局时屏宽应该向下兼容。

制作设计稿时，设计师应该把原型稿上的所有尺寸进行 2 倍处理。这样设计稿在移动设备上预览便可保证清晰。而前端切片时，按照现在流行的做法，可以直接使用原型稿上的尺寸，也就是设计稿上的 1/2。

一般情况下，H5 页面设计稿做成 640×1136px 是最为稳妥的尺寸，在 812px 高度处增加一条安全线，重要内容在此线之上，既保证了在移动设备上显示清晰，也保证了素材的最小尺寸。

4. 页面推广

影响 H5 传播量有两大重要因素：转发率（内容）和打开率（标题和转发文案）。

转发率取决于内容，除了内容要贴合受众场景，要有创意之外，最重要的是参与感。在 ih5.cn 统计的排名前 1000 个作品当中，传播最广的几类包括心灵鸡汤、测试题、社交互动。前十名都在百万以上，最高达 5000 万传播。鸡汤能产生共鸣，测试题反馈结果，社交互动跟好友 PK，这些都是参与感的体现。

打开率是非常重要的因素，但同时也是最难把控的。因为决定打开率的，就是短短几十个字的标题和转发文案。

除了提升 H5 本身的转发率和打开率，渠道也是影响传播的重大因素。好的 H5 就如同一个产品，如何把它传播出去，触及更多用户，需要媒介的作用，据不完全统计，H5 推广的方式还包括微信公众号、朋友圈、微信群、微信广告、微博、QQ 群、QQ 空间、新闻客户端、APP 广告、广点通、线下海报等。在传播这个过程中，我们可以利用以下多种方式让 H5 与用户连接。

（1）线上线下的结合传播　线下活动推广，扫二维码玩游戏送礼品，通过 H5 有趣的互动可以引发粉丝互动转发朋友圈、微博等。H5 独特价值在于除了具备传播性以外，它通过用户的重复使用行为使得 H5 的传播是一个持续不断的过程。

（2）**品牌微信公众号推广** "软文+H5落地页"推广。从用户角度挖掘 H5 的价值点，写一篇软文，通过图文群发来推广 H5 无疑是最重要的方式。

一个好的 H5 一定具备打动用户的价值点，从一个角度切入写一篇软文，无论通过投稿的方式还是大号转发都能带来意想不到的传播效果。投入再大、设计再精彩的 H5，如果没有好的推广就只能孤芳自赏。

（3）**充分利用「阅读原文」** 由于微信的限制，图文中唯一能跳转的链接就是「阅读原文」。关于如何利用好「阅读原文」有三点小技巧。

① 不要浪费每一篇图文的「阅读原文」，可能的话对于每一篇图文用不同的文案引导点击。

② 如果你的目的是推广 H5，不要在阅读原文的提示之后或者阅读原文引导和正文之间插播公众号的广告。

③ 通过字体或者颜色的视觉跳跃引起读者的注意，而且不要长期使用同一个格式，因为当用户习惯了固定的格式之后会不自觉地忽略这些内容。

（4）**微信自定义菜单** 自定义菜单也是需要充分利用的功能，一般来说新增粉丝都会浏览一遍公众号的菜单，根据数据监测，平均每个菜单项会有 20% 的新增粉丝点击。假如你的账号每天能有 500 个粉丝增长，就会有 100 个人以上点击了菜单的某一项，因为这是持续进行的主动行为，由此为 H5 带来的浏览量可能比图文群发还要高。

（5）**利用身边社群** 尽可能利用所有能推广 H5 的渠道。目前比较常用的方式包括通过公众号的图文群发推广、微信群推广、线下二维码推广。

首先需要列出所有能用到的资源，并发动内部人员转发，每个微信群其实都有自己的定位——工作、生活或者闲聊扯淡，所以为了提升打开率可以适当地为不同的微信群定制转发的文案。

（6）**微信大号推广** 例如：米汇——有米传媒旗下专注效果的社会化媒体营销平台。该大号拥有超过 1000 个意见领袖，50000 万个微信公众大号，100000 个微信大号，强大的流量导入能力，受众准、传播广、转化高。

（7）**朋友圈互动推广** 朋友圈推广则是生活属性为主，有趣、好玩、有参与感是关键。朋友圈的传播完全依靠用户自愿，没有任何讨巧的办法，唯一能做的就是优化标题和内容。同样的 H5，换一个标题，产生的流量是大大不同的。而朋友圈的转发，仅仅依靠个人力量毕竟是有限的，可以发一些红包请朋友转发。但是能否产生二次传播，就完全依赖于内容了。

（8）**名人营销** "名人营销"指的就是利用名人作为营销手段帮助企业做宣传来推动产品销售的营销方式。在名人营销策略制定过程当中，名人的选择不仅仅是一个必不可少的重要环节，更是一种技巧与策略。选对了，粉丝经济可以达到最大化，自然宣传效果就更大。

5. H5 营销技巧

第一个方面，要在创意和内容上追新求异。一个让人眼前一亮的 H5 营销一定是一个会制造话题的技术活。创意上要结合品牌调性，达到视、听创新；内容上要做到有趣、好玩、实用、有价值，另外还需紧跟热点，利用话题效应，只有这样才能抓住用户的眼球，才能促使用户进行分享、传播，达到营销效果。

第二个方面，要深挖 H5 的价值点。一个好的 H5 一定具备打动用户的价值点，尤其是功能型 H5，需要根据本身品牌的形象定位以及受众的特性设计，要将品牌或产品的功能性特征抽象到生活方式或者精神追求的层次，只有这样才能与用户产生共鸣。例如，卖体育用品的可以抽象为体育锻炼与健康生活方式，设计一个改善身体健康状态的功能型 H5。

第三个方面，要从技术上寻求突破。要想让 H5 营销脱颖而出，其核心应用技术也必须"高大上"，必须大胆应用其多媒体特性、三维图形制作及 3D 特效等功能属性，而不是仅体现在触摸、滑动等传统 PPT 幻灯片的简单操作上。

第四个方面，多渠道推广 H5 页面。可以充分调动身边任何可以利用的渠道资源，进行多种形式的推广，比如通过公众号进行图文群发推广、微信群推广、线上线下二维码推广以及 KOL（意见领袖）转发和投稿等。另外，可以策划开展多样线上线下活动，促进用户品牌倾向性。

任务十　内容营销

SEO 推广经常说到一句话"内容为王，外链为皇"。作为内容的载体，媒体、视频、社区、社交在不断延伸出新的交互属性，用户接收和传播的内容也在不自觉地发生着变化，从门户到社区到自媒体，用户的传统观念也在一遍一遍地被刷新，然而不变的是内容营销一直繁荣的景象。

内容营销已经成为企业营销中的"空气"——无处不在，随着移动互联的不断发展，能同时打破时间、地域、空间限制的移动端网络营销成为电商企业青睐的重要营销手段，移动端内容营销竞争也由此变得日益激烈。因此，企业该如何做好移动端内容营销，将企业想要的内容传递出去，并和消费者形成良好互动，已成为学好内容营销的关键点。

1. 认识内容营销

（1）内容营销的定义　内容营销是一种通过生产发布有价值的、与目标人群有关联的、持续性的内容来吸引目标人群，改变或强化目标人群的行为，以产生商业转化为目的的营销方式。成功的内容营销应该以受众为中心，提供有价值的、相关的内容。

（2）内容营销的表现形式　内容营销主要是拿来形容企业以内容来做营销，包含很多种方式，譬如可以自己发电子报、杂志、DM（快讯商品广告）、企业博客等品牌客制化媒体，也可以四处找人写文章、找杂志合作介绍新产品等。内容营销并不追求短期或立即性的不理性、直接的行为改变，而是理性的、倾向长期的那些内容教育；最后，内容营销可帮助企业达到思想领导的角色，扎实地提高品牌的忠诚度、黏度。

内容营销是借助娱乐化的内容进行营销的模式。如知名的运动品牌——特步就曾凭借长期为电视节目"天天向上"冠名，并辅以其他的广告投放模式而声名远扬。强视听冲击力和大信息承载是其营销的基础，优质的内容和一定的用户基数是其营销的核心。企业有很多方式可以进行内容营销，如社交媒体、新闻稿、信息图等。但哪些方式对企业来说是最好的营销手段，得取决于企业提供的产品和服务以及目标消费群体。如图 5-66 所示，有 16 种内容营销方式可供企业选择，分别是社交媒体、新闻稿、音频、播客、博客、白皮书、音乐、动

图 5-66　内容营销的常见方式

画、图片、信息图、在线教学或电视广播、幻灯片、视频、研讨会、APP（应用程序）、互动游戏。

（3）**移动端营销内容的三大特征**　在移动端的网络营销中，内容是移动端营销传播的核心载体，移动端的内容要获得好的传播效果，至少需要满足三个特征，这三个特征也是未来移动端营销中信息载体——营销内容的发展趋势。

① 友好。在移动平台上做营销，友好的内容将是必不可少的，页面是否对移动端友好主要是基于页面使用字体的大小是否合适、页面布局是否合理、内容可读性等方面来判断的。

由于智能手机和平板电脑的迅速发展，对企业来说有必要专门为移动用户创建可访问的内容。无论是创建一个网站的备用移动版本，或者是利用响应性的网页设计，在用户通过移动设备浏览网站时提供正面的友好体验都至关重要。否则，很容易将适应这种趋势的潜在客户拱手让给竞争对手。

在 PC 端占据主导地位的搜索引擎都已经意识到了这种变化，百度推出的轻应用和移动化平台就是专门针对移动端设备做出的主动应变（图 5-67）。

图 5-67　手机百度的轻应用界面

轻应用表现出的四大特点分别是：无需下载，即搜即用；破壳检索，智能分发；功能强大，全能体验；订阅推送，沉淀用户。例如，58同城在接入轻应用服务后，大大缓解了其在无线领域面临的困局，同时58同城的用户不但可以在移动端享受到与PC端一样丰富快捷的信息服务，还无需担心因APP下载导致的流量费用（图5-68）。

图 5-68　58同城轻应用展示

② 简单。移动手机和平板电脑的流行，直接导致移动社交应用代替SNS网站成为主流。而在这些移动端应用上呈现的内容，都有一个共同的特性，那就是简单。

最新一个通过营造简单内容而获得成功的案例是微视（图5-69）。微视是微博推出的独

图 5-69　微视里的精彩视频

立APP，定位是基于开放关系链的8秒短视频分享社区，其中的关键特征就是8秒钟，这既提高了上传和阅读的速度，又有利于移动端的传播；最主要的是，8秒钟的视频内容足够简短，但对移动端用户来说，已经足够承载令用户感兴趣的信息了。

③ 有趣。每个人都喜欢有趣的内容，有趣的内容不但能获得用户更积极的转发传播，也能拉近与粉丝之间的距离。尤其在移动端，这种发展趋势越发明显。

早期移动平台上有趣的内容多是通过一些段子手制造并获得快速传播，现在，通过有趣的内容开展营销，已经成为企业在移动社交平台上营销的入门课。如图5-70所示，UBER就用了简单、有趣的内容，吸引了广大用户的关注。

图 5-70　UBER 营销页面

除了搞笑段子，企业还可以利用企业微信和微博发布自身的文化介绍、公司员工的生活信息、业余时间的活动趣事等，可以让用户感受到这是一个立体的公司、有血有肉的企业。更透明地把企业呈现在用户面前，让用户感觉在企业微博后面有一群热情可爱的人。

2. 内容营销的设计

（1）内容营销的实施步骤　具体步骤如下。

第一步，了解顾客遇到了什么问题。这里的关键点在于，给用户提供解决方案，而不是产品信息。以 Zaker 为例，它是一款分享和个性化定制的阅读软件，它可以将微博、博客、报纸杂志、网络新闻、图片、RSS 等众多内容，按照用户个人的意愿聚合到一款软件上，解决了用户手机软件繁杂不能很好归类的问题（图5-71）。

第二步，考虑给用户带来什么利益，很直接、很简洁地把它提出来。其实，现在整个的传播环境非常过剩，信息非常过剩，如果说不能在9秒钟之内抓住用户的注意力，这个时候就很可能就失去他。例如，Zaker4.0 推出了智能的记忆功能，可以根据用户的阅读记录、添加的偏好关键词、时下热门事件等多种方式，为用户自动推荐文章，大大节省了用户的搜索时间，同时方便了用户的即时阅读（图5-72）。

第三步，把自有媒体变成品类的入口，传统营销的方式是把事先策划好的创意、广告等，通过很多媒体发布出去。但是内容营销不一样，内容营销是用内容吸引用户，让他们到企业的自有平台上来。

第四步，内容的传播，在传播的过程中要注意以下两点：

图 5-71　Zaker 界面

图 5-72　Zaker 的智能推荐

第一个点就是吸引用户搜索信息,让他们主动获取信息,而不是强制推送给他们;
第二个动作,就是刺激用户去分享,当设置一个环节、一个机制,让粉丝、用户去分享

图 5-73 Zaker 的分享功能

的时候，传播就有了一个自营销的能力。

依旧以 Zaker 为例，Zaker 中的每一篇文章都可被分享，只要是用户在 Zaker 分享至新浪微博的内容，该内容就可显示在如图 5-73 所示的"个人主页中"。当用户分享完内容后，该内容也会显示在"粉丝"的信息流中。同时，所分享内容下面也会同时出现用户的头像及评论。在不断分享和评论的过程中让更多人了解到了 Zaker，体现了其自营销的能力。

（2）内容营销策划技巧

① 内容载体的选择。内容的载体可以有很多种，如视频、电子书、信息图、档案、报告、滑动页面（H5 或 ppt）等。不同的载体会对不同人群和场合有完全不一样的作用，接下来将简单对几种常用载体进行剖析。

② 电子书。电子书是目前最常见的一种内容营销手段，特别是在 B2B 模式里。目前最为常用的电子书格式是 epub，能在 PC 端或移动端根据屏幕等自动调整，实现翻页，插图等功能，目前可以制作此类电子书的有 sigil、escape、epubBuilder、epuSTAR 等软件。

③ 信息图。使用图片和文本的合并来呈现并简化复杂的信息，使得内容更加生动，营销人员一般采用这种载体来吸引消费者，简化信息，如说明书等。

④ HTML5。HTML5 可以直接在移动端打开，交互性强，适用多种场景，制作成本视展示效果而定，受移动端接口限制性较大。

⑤ 视频。视频能实现多种功能，如提高品牌知名度、回答问题、论证说明等；但是花费成本较高，周期较长，可与其他载体相互搭配使用，发挥最大化效用。

⑥ 博客。博客是一个很好的展示品牌的平台，但是维持一个博客与其他载体存在一定的不同，企业更需要考虑到品牌风格的一致性。

3. 内容营销策略

（1）**热点性内容**　热点性内容即某段时间内搜索量迅速提高，人气关注度节节攀升。合理利用热门事件能够迅速带动网站流量的提升，当然，热门事件的利用一定要恰到好处。对于哪些可以成为热门事件，营销者们都可以借助平台通过数据进行分析，比如：百度搜索风云榜、搜狗热搜榜等都是不错的利用工具，当然热点性内容可以根据自身网站权重而定，了解竞争力大小，是否符合网站主题，这一点非常重要。利用热点性内容能够在短时间内为网站创造流量，获得非常不错的利益。

（2）**时效性内容**　时效性内容是指在特定的某段时间内具有最高价值的内容，时效性内容越来越被营销者们所重视，并且逐渐加以利用使其效益最大化。营销者利用时效性创造有价值的内容展现给用户，所发生的事和物都具备一定的时效性，在特定的时间段拥有一定的人气关注度。作为一名合格的营销者，必须合理把握以及利用该时间段，创造丰富的主题内容。

（3）**即时性内容**　即时性内容是指内容充分展现当下所发生的物和事。当然，即时性内容策略一定要做到及时、有效，若发生的事和物有记录的价值，必须于第一时间完成内容写作，其原因在于第一时间报道和第二时间报道的区别会相差很多，其所带来的价值更不一样。就软文投稿而言，即时性内容审核通过率也有所提高，比较容易得到认可与支持。不仅如此，就搜索引擎而言，即时性内容无论是排名效果还是带来的流量都远远大于转载或相同类型的文章。

（4）**持续性内容**　持续性内容是指内容含金量不因时间变化而变化，无论在哪个时间段内容都不受时效性限制。持续性内容作为内容策略中的中流砥柱，应特别引起高度重视。持续性内容带来的价值是连续持久性的，持续性内容已经作为丰富网站内容的主力，在众多不同类型的内容中占据一定份额。就百度搜索引擎而言，内容时间越长久，获得的排名效果相比而言较好，带来的流量也不可估量，因此营销者们越来越关注持续性内容的发展以及充实。

（5）**方案性内容**　方案性内容即具有一定逻辑符合营销策略的方案内容。方案的制定需要考虑很多因素，其中受众人群的定位、目标的把握、主题的确定、营销平台、预期效果等都必须在方案中有所体现，然而这些因素必须通过市场调查，通过数据对比分析，并且需要依靠丰富经验。对方案性内容而言，它的价值非常大，对于用户来说，内容中含金量非常高，用户能够从中学习经验，充实自我，提升自身行业综合竞争力；缺点是方案性内容写作上存在难点，经验丰富的营销者才能够很好把握，互联网上方案性内容相比而言较少，因此获得的关注更多。

（6）**实战性内容**　实战性内容是指通过不断实践在实战过程中积累丰富经验而产生的内容。实战性内容的创造需要营销者具有一定的实战功底，具有丰富经验的营销人员才能够做到真实，内容中能够充分展现实践过程中遇到的问题，让读者从中获得有价值的信息，能够得到学习锻炼的机会。因为实战性内容是真正的经验分享，所以能够获得更多用户的关注。

（7）**促销性内容**　促销性内容即在特定时间内进行促销活动产生的营销内容，特定时间主要把握在节日前后。促销性内容主要是营销者利用人们需求心理而制定的方案内容，内容中能够充分体现优惠活动，利用人们普遍"贪便宜"的心理做好促销活动，促销性内容价值往往体现在提高企业更加快速促销产品、提升企业形象上。

4. 移动端内容营销平台选择

移动端常见的转化平台有微信、微博、移动互联网门户网站、企业移动端APP等。

（1）**微信** 微信平台的优势在于造价成本较低，客户容易接受；劣势在于数据无论怎么独立都会和腾讯交融，太多营销内容可能会被封号。

① 微信个人平台。关于微信的使用已经很普及，就不需要过多介绍。能和营销有关系的主要是名字、签名、头像、二维码、微信号。

② 微信朋友圈。微信朋友圈拥有天然的SNS属性，在朋友圈发完产品信息，就可以直接通过微信私聊，不用切换工具。微信是一个私密性特别强的地方，不是好友的两个人对同一消息的评价是互相看不见的，哪怕评论是对产品不利的，其他人也看不见。另外，爱玩微信朋友圈的人都有一个属性，就是爱分享，在分享的过程中无形地做了一次免费广告。而当客户分享了内容以后，既可以去点赞，也可以去评论。通过这样的运营，企业与客户之间就形成了一种交流方式，让客户与企业之间变得便于沟通联系。

③ 微信公众平台。在微信公众平台上，每个人都可以用一个qq号码，打造自己的微信公众账号，并在微信平台上实现和特定群体的文字、图片、语音的全方位沟通和互动。微信公众平台分为服务号和订阅号。目前，若干生活和工作中的事务都可以在微信里面实现，相关第三方公司也都顺势纷纷开通了自己的微信公众服务平台。

（2）**微博** 操作简单，信息发布便捷——一条微博，只需简单进行构思，就可以完成一条信息的发布；互动性强——能与粉丝即时沟通，及时获得用户反馈；低成本——做微博营销的成本比做博客营销或是做论坛营销的成本低。

同时，微博营销也存在有很多劣势。微博的发送者需要有足够的粉丝才能达到传播的效果，人气是微博营销的基础。在没有任何知名度和人气的情况下去通过微博营销是很难的，微博里新内容产生的速度太快，所以如果发布的信息粉丝没有及时关注到，那就很可能被湮没在海量的信息中。同时微博的传播力也是有限的，其信息仅限于在信息所在平台传播，很难像博客文章那样，被大量转载。同时由于微博缺乏足够的趣味性和娱乐性，所以一条信息也很难被大量转贴。

（3）**营销型移动互联网门户** 很多企业都想把自己的内容营销平台选择在搜狐、新浪、百度等门户网站上，这些网站的访问量确实巨大，一旦能够成功效果自然显著，但是企业如果与之没有经常性的合作的话，操作的难度和费用都会很高。而其他中小型网站投放广告内容，又需要联络许多家网站同时进行内容投放才会有显著的效果，这样分别进行沟通洽谈的时间成本也相当高昂。这个时候应该根据内容营销的不同类型选择不同的平台，内容营销的目的就是为了提升企业的品牌知名度，要考虑内容发布网站的用户的类型和在特定领域的影响力。

（4）**企业移动客户端APP** 在做内容营销的时候如果企业已经有了自己的APP平台，在自有的APP平台做内容推广自然是好，APP作为自己企业的独立平台，数据独立，运用自己的算法，完全由自己说了算。但是对于一般企业来说APP造价成本高，推广起来难度也比较大。企业也可在其他第三方APP平台如知乎、豆瓣、果壳等结合活动营销、问答营销来做内容营销，这样就能把多平台的优势利用起来。

5. 内容营销六大方法

方法一：内容营销必须是整合营销。

如今，无论是将企业信息融入好的内容中，还是将企业自制的好的内容融合到媒体平台中，这两个最基本的内容营销方法都无法单独存在。媒体平台上的好内容不能通过简单的冠名赞助、硬广告等自然变成企业的内容，而必须通过与企业相关的社交媒体、线下活动、话题事件等方式，将企业和内容完美融合。同样道理，企业自制的内容必须和社会热点结合，利用社交媒体进行整合传播。

在媒体高度发达的时代，媒体越多的同时也越细分，单个媒体作为载体的价值就越低，内容和表达形式就变得越来越重要。当大众媒体已不再那么大众时，找到与核心受众沟通的最佳平台，并通过最能引起他们共鸣的内容，将品牌故事讲述给受众，从而达到品牌核心信息、价值观有效传达的效果。这样的营销越来越重要，营销公司需要为企业整合资源、设计资源。

方法二：借助科学评估工具提高准确度。

想在热点内容里融入企业信息，选择好的热点内容就十分关键，这需要从多个维度审核新内容是否符合企业选择内容的诉求。

方法三：跟随潮流，把握时事热点，快速响应市场。

要做到随时随地与受众亲密互动，就需要紧跟时事热点，这对企业把握热点和迅速反应的能力提出了更高要求。

方法四：大规模创造个性化内容并利用社交媒体分享扩散。

与等待热点内容出现不同，自制内容往往被视为一种自动化工具。由于其传达内容操作简单，有规律可循，会越来越广泛。比如，2015年曾红极一时的足记APP，能够将照片做成高格调的电影大片效果，生活即电影，自己当主角，让用户大呼过瘾。有趣的个性化内容不仅能够激发用户主动分享和扩散，甚至能够提供零广告费的传播效果。

方法五：提高用户转化率。

无论是赞助好内容还是自制好内容，对企业的挑战都只有一个：如何将受众对内容的注意力转化为对企业本身的关注，最终转化为产品（服务）的购买者。营销人员必须厘清从关注到消费的整个链条，在每个环节根据不同的情景设置可转化的激励因素和通路，才能提高转化率。

方法六：内容营销的规划与销售策略规划并行。

很多企业尤其是过去使用传统媒体获利颇丰的企业，往往将内容营销规划放在媒体计划环节，然而最好的方式应该是在拟定沟通策略乃至整体市场销售策略阶段，积极和内容营销部门沟通，将内容营销策划为整合营销。对于大多数2C产品（面向个人用户的产品）而言，整个内容传播过程都有可能产生即时销售或获得大量销售线索。

6. 软文的编辑与投放

软文作为内容营销最重要的一种表现形式，掌握其编辑要点与投放技巧是学习内容营销不可或缺的部分。

（1）软文内容的编辑技巧

① 标题策划。衡量一个好标题的依据是：要突出关键词；具有很强的吸引力；短小、简练、易记；要具体、不要太抽象。在传统媒体，标题的设计一样很重要。现在是信息时

代，不可能要求人们用太多时间去阅读内容，像很多报纸，卖的就是标题。标题是软文的眼睛，标题是否有吸引力，也是软文成功与否的一个关键因素。软文标题要做到生动、有创意但不另类，只有具有穿透力的标题，才能深深地吸引网友记住网站，好的软文标题也就成功了一半。像"网站初期运营的三大策略"这类标题，很容易迎合新手站长的注意，可以让受众在文章之中找到有价值的信息，迎合受众心理，既能为网友带来有价值的信息，也会对网站产生积极影响。

② 题材和内容要新颖、奇特，具备新闻性。标题只能是一种引导，最主要的是软文内容。如何将广告嵌入内容是一个考验创意的地方，如果软文广告嵌入太过生硬，让人一眼看出来是为了广告而写文章的，势必会引起读者的反感，如果产生负面的影响就得不偿失了。所以说，写与自己网站有关的文章，然后带上网站链接，这个就属于自己价值观的一种表达，而且通过这样的软文，不仅可以表达自己的观点，还可以宣传网站，吸引拥有相同观点的朋友共同讨论进步。

③ 注重原创。软文原创的难度相对来说比较困难，偶尔转载别人的文章加以修改也是不错的办法。这就要求自己手动去不同网站寻找适合的文章手动修改，不过修改时须注意技巧，要按照自己的思维来调整软文的内容，这样的话一篇文章就不只是伪原创了。

④ 图文并茂。根据软文发布的对象不同，内容要求也不同，但是有一点是相同的——讲究软文的图文并茂，精美的文字辅助以精美的图片，更能给浏览者留下深刻的印象。

⑤ 做好链接。软文链接也是非常必要的，一般来讲，软文底部写上"转载请保留链接"的话，10%能保存下来就不错了，但是把链接保留在软文中间部分可达50%左右。如果添加得比较隐蔽，每个转载者都能把链接保留的话，起到的营销效果必定是很好的。

（2）内容搭配"食谱" 每天都会有大量内容推送给用户，如何更好搭配内容，以更加易于接受的方式呈现给用户，是十分重要的。如果将内容想象成一道盛宴，那么要给用户呈现的，是怎样一个食谱呢？

早餐：内容营销中的早餐，指的是那些每天都推送给消费者的内容，这部分内容必须保证简单、易于消化、风格一致，目的是让消费者保持活力。

主食：这部分内容传递品牌的价值主张，应该占据内容的绝大份额，必须将大部分精力花在这个上面，并用主要的营销渠道来推广和宣传。

蔬菜：蔬菜是为了让膳食更为营养和健康，时不时推送对用户有价值、富含维生素的内容，这些内容并非经常有产出，却是对消费者很有价值的内容，例如行业报告、商业洞察等，也是非常必要的。

甜点：甜点是指推送给用户的优惠或促销活动等，甜点的存在将会让营销菜谱更加人性化，也会吸引更多"吃货"聚集。

调味品：如菜品不能缺少油盐醋一样，内容营销同样需要类似的调味品，可以通过设置与品牌相关的高难度挑战、具有争议性的话题等来刺激受众的味蕾，从而提高用户兴趣，内容的阅读量和转发率也会不断提高。

（3）软文的投放 消费者的定位决定了营销过程中软文风格的设计、软文发布渠道的选择方向，从而保证良好的用户体验以及高效的投放效果。针对消费者的兴趣和爱好制定的特定风格、创意并且投放在消费群体聚集区域的软文，将取得最佳的投放效果。而这种定向的、精确性的软文投放方式，相较于轰炸式软文投放，具有更加高效、节约的优势。

在软文投放时间上，企业可以制定一个时间规划表，可以是一个共享表格，也可以只简单写在黑板上,重要的是这个规划表可以给企业提供一个视角,帮助其检查所做内容的方向是否正确,时间是否可控,是要在几个月内完成还是一年内完成。总的来说,规划表可以达到以下目标。

① 有效组织。时间规划表不仅能让团队对未来计划心中有数,也能对以前的营销记录了然于胸。

② 可视化。让团队成员清晰地了解需要做什么事情,有效实施多渠道营销策略的组织和管理。

③ 权责分明。设定截止日期,并经常性翻阅,可以确保团队都对日期有明确的概念,减少不必要的烦琐工作。

案例解析——可口可乐微信营销案例

众所周知,中国春节的消费品市场是饮料品牌的战场。作为饮料品牌的可口可乐要想在激烈的竞争中守住自己在饮料市场的地位,如何利用与时俱进的媒体组合使有限预算达到最大化品牌曝光是关键。而微信作为目前移动互联网的主要入口,在整合线上线下、沉淀用户方面都具有其他平台难以比拟的优越性。因此,可口可乐决定通过微信平台将标志性的品牌文化与期待年味的中国消费者产生情感连接,通过增加与团聚场景的相关性带动品牌销量。

1. 营销背景

如今,市场上各类饮料日益增多,饮料行业竞争日趋激烈,特别是人们更注重对健康、快乐、乐观生活的追求,以及其他饮料市场的繁荣,如果汁类、乳酸类、茶饮料等品种不断丰富,尤其是功能型饮料的出现,更是满足了消费者对健康的需求。而在中国,可口可乐的竞争者——百事可乐,还占据了不小的市场份额。无论是同类产品还是非同类产品都给可口可乐带来了巨大压力。

为拉近与消费者的距离,实现营销实效并为品牌注入新的活力,传统强势品牌正在不断寻找与时下最时髦的娱乐或社交方式结合的跨界营销机会。如今消费者都喜欢体验顺应当下潮流的新鲜事物,以"80后""90后"为核心消费群的快消品企业在营销过程中首先要考虑这部分年轻群体的喜爱、偏好。他们是互联网的主要受众人群,乐于接受新鲜事物,也喜欢和朋友分享他们的用户体验,动动手指网上购物,或是朋友圈里"点赞"刷屏,微信这类移动社交工具已成为他们生活的一部分。

2015的农历新年,在各大品牌争相用冠名、红包、促销的方式炒热中国新年之时,可口可乐选择打破传统,根据春节期间用户使用手机次数明显上升,大多数中国人拜年都会选择使用"表情拜年"这一惯例,借助微信平台,创造出互动的新鲜玩法。通过微信平台传播可口可乐春节年味,引导表情下载,让可口可乐"阿福""阿娇"表情成为春节期间人与人之间连接的桥梁。

2. 产品受众分析

(1) 目标受众 追求时尚自由、个性张扬、乐观的年轻群体,15~28岁的青年人。主要有高中生、大学生和年轻上班族等。

(2) 受众特征 可口可乐的受众年龄层为18~25岁之间,这个年龄阶段的群体具备年轻、热衷于流行文化、思想个性自由,对时尚敏感,在消费方面有灵活的思维方式和应变能力,对生活有积极乐观态度的特征。

3. 营销目标

① 铸造标志性的品牌资产,建立与中国年轻消费者的情感连接;

② 增加品牌的认知度;

③ 通过微信平台强势引流触达消费者,激发二次传播,激发产品消费。

4. 策略与应对

在结合微信平台功能的情况下,可口可乐与微信表情进行合作,以微信扫一扫功能作为传递。为了更酷的体验,可口可乐放弃传统二维码,抢先运用全新的图像识别技术。消费者只需用微信直接扫描可口可乐包装上"阿福"和"阿娇"的形象或条形码,就可以免费下载整套动态表情,借微信新春表情在好友间的广泛传播来传达"团圆年味"的可口可乐品牌的新春信息,如图5-74所示。

5. 公众账号图文推送

对于可口可乐来说,从选择微信营销这个以分众和精众市场为目标诉求的营销模式开始,品牌更进一步的快速传播也是此次"团圆年味"微信营销活动的目标之一。因此,如何充分利用微信平台的资源与用户形成良好的互动,是可口可乐微信营销实施的重点。

图5-74 "阿福"与"阿娇"微信表情

借着春节这一契机,可口可乐公司首先利用O2O连接用户,引导用户下载品牌表情,让可口可乐"阿福""阿娇"表情成为春节期间人与人之间连接的桥梁,同时也开启自身与用户的第一步接触,如图5-75所示。

在获得第一步接触后,可口可乐在拥有了一定的新老客户的基础下,需要加深活动与用户的联系。微信公众号通过图文信息的推送建立与用户的沟通,让用户及时知晓活动信息,触发用户参与活动后的下一步行为。因此,可口可乐公司通过图文消息推送的方式,成为自身服务用户的一次次连接,在增加传播途径的同时,进一步推动活动的进程。

可口可乐在内容发布上绝大多数为图文并茂,根据微信内容,图片不仅能够提升产品的外观特质,还能够有效促进用户的点击和阅读,如图5-76所示。在内容推送制定方面,可口可乐抓住年轻人对传统春节年味和团聚的渴望,借助中国传统的"阿福""阿娇"形象来传达还原中国传统年味的思想。

6. 朋友圈二次传播

可口可乐公众账号的图文消息推送,唤起了可口可乐的粉丝对于新春表情的关注,

图5-75 扫描下载微表情

图 5-76 可口可乐图文消息

但广告到底触到了哪些消费者,是否实现了目标人群的精准投放?消费者看到广告后是否愿意继续后续的互动,会产生哪些行为的互动?这种形式是否能提高品牌的KPI,消费者是否喜欢这样的广告形式?带着一系列问题,从用户立场思考:"只是作为日常的一款饮料,用户为什么要持续关注你?为什么要跟你互动?"互动是建立在情感基础上的行为,综合用户角度,可口可乐归纳出 Social(合群)与 Heart(感情),这是社交营销的核心,也是新媒体营销的关键点。只有触及消费者的内心,他们才愿意与你互动,与朋友分享,才能形成话题和关注,使瞬间"引爆"成为可能。

在微信平台上,用户用以表达感情的方式除聊天外,就是通过朋友圈来相互传达。面对朋友圈的诱惑力,可口可乐公司继续深化与微信平台的合作。同年的 1 月 25 日,可口可乐搭借微信朋友圈信息流广告首批上线。在朋友圈推出一条:"团圆年味,就要可口可乐。查看详情……"的消息,引导用户去点击查看详细的内容,利用朋友圈 feeds(聚合内容)广告亿级触达目标群体,旨在通过微信朋友圈强大的辐射曝光影响力,打造出此次营销的最终"高"度,如图 5-77 所示。

可口可乐的广告画面沿用了品牌颜色,突出了新年的喜庆气氛。值得一提的是,该广告画面并没有链接到 H5 画面或视频页,而是跳转到品牌定制的微信表情中,没有生硬的可口可乐商标或产品的植入。好的品牌内容,会让人分不出到底是广告信息还是有价值的内容;更进一步,它会让消费者采取行

图 5-77 可口可乐朋友圈

动，深入消费者的心智，培养品牌深层次的关联。从深入市场变为深入消费者的心智，从单纯的信息传递转向培养深层次的关联，唯有此，才能真正做到"投放有效果，用户无反感"。

用户通过点击查看可口可乐春节详情页，点开后对接的并非简单的动态页面，而是微信专属表情，用户在该页面点击可下载表情，如图5-78与图5-79所示。

图5-78　新春表情详情页

图5-79　新春表情下载页

图5-80　可口可乐微表情使用

下载完成后即可在春节期间拜年之际使用可口可乐定制表情，传递传统年味，同时也通过用户获取表情并使用表情实现了品牌的二次传播效果。如图5-80所示。而这套可口可乐公司自2001年便沿用至今的儿童形象，也是提升了传播的趣味性及消费者的参与度的重要因素之一。

不但如此，朋友圈广告精准营销的巧妙，就在于能更好地抓住消费者的"身份认同感"，从而引发更多的共鸣以及讨论。因此，除了扫一扫条形码引导用户进行表情下载外，可口可乐用户还可以通过关注以及朋友圈分享的链接来进行表情下载，如图5-81所示。

7. 微信营销效果分析

逢年过节，互致问候是中国人的良好传统。在经历了书信、电话和短信贺年祝节后，微信祝福的流行为可口可乐此次营销的成功奠定了基础，加上可口可乐对此次营销的精准定位，通过微信平台及创新功能运用，植入品牌形象，恰到好处地进行了传播推广。

鉴于目标受众对于朋友圈广告的高接受度，短短 2 天时间，可口可乐的朋友圈广告以及表情下载页面的转化率均超出了开始的预估目标，带来了第一波拜年表情发送的大规模爆发，朋友圈人人拜早年，并经过三周发酵在除夕达到另一个通过"阿福""阿娇"拜年的峰值。

不到一个月的活动时间，可口可乐积累了超出预期的新年表情下载量，并且可口可乐新春表情的人均发送次数也达到了良好的效果，成功抓住春节拜年的社交强需求爆点，触发海量的二次传播。"阿福""阿娇"形象通过产品包装、电视广告、微信表情、朋友圈广告与社交传播的媒体组合，已经成为深入人心的标志性新年形象，成为可口可乐在新年阶段的品牌资产与代言人。

图 5-81 分享朋友圈

案例解析——嘎嘎秀商城二维码与 H5 营销案例

嘎嘎秀商城是一家刚起步不久的服装商城，主营潮流女装，作为微店中的新秀，注重以市场为导向，在强化科学化和规范化管理的基础上建立了良好的运营机制，开店初期通过"移动端店铺+PC 端店铺"双渠道开展营销活动，并通过微信、新浪微博、QQ 空间、社区贴吧等社交网络平台发布带有二维码图片的图文消息进行推广，同时制作 H5 页面宣传页面，以此来为店铺带来更多流量。

1. 二维码营销

嘎嘎秀商城利用二维码储存网址的形式进行本次营销，并确定网址为店铺首页链接。

由于嘎嘎秀商城的用户大多数是年轻人，所以在二维码视觉传达上使用了彩色的二维码，并将其与一些图案进行合成，得到极具个性化并能被扫描设备识别的二维码。

由于嘎嘎秀商城店铺链接较长，所以在设置时将长链接转变成短链接，减少链接的长度，降低二维码的密度，避免了因二维码过密无法扫码的困扰。在引导术语方面，嘎嘎秀商城这次主要营销的产品为女装，将二维码的引导术语写为"扫掉平庸，扫出不凡，长按识别二维码"。

（1）二维码制作 嘎嘎秀商城利用草料二维码制作平台制作了自己的二维码，并添加商城广告图为背景图，以商城广告语为引导话术，形成最终效果图，如图 5-82 所示。

（2）二维码投放 在完成了二维码制作之后，接下来嘎嘎商城根据不同的投放渠道进行营销二维码的植入，包括线上渠道：微信、微博、下线地推等。

① 线上投放。嘎嘎秀商城通过已经注册好的微博账号对二维码进行编辑宣传，如图 5-83 所示，嘎嘎秀商城在微博推广时使用图文结合，在文字中加入微博自带的动态表情吸引眼球，在图片中除二维码宣传图外，周围加上店中其他热销的服装图片，使得内容更具有吸引性、购买欲，引起用户点击大图，从而扫描二维码进入店铺。

图 5-82　最终效果

图 5-83　微博推广

嘎嘎秀商城还利用了微博的视频、话题、长微博等功能对店铺进行了宣传（图 5-84）。

图 5-84　微博功能

除微博外,嘎嘎商城也在自己的微信订阅号图文消息中添加店铺二维码,通过用户转发、分享图文消息,增加阅读次数,从而增加店铺流量,使其他新用户能够快速关注嘎嘎商城订阅号和店铺名称,如图5-85所示。

图 5-85　二维码微信营销

嘎嘎秀商城在做二维码BBS论坛引流时以淘宝论坛(图5-86)、蘑菇街的社区达人推荐、美丽论坛为主,进入淘宝论坛点击"卖家之声",发表一篇关于"如何使用二维码为店铺引流"的文章,并在适当的位置加入二维码图片(图5-87)。

图 5-86　淘宝论坛

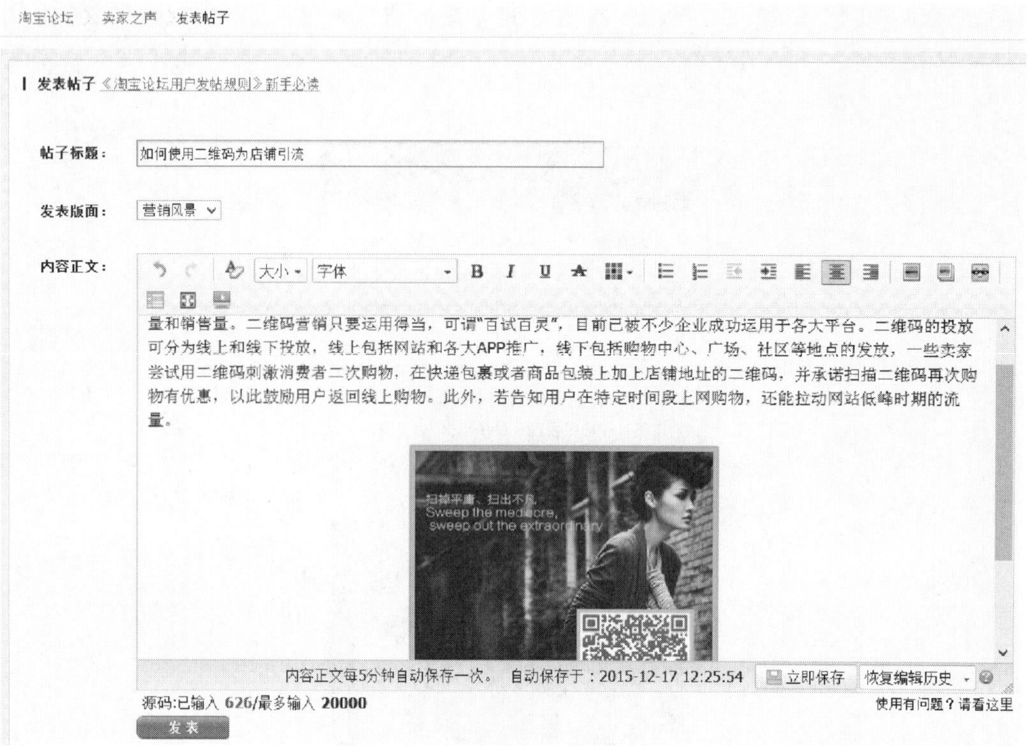

图 5-87 论坛引流

图 5-88 批量生产的二维码包装袋

② 线下投放。嘎嘎秀商城根据设计好的二维码宣传页在各大购物中心现场发放并赠送小礼品,通过扫描进入店铺的用户可以享受返现优惠。并联系外包装生产商,将二维码批量印制在购物包装带上,如图 5-88 所示。

(3)效果监控 嘎嘎秀商城在做效果监控工作时,主要查看微信公众账号和微小店后台的数据统计,包括微信订阅号的用户来源、用户增长人数、文章阅读次数、二维码的扫码次数、店铺内访问次数、访问人数、扫码进入店铺后浏览页面数量、订单数等。

2. H5 营销

嘎嘎秀商城根据店铺产品特点将这次 H5 营销的主题定为《穿对,到哪都是焦点》。

嘎嘎秀商城在确定 H5 内容时主要从用户角度考虑,通过图文并茂并添加用户互动功能,促使用户点击,提高粉丝活跃度和忠诚度,根据本身产品定位以及受众的特性设计 H5 作品,在文案设计中抓住用户心理,添加用户感兴趣的词汇,如"显瘦""小资""潮流""前卫"等词。同时可根据用户群的不同特点编写标题,如这次的产品宣传,如果是高级白领为主的微信群可以是"从路人到女神,这样穿就可以了";如果是学生为主的群就可以是"2015 年冬季流行这样穿"之类的标题吸引用户点击阅读。

（1）H5页面制作　嘎嘎秀商城在选择工具时根据自己的产品及用途，选择了操作简单的易企秀作为这次制作工具，制作了H5活动页面。

根据前期策划来制作H5页面，打开易企秀，点击栏目中H5场景下"点击开始创建"按钮（图5-89），进入设计界面，在模板中心选择用途、功能和风格，在模板列表图中选择适合自己的模板进行编辑。在模板上编写自己的店铺标识、店名和本次主题，完成对背景图及产品图片的制作与上传，并可通过调整图片位置、增加播放动画等操作完善H5页面效果，如图5-90、图5-91所示。

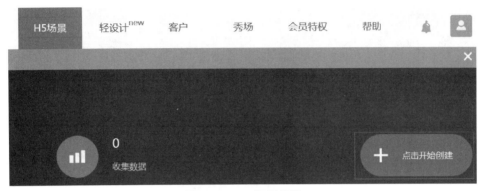

图 5-89　H5 场景设计

图 5-90　增加动画

图 5-91　其余页面展示

如图 5-92 所示，在 H5 尾页添加店铺二维码的同时将店铺名生成链接，进入发布页后使用手机扫描二维码进行预览，也可以点击预览场景在 PC 端预览，查看播放是否流畅、有无错别字、排版是否有误，检查无误后下载或截图保存二维码、复制链接，以备后期推广（图 5-93）。

图 5-92　添加店铺链接

项目五 移动互联网营销 185

图 5-93 分享推广

（2）页面推广 嘎嘎秀商城在 H5 页面推广上主要借助微信与微博，以微信推广为例，首先，需要列出所有能用到的资源，并发动内部人员转发，复制链接到目标用户群，并转发朋友圈，如图 5-94 所示，在微信中点击右上方分享按钮，发送给朋友以及分享朋友圈。其次

图 5-94 H5 页面微信推广

利用微信公众账号中的链接"阅读全文"进行推广，如图 5-95 所示，打开微信公众账号后台点击群发，在编辑框中编写导语并上传封面，将 H5 页面的链接复制到原文链接中，最终效果图如图 5-96 所示。

图 5-95　发送微信公众账号

图 5-96　最终效果图

（3）效果监控　嘎嘎秀商城根据H5的推广途径监控其流量，如图5-97所示，在微信公众账号后台的统计栏目中有用户分析、图文分析、菜单分析等，点击用户分析，统计自实施H5营销后用户来源及增长情况。

图 5-97　微信数据监控

也可使用易企秀的效果统计，如图5-98所示，查看近期的访问概况及移动端访问次数。

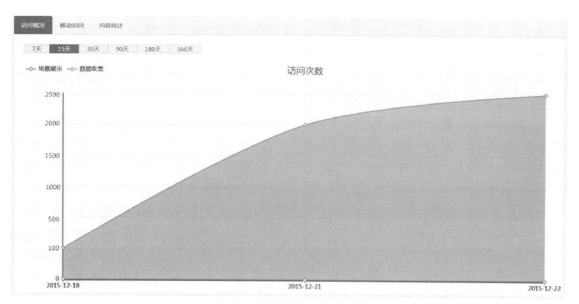

图 5-98　易企秀 H5 效果统计

案例解析——上海大众公司内容营销策划案例

上海大众公司成立于1985年，目前是国内规模最大的现代化轿车生产基地之一。该公司最受欢迎的SUV车型"途观"的换代车型将于2015年上市，为了使新"途观"在巨大的乘用车市场中保持活力和竞争优势，在上市之后能快速受到密集关注，大众公司选择以内容产品为切入口,通过娱乐化的传播方式攻破受众的心理防线,拉近距离,营造独特而专属的品牌体验。

1. 内容营销活动策划

在2013年9月和10月,国家提出了"新丝绸之路经济带"和"21世纪海上丝绸之路"的战略构想,为了响应这一重大战略构想,在新"途观"上市之前,上海大众公司与新华社合作组织了"新丝路,新梦想"重走"丝绸之路"的活动,欲借此活动为新"途观"的上市造势宣传。此次活动面向社会招募志愿者组成车队,于2014年6月8日在"丝绸之路"的起点——西安大唐西市启程,10辆上海大众"途观"组成的全媒体报道团车队将横跨亚欧大陆,进行一次行程长达数万公里的行进式采访活动。在此次活动结束之后收集志愿者感悟并编写成软文进行发布。

2. 软文编写

大众公司本次软文以"28人跋涉了53天、20000公里,只为一场梦"为标题,抓住了"新丝绸之路"的时事热点,以热门事件和流行词为话题,同时也正好照应了上海大众"新丝路,新梦想,新途观"的广告语,以及"途"有境、心有垠的设计理念(图5-99)。

图 5-99 新途观广告语

软文以消费者第三人称口吻对本款车型进行全方位的介绍,用切身体验和感悟引起消费者对新途观产生美好联想和购买的冲动。软文具体内容如下。

在得到那个消息之后,我的心几乎要跳出来了。

我从没想过,在30出头的时候,梦想,就可以离得这么近。

从洛阳到西安,沿途的夕阳晒在公路上,掀起余下的一丝热浪。到达,下车。有着沉重历史感的古城墙上"古城西安欢迎你"的大红刻字灼然入眼。

"嘿,走啦,杨贵妃不在这儿。"同行的赛买提说道,嘴角勾起一抹狡黠。

我笑着跟他走进了旅馆。

我是一名摄影师,为了将大好河山逐一记录,也算是浪迹天涯,踏遍了五湖四海。苍莽的草原升腾了我的热血,温柔的西湖陶醉了我的灵魂。而这一次,我跟随途观的新丝路车队,终于踏上了那令我日思夜想的凿空之旅,带着对古王朝的敬畏与好奇,重走丝绸之路。

我对西北有着近乎痴狂的执着,四千年的飞沙走石、草原上的铁马疾风,无一不策动着我去追逐。从华清池到大秦古罗马,绵延的沙漠中央,连通的这条古道,沉睡着金银财宝和生死纠葛的灵魂。罗马女人最爱的丝绸,走过这条古道,拂过数场风沙,来自遥远的古代中国。丝绸之路,埋葬着无数碎梦与荣耀。

曾经的大唐西市经过了岁月的洗礼,依旧明艳动人。文玩街附近的浆水鱼鱼勾引着饥饿的食客,人头攒动的回民街烟气升腾,四处可见的钟楼时刻提醒着曾经长安城里辉煌的过往。

离开西安前往兰州的路上，兰新铁路在窗外蜿蜒而过，向北绵延着广袤的草原，向西抵达万里黄沙。这条经过戈壁荒滩的铁路，曾经是中国铁路历史上最大的工程，河西走廊没有铁路的历史自那时起永远结束。

车队在沙坡上颠簸前进的途中突然停了下来。

"嘿，怎么了？"

"前面有辆车没注意，卡沙坑里了。等等吧。"

"我就说，这翻山越岭地没事开什么家庭SUV，这不给自己整事儿嘛。"

"没事的，靠谱，相信我。"

趁着停歇的空当，赛买提跟我说起了波瓦（爷爷）的故事……

20世纪50年代的中国，急需大量的钢铁支持建设。然而生活在这条路上的古代先民采矿的地点没有找到。当时，波瓦随着勘探小队，冒着严寒和给养中断的危险，孤军深入祁连山。在几乎弹尽粮绝的时刻，他们咬牙继续寻找。

赛买提还记得波瓦是这样跟他描述的："当时临近黄昏，大雨倾盆，天地昏暗。山路泥泞而陡峭，随时都有滑下去的危险。我们挂着树枝作为拐杖，前后帮扶着才爬了上去。虽不是雨季，但这雨却下了几天几夜不停。前路漫漫，我们的补给几乎跟不上了，铁矿到底在哪里，没有一个人知道……"

"那后来呢？他们怎么样了？有找到铁矿吗？"我等不及听到答案。

"当然是有的。"赛买提说道："后来他们在一个叫桦树沟的山岩上发现了一片赤红色的铁矿露头带。而这一片桦树沟，便是后来的镜铁山。"

"嘿！好了！走吧走吧！"前方的喊声中断了我的好奇。

"你看，我说的没错吧？靠谱！"赛买提竖起了大拇指，冲我使了个眼色。

"嘿，你小子怎么那么神？"我惊奇地问道。

"上回我们全家自驾游也开的途观，我家姐夫非得特立独行走山路，那路磕碜的呀简直没法说了。我觉着我们活脱脱就是飞跃在峭壁间的一车藏羚羊，换别的车估计下不来……"

"噗哈哈哈，藏羚羊，你这脑洞也是大～"我忍俊不禁地笑出声。

车队再次启程，越过山头……

"马上望祁连，奇峰高插天。西走接嘉峪，凝素无青云。"这一片的黄土地上曾洒下无数先辈的血汗。两千年前，张骞肩负使命踏上征程，牵引出一个帝国金戈铁马的光辉岁月。两千年后，一样的土地，一样的子民，一样的热忱，铸造了另一般的风景，却依旧别开生面。

贯通东西的丝绸之路，让不同文化的学者和僧人穿越乱世动荡的年代，携带着古老的典籍和经书缓缓走来，闪耀着的思想和信念依然在薪火相传中生生不息。东西文化的交融与碰撞，让曾经鸡犬不相闻的国家，变得博大、平和、宽容……

"再往南就是那拉提草原啦。"赛买提眼神里充满兴奋："我小时候有段时间在那儿度过呢。"

"那儿一定很美吧。"我笑着说道。

此时此刻，车队已经奔驰在独库公路上，感受着大西北的苍茫。作为最美最险的一条公路，有一半以上的地段都在崇山峻岭、峡谷沟壑中穿行。

我永远忘不了那巍峨之间的青山骏马，那一路的阳光，期间不乏哈萨少年的纯真微笑，悠闲散步的牛羊，路边堆垒如山待买的西瓜。赛买提没有瞎说，那儿简直像天堂。

"我很感谢祖国。"赛买提说道，眼里泛着真诚。如果是一般情况下，我可能会吐槽这样的致谢词。

"这条丝绸之路，让我的家乡变得不一样了。如果没有它，或许我们依旧裹着布衣，啃着馕饼，靠着双脚和马匹行走在大漠草原上。我也不可能从这里走出去，再带着骄傲重返故乡。"

"嗯，我们还可以做得更好。"我拍了拍他的肩膀……

28人，53天，10辆新途观，20000公里，我随着新华社一行重走了一遍丝绸之路。16T的影像资料，是我为工作交上的一份满意的答卷。那一路浩荡的旧事新颜，缥缈着几代人的血泪与荣耀，澎湃着对国家繁荣的期待和祝祷。

作为一名匆匆过客，我依旧会在无数个夜里梦回中尘心难耐，无时无刻想着再次出走，即使天寒地冻，路远马亡。

当然，这一次，我依旧会选择新途观。

因为，靠谱。

3. 软文的投放

上海大众公司在软文发布平台的选择上追求与目标消费者普遍关注的平台贴合，尽量满足他们在消费理念、审美、品位、生活方式等方面的偏好。上海大众公司抓住了微信平台的强大影响力，决定将本次软文投放的重点放在微信平台。本次在微信平台发布的软文页面如图 5-100 所示。

4. 营销效果及分析

（1）营销效果　上海大众公司的本次软文一经投放便引起了网友的广泛转载与阅读，短短几天在微信平台阅读量就达到了 10 万+，网友纷纷留言好评（图 5-101）。广告的自然融入,最终取得了很好的软文营销效果,并且转化为客观的销售额,新"途观"在2015年中成为全国SUV销量冠军。

(2)效果分析 上海大众公司此次内容营销取得了很大的成功,其成功之处可以归纳为以下三点。

① 内容营销策划的活动话题性强,参与的志愿者都纷纷发表感悟,为此次的软文发布奠定了内容基础,由于与"新丝绸之路"话题的巧妙结合引起众人的内心共鸣,引发思考。

② 思路清晰、内容紧凑。此次发布的软文篇幅适中,便于读者扫描式阅读习惯。软文的撰写人员拥有扎实的文字功底,软文结构清晰、语句连贯、段落紧凑,浑然一体。

③ 软文投放平台的合理选择。

案例解析——携程旅行网移动广告战略布局

创立于1999年年初的携程旅行网(简称携程)的总部设在中国上海,是中国旅游业第一家在美国纳斯达克上市的公司。伴随着移动互联网的蓬勃发展,携程旅行网开始了属于自己的移动广告战略布局。

1. 营销背景

携程旅行网是中国领先的电子旅游商务网站,随着移动互联网风潮渐起,移动互联网技术与旅游业动态化、碎片化趋势相呼应,改变了旅行预订模式、营销方式和场景体验。在传统利润趋薄、竞争对手林立的大背景下,携程的移动战略以及旅行行业在移动互联网发展趋势的判断与分析就势在必行。

携程旅行网一直是以网络营销为手段,通过对市场的循环营销传播达到满足消费者需求和商家需要的目的,携程通过成功整合高科技产业与传统旅游业,被誉为互联网和传统旅游无缝结合的典范,是互联网营销的先锋代表。但伴随着移动互联经济的极速发展,现在的携程不仅要做好PC端的推广,更需要在移动端推广上进行全面布局,加大移动广告的投入,来获得更多的客户关注、增加客户黏度(图5-102)。

2. 营销目标

携程是希望通过移动端广告的铺开可以在未来获得客户长期、广泛的认可,获得更多稳定的客户群体,并且给移动端使用用户更多优惠,让客户体验到通过携程移动端进行机票、酒店预订等操作会比通过携程

图5-100 软文投放到微信平台页面

图5-101 软文评论页

图 5-102 携程 APP 首页页面

图 5-103 点入移动广告平台

网站和呼叫中心进行得更快捷、更方便。移动端的这些布局将会成为携程未来成长的动力引擎。移动广告的全面投放就是为了提升携程品牌影响力，获取更多 APP 新用户和维护 APP 老客户的留存，这也是携程移动端广告投放的最终目标。

3. 目标客户定位

携程的广告人群定位充分利用了多方数据综合分析，从用户的浏览习惯、性别、年龄、受教育程度来进行定位。发掘运动健身类广告等与携程有交叉目标受众的人群，吸引经常浏览旅游文章、出行攻略的目标受众的人群。

性别分布：整体以男性居多，细分旅游预订用户性别比例存在差异；而女性用户预订度假产品更多。出现这种情况的主要原因有两点，一是男性网民本身较女性网民多；二是男性网民商旅出行的需求量更大。

年龄分布：以 19～35 岁用户居多，占比接近七成。之所以会是这个年龄段，主要原因是两个：一个是 19～24 岁用户以学生为代表，对于车票的需求较高，关注度会高；另一个是 25～35 这个年龄段的年轻用户，有更好的体力和良好的经济实力出行，当中的商务出行占比较大。

受教育程度：教育程度较高，以大学本科学历者居多。会有受教育程度如此高的受众主要也是两点：一是教育程度较高的网民能够较快接受新鲜事物，是在线旅游发展的主要推动力量；二是大学生群体在线旅游的市场大，带动旅游人群整体教育程度偏高。

4. 解决方案及营销效果

作为传统旅游行业类广告主，携程在移动端的推广仍处于发力阶段，携程选择了与国内知名的点入广告合作（图 5-103）。点入广告深入分析了携程的产品特性及目标受众属性，制作专属的投放方案，投放采取了主流的推广效果最好的积分墙广告、图片效果类的开屏、插屏和 Banner 广告，当然传统的移动 SEM 广告的关键词投放也同时进行，还有就是在各种主流的社交媒体上进行信息流广告的软文投放，携程移动端的推广方式是以多管齐下的方式来进行客户吸纳。

根据携程移动广告的策划方案的渠道选择和广告形式，携程广告实施人员很好地抓住了公众的兴趣点，充分展示客户所想和所能得到的利益和价值，引发了大量关注，进而产生了良好的营销效果。

（1）开屏广告　如图 5-104 所示，携程的开屏广告中广告语简单清晰、优惠信息直接，让客户在 3～5 秒的时间里就可以记住优惠的内容，而特别值得注意的是广告语中强调的手机订机票送 20 元，会让想要订机票但还没有携程 APP 的客户主动下载携程 APP 来了解活动详情。

（2）Banner 广告　携程的 Banner 广告内容主要是发布产品的优惠信息、节日活动内容、产品打折信息、新服务新功能推荐，并设计了吸睛的广告词，让人看到就有想点一下的冲动。客户只需要点广告条，就可以直达活动页面，给客户良好的优惠服务体验。如图 5-105 所示。

图 5-104　携程投放的开屏广告

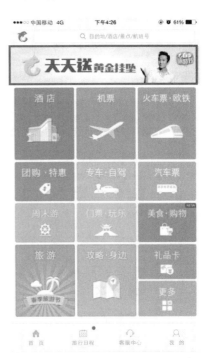

图 5-105　携程的 Banner 广告

（3）插屏广告　插屏广告形式大气美观，可支持炫酷的广告特效，视觉冲击力强，开发者可定义于"开屏广告""退屏广告"，与自身 APP 完美结合，拥有更佳的用户体验、更好的广告效果。如图 5-106 所示，一般就是在应用开启、暂停、退出时以半屏或全屏的形式弹

图 5-106　携程的插屏广告

出,展示时机巧妙避开用户对应用的正常体验。但误点概率很大,还是比较影响用户体验。考虑到这个原因,携程适当减少了插屏广告的投放。

(4) 信息流广告 微博、QQ空间上的信息流广告是比较典型的信息流广告投放平台。携程收集"驴友"的文章及旅游攻略作为信息流广告的内容,并选择在微博、微信朋友圈等社交平台上进行推广。这种推广方式让用户有一种身临其境的广告体验,接受程度更高,所获得的客户质量较好,不易脱粉。

(5) 积分墙广告 携程客户端推广中采用的最重要的推广形式是积分墙广告,携程选定了推广最为稳定的APP内积分墙这一形式,选择了国内知名的移动互联网广告商点入广告来做自己积分墙广告的推广,如图5-107所示。

图5-107 携程积分墙广告效果展示

点入广告深入了解携程的产品特性及目标受众属性。在每个季度的投放中,点入广告针对用户旅游需求的高低调整投放策略,在节假日、大型集会和活动期间,增加投放频次和定位媒体类别,在娱乐、游戏类基础上增加了生活服务、地图导航、运动健身、新闻资讯等。与此同时,根据旅游高峰制约因素的属性,及时、有效地优化与调整投放时段和投放人群,实现了精准投放。

① 采用定向投放策略。具体措施如下。

场景定向:长线测试期根据目标受众上网的不同场所(公共场所、家庭、公司、学校等)进行区域定向,排除旅游高峰期,发现在公司场景中点击量最高、家庭场景其次。

地域定向:北京、上海、广州、深圳等一、二线200+城市。

媒体定向:生活服务、地图导航、运动健身、娱乐、游戏、金融、新闻资讯等。

② 投放执行的确定。具体措施如下。

时段优化：测试阶段发现，排除旅游高峰期，在周一到周五的上午10点—下午2点，晚上8点—10点，互动量和点击量明显较其他时段高，在后续投放中，这一时段进行集中投放。

曝光频次：分析发现，广告曝光3～6次对于促进产品认可度及后续的使用行为最为有效，优化期利用cookie定向技术，确定合理曝光频次。

算法优化：利用点入广告特有的自动试探和自动出价功能进行优化，使携程在积分墙排行中占据有利排名。

③ 营销效果。通过点入携程广告投放数据分析图表，如图5-108、表5-4所示，可以从数据上看出点入积分墙广告有效地增强了携程品牌与受众的黏性、提高了目标人群对携程品牌的忠诚度，携程客户端的激活率上升幅度明显。

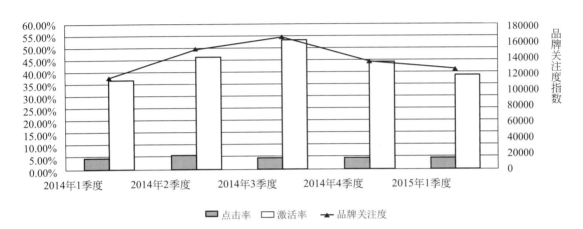

图5-108　点入携程广告投放数据分析图

表5-4　点入携程广告投放数据分析表

时段	曝光数	点击数	日均点击率/%	激活率/%
2014年1季度	16643988	718686	4.32	36.9
2014年2季度	16874456	919154	5.45	46.2
2014年3季度	17424332	1053923	6.05	53.5
2014年4季度	16094112	643920	4.00	44.1
2015年1季度	22226009	982390	4.42	38.9

（6）移动SEM广告　移动SEM广告最关键的就是关键词的设置，选择什么样的关键词决定了是否可以准确锁定目标客户。携程不仅仅是单一的旅游网站，更是商旅人士的好伙伴。对于携程来说，机票预订是其业务中非常重要的一块业务，商务人群是机票预订的主要人群，而"机票"是携程在百度投放广告中的一个关键词，当客户在百度搜索"机票"相关的词时，搜索结果排在第一位的就是携程优惠机票的信息广告和携程APP下载链接，通过这样的关键词投放来强势锁定需求客户。携程移动SEM广告如图5-109所示。

【知识要点】

1. 移动电子商务发展现状及前景

面对全新的营销环境，再固守成规，企业将寸步难行。如今，在移动互联网这个大背景下，很多商家和营销者们已经注意到了必须充分利用移动互联网这个平台，一方面要继续发扬传统媒体以及与其对应的传播方式的优势，另一方面，更要注重在新旧营销传播方式中求得平衡，这里的新营销传播方式即是基于移动互联网平台以手机为媒介而出现的新型传播方式，例如社交网站传播、微博传播、微信传播、游戏传播、搜索引擎、手机短信、手机报、手机邮件、手机音乐等。3G 的普及和 4G 的高速发展，都为企业开展移动互联网营销传播活动带来了无限的便利性及可能性。

目前，移动互联网营销已成为主流，国内很多商家已经开始不断涉及这一领域，也有很多取得了不错的营销传播效果。中国品牌百强中有绝大部分都采用了不同的移动互联网营销传播方式来进行品牌推广和营销传播活动。很多采取移动互联网进行营销传播的企业一般都属于那些能够与消费者进行直接接触的行业，例如商场超市、教育机构、金融行业、房产行业、汽车行业、餐饮娱乐、IT、医疗、旅游行业等。

图 5-109　携程移动 SEM 广告

移动电子商务作为新兴行业快速发展至今，已从最初的不成熟逐步走向现在的稳定。根据目前移动电子商务行业的发展程度来看，未来电子商务的前景状况将体现在以下几处。

（1）**移动、再移动**　现阶段，移动电子商务的重要性已经体现在电子商务的各个领域中。移动购物在整体互联网购物中的占比正以逐年递增的趋势增长。同时，移动电子商务还将在服务业电商化、传统行业互联网化、在线旅游等细分的行业有更深远的发展，甚至有可能比移动电子商务实物类网购的移动化变革速度更快、更彻底。

（2）**服务类 O2O 移动电商市场发展潜力大**　中国服务类产品 O2O（Online to Offline）市场还处在发展的阶段，不管是餐饮、旅游、家政、美容，还是医疗、房产、社区、婚庆等，各个细分领域都崛起了一批优秀企业。纵观互联网领域发展的趋势，服务类 O2O 仍然存在巨大的发展机会，4G 手机的普及、5G 手机的兴起、移动互联网的崛起、手机平板成为上网终端，为线上线下的无缝对接带来了真正的融合，这肯定会产生新的效应。与此同时，大量的实体消费市场 O2O 仍旧没有染指，几万亿元规模的消费市场也是未来巨大的发展空间和机会（图 5-110）。

（3）**反向 O2O 带动更多传统企业发展线上业务**　预计接下来几年，中国反向 O2O（Offline to Online）市场规模将持续扩大，将成为传统线下零售业和服务业移动电子商务化的核心实现方式。商户中，小型商户对中等速度的便利支付存在较强需求，同时也具有 CRM 管理（客户关系管理）、运营管理及营销层面的需求；大型商户（百货、连锁店等）对于移动电子商务化转型的需求较为迫切，又有便捷支付的需求，故而对反向 O2O 有较强的需求。

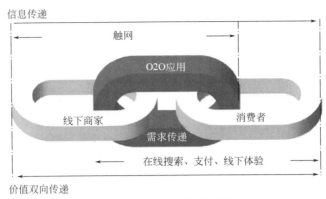

图 5-110　O2O 模式图解

（4）移动电子商务市场将向行业巨头或垂直巨头进一步集中　移动电子商务市场作为互联网行业和传统商业相互融合的市场平台，在激烈的竞争中不断优胜劣汰，而大型综合性平台将逐渐在竞争中获得主动。根据所涉及的产品和品类的标准化程度，市场份额正在向相应的行业巨头集中。如在实物网购领域，淘宝（含天猫）、京东、苏宁、腾讯等的市场地位在进一步加强，其他垂直移动电子商务的发展可能将逐渐融入巨头平台的发展中；在餐饮移动电子商务领域，份额正在向美团点评网、饿了么等集中，而这两家企业已经间接或直接和腾讯、阿里巴巴相关；在在线旅游领域，份额正在向携程、艺龙、同程集中。

2. 移动互联网营销的特点

（1）移动互联网营销的特点

① 拥有高度的便携性和黏性。移动终端具有先天的随身性，实用有趣的手机 APP 服务让人们大量碎片化时间得以有效利用，吸引越来越多手机用户参与其中；平台的开放也给手机用户更多个性化选择；基于信任的推荐将帮助企业打造出主动传播的天然 SNS，快速形成品牌黏度。

② 高度精准性。在浩瀚人海中如何锁定与自己项目相匹配的目标人群并把新盘信息有效传播，借助手机报刊、短信等投放系统，通过精准匹配将信息实现四维定向（时空定向、终端定向、行为定向、属性定向），传递给与之相匹配的目标群体。

③ 成本相对低廉。基于移动互联网络的移动营销在成本方面具有明显的优势，低廉的成本、广泛的受众规模成为企业提升竞争力、拓展销售渠道、增加用户规模的新手段，并受到企业的热捧。由于移动终端用户规模大，不受地域、时间限制，移动营销以其快捷、低成本、高覆盖面的特点与优势迎合了时代潮流和用户需求。

（2）移动互联网用户消费特点　易观智库产业数据显示，2017 年 3 月，中国移动互联网用户规模达到 932518.8 万人，环比增长 1.0%，这得益于流量资费的持续下降以及 4G 用户的爆发式增长（图 5-111）。

易观分析认为，受 4G 网络加速普及、移动游戏及视频直播持续火爆以及春节假期影响，手机用户对流量的使用大幅增加，2017 年第 1 季度移动数据流量市场份额回升至 8.7%；移动购物在移动互联网市场份额中依然保持绝对优势，但受"双 11"购物狂欢节影响，2016 年第 4 季度，移动购物市场份额达到 70.5%，进入 2017 年第 1 季度，移动购物市场交易规

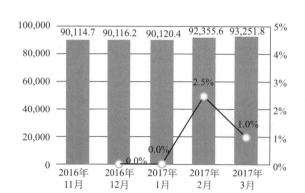

图 5-111 中国移动互联网用户规模和市场规模

模环比小幅下降,市场份额回落至 69.2%;受去团购化趋势以及移动旅游市场由高速增长期向成熟期过渡,移动团购市场、移动旅游市场规模均出现下降,使得移动生活服务市场份额持续降低至 16.7%。

在了解了移动互联网的市场和用户规模之后,下面分析移动互联网时代的用户消费特点。

① 消费移动化、碎片化。随着生活节奏的加快,人们很少有整段的时间去逛街购物,闲暇时间十分零碎,实体店对消费者的购物时间和地点存在很大的限制,已经逐渐满足不了人们的购物需求。随着智能手机以及移动互联网技术的发展,智能手机用户可以利用上下班、入睡前等碎片时间进行购物,并且可以在很短的时间内浏览大量的商品,不受时间与地点限制地对各个店铺的性价比进行比较,最终选择出自己心仪的商品(图 5-112)。

图 5-112 随处可见的手机族

② 消费需求呈现个性化。随着科学技术和时代的发展,人们逐渐摆脱了工业时代的标准化,在信息化的时代,更加注重个性的张扬,新成长起来的消费者群体具有十分鲜明的个性化需求,我国的模仿型排浪式消费阶段已经基本结束。

③ 消费入口呈现多元化。在智能手机与移动互联网技术流行的今天，各种各样的手机客户端给用户提供了很大的便利，用户买东西可以直接打开天猫、淘宝客户端，想聊天可以直接打开微信、QQ客户端，用户所有的需求都被细化成每一个客户端，实现了用户消费入口的多元化（图5-113）。

④ 消费决策逐渐理性化。俗话说"货比三家"，消费者对不同店家的同种商品进行比较，可以形成理性、合理的消费习惯，但是在传统的消费模式下，碍

图5-113　多元化的用户消费入口

于路程等原因，消费者很难做到货比三家，但随着人机互动技术的成熟，消费者能够便捷地对多个店家的同种商品对比之后再进行购买。手机移动平台有搜索功能，用户不断添加关键词可以缩小搜索范围，更快、更加准确地找到目标商品。此外，多种第三方平台的兴起也为消费者提供了更多的消费参考。

3. 移动互联网营销的实施要点

（1）移动互联网营销要融于场景　移动互联网营销与PC时代的互联网营销有所不同，人们获取信息和参与信息互动变得越加简单、便捷。在这样基础下，做好移动互联网营销有两点一定要注意：第一，移动互联网营销不是一个孤立的页面，所做的移动互联网营销一定要和整体的营销进行配合和协同作战；第二，移动互联网营销一定是创意和技术及消费者行为同场景的融合。

说到创意，可以将其比喻为在朋友圈做一张海报，制作这样的海报要考虑怎么样做有创意、有分享性，这是核心。如果没有好的创意，光是技术很强，比如说提供的全都是Banner，那么，这个Banner可能和牛皮癣广告一样，只是换了一个地方贴到了移动互联网上，这样的广告是得不到关注的。

移动互联网时代，用户在各自的移动端中，都会认为看到的是一个个性化界面，这个个性化界面让用户把手机看作一个私域，所谓私域就是个人专属领域。在这个个人领域，营销要想发挥影响一定要注重所处环境，所以移动营销首先要考虑的是关系、互动、情绪，然后才是技术。

移动互联网营销是以移动的消费者进行关系链接的营销，所谓关系，是指你的营销一定要让用户有共鸣，具有社交性和互动性，这样的营销才是用户能够接受的。

所以在移动互联网上面，海量且强制性的或者是非常不自然的一些营销方式以及简单粗暴式的营销，是很难得到用户接受与关注的。例如，很多人都在朋友圈卖东西，把微商仅仅理解成在朋友圈，或微信群里卖东西这样的行为，这其实是把微商做窄的一种思路，不是真正意义上的微商。

（2）移动互联网营销要内容为王　做好移动互联网营销，首先需要注重在移动端内容上的生产和制作，移动互联网营销传播节奏较快，所以在内容上一定要有创新。如果有企业也在做自媒体的账号，尤其是品牌类的账号，可以参考一下"江小白"。"江小白"在移动自媒体的内容上面下了很大工夫，通过内容的链接，使消费者转变为其粉丝，让粉丝可以实时地了解品牌的动向。内容为王，这点在移动端是比较重要的，创意和内容的组合让营销永远不会落伍。

（3）移动互联网营销要创新交互体验　移动互联实现了移动终端和商品间的无缝链接，

这样的链接也构成了移动营销中的交互式营销，交互式营销可以与零售终端更协调地匹配结合。例如，此前蒙牛的特仑苏，其产品推广人员做了一个很有意思的移动营销：为消费者发红包，但是首先需要消费者扫一个二维码，这个二维码是在产品的包装当中，通过扫码可以获得一个红包，这个红包又是一个优惠券，拿到商场以后还可以进行兑换，兑换的核心是要买蒙牛的商品。实际上它通过一个精准和互动的方式争取到了实际的目标顾客，而且通过移动营销的方式，驱动消费者走到商场消费商品，这种交互式的营销也为品牌精准营销增添了新的路径。

4. APP 进行 ASO 前的准备

进行 ASO 之前，首先需要对相关数据进行分析，知己知彼才能实现最佳优化效果。这里的"彼"包含多类对象：苹果商店、竞品 APP、用户群。

（1）**品牌词** 大量用户是在接触到品牌广告后或接受亲友推广时，在 APP Store 中进行品牌词搜索的，因此自有品牌词是首先要优化的，保证自身品牌词在搜索结果中排名第一，也是品牌建设的一部分。

（2）**行业词** 首先对本行业分析，了解行业上下游热门 APP 分布。如对旅游类 APP 而言，攻略、酒店、门票、景点、机票等都属行业热门词。另外，也可以自行查看 APP Store 中每个相关词的搜索结果数，搜索结果的数量表明了群众对搜索词的判断，也很有参考价值。

（3）**竞品词** 了解本行业的领军 APP，如旅游类的携程、去哪儿、途牛等。因为用户在下载 APP 时习惯搜索大品牌，新秀 APP 在其经费相对较少的情况下，借助大品牌热词流量引入用户会更为划算。另外也需要获取主要竞品热词覆盖、应用权重、排名现状等数据。把这些数据与自身的数据进行对比和分析，找出差距和突破口，方便策略的制定。

（4）**用户分析** 对于用户的搜索热词，国内已经有不少数据分析工具，如 AppDuu 的竞品数据分析，其他像应用雷达、ASOU、AppAnnie 等也建议多使用几家做参考。另外，用户分析也可以包括目标用户的 APP 获取渠道。利用这类渠道输出自己的品牌烙印，也许不能第一时间获取下载，但却能够在日后的搜索结果中最快博取好感。美团就曾采用给外卖餐厅赠送带自身二维码贴纸餐盒的形式，精准实现了自己的品牌推广。

5. APP 进行 ASO 辅助措施

在苹果商店对排名的权重中，下载、评论等用户行为数据尤为重要，将直接影响到 APP 的排名，于是直接将推广费让利用户、产生奖励式推广的平台应运而生，配合品牌广告和产品体验的优化将会事半功倍。

（1）**任务推荐** 即使用奖金鼓励真实用户搜索下载并试用，进而提升 APP 在 APP Store 内的权重，带来榜单或关键词排名的上升，在短时间内为 APP 带来海量自然用户。据激励型移动应用分发广告平台——友钱运营负责人介绍，目前这类平台拥有相对固定的 APP 分发时间，加上即时到账的奖金刺激，已经积累了大批高质量 iPhone 用户。由于避免了品牌广告低转化率的问题，实现推广成本的最小化，单个 APP 的下载成本仅需 2～3 元，因此广受欢迎，已经成为大小 APP 的推广必选。

（2）**社会化营销** 社会化营销也是对 ASO 打好铺垫的重要一步。在微信、微博做好营销推广工作，不外乎有奖活动、草根账号合作推广、微博粉丝通与腾讯广点通广告等形式。

另外，我们还可以通过 PR 软文引导用户对 APP 产生兴趣，进而产生 APP Store 内的对应搜索与下载。

（3）**移动网盟广告** 在产品相对成熟，可以寻找行业优质移动网盟资源进行合作，需要根据用户获取成本、单次使用时长、次日留存率等参数不断测试优化各个渠道数据，选择最适合的移动网盟渠道进行广告投放，并不断监测和优化广告投放效果，提升 APP 推广的转化率。

6. 如何制作一个二维码

在网页上输入 http：//cli.im/ 进入草料二维码的制作网站。在网页中可以对文本、网址、名片、文件、图片、APP 等内容生成二维码（图 5-114）。

图 5-114　草料二维码 LOGO

首先，以生成一个文本的二维码为例，在网页的文本框中输入自己想要生成二维码的内容，点击文本框下的"生成二维码"就会在网页的右边生成对应内容的二维码（图 5-115）。

在生成的二维码下方可以对二维码的图片大小、颜色、标示进行设置，也可以进行二维码美化（图 5-116）。

图 5-115　草料二维码文本框

其中在"高级美化"中，可以将生成的二维码进行更高级的修改，让二维码看起来更加漂亮（图 5-117）。当然，值得注意的是，二维码并不是想要修改就能够进行任意修改的，有太大的改动会导致二维码无法扫描，因此在修改以后需要进行扫描验证，待验证通过后方可进行发布。

在二维码的编辑中，除了最基本的二维码制作以外，还可以通过网页上其他的页面生成"网址""名片""文件""图片"等其他系列的二维码，生成的方法与原理

图 5-116　二维码美化设置及效果

基本上与文本生成二维码是相同的。

这里，需要特别注意的是生成"活码"与"APP"中的一些事项。

（1）活码　所谓活码就是在内容生成二维码以后，可以对二维码中的内容进行修改而不用重新制作二维码，扫描原来的二维码就可以显示新的内容。当然，这个功能需要服务器的支持，因此在网站上制作的活码大都是可以免费试用或者需要收费的（图5-118）。

图 5-117　二维码高级美化

图 5-118　活码的制作类型

（2）APP 二维码　这种二维码用户在扫描完毕后可以下载上传到应用宝市场上的 APP，当然，也可以不用上传 APP，但是就需要建立一个专门用来下载的服务器，然后将对应的网址生成为"网址"二维码，提供给扫描人员下载。对于上传到应用宝市场上的 APP，需要通过网页查看 APP 的 ID，然后在生成框中输入需要下载 APP 的 ID 就可以生成一个下载此应用的二维码（图 5-119）。

图 5-119　APP 二维码制作

注：对于如何查找 ID，可以在网页上的帮助中查找到。

当然，上面介绍的只是一个简单的二维码制作过程，如果想要进行更加专业的二维码设计或者服务的话，就需要付费请专门的公司进行制作了。

7. 微博营销的技巧

（1）定位（账号领域）　想要实现微博的长远商业价值，一个独立领域定位的微博肯定比一个大杂烩的微博走得更远，更易实现商业价值，而且在推广的时候更容易抓住核心的粉丝用户。比如定位：美食、宠物、心灵鸡汤、情感、旅行、公知等，每一种定位背后都有天然的商业价值存在。那种美食就发菜谱、宠物就发萌宠图片模式显然已经过时了，一定要寻找独立的边缘领域，塑造自己的特色。以 @柒个先生为例，就寻找到了一个独立的特色，以萌宠金毛狗的口吻讲情感，情感的话题都以美食特点作为特色素材，积累吃货和金毛狗的粉丝群体。

（2）话题（讲故事）　不做素材的搬运工，原创可能会比较辛苦，但是粉丝忠实高。以话题#我和柒小汪的七个约定#为例，持续讲连载故事，三个月引发超5万人转载分享，3000万人阅读，吸引3家出版社邀约出版。这就是故事的魅力，一个好的故事会成就一个微博的独立特色，让粉丝有追剧情的趣味感。

当然最有效的微博话题，一定是互动话题，让网友有参与感的话题，这样的话题才能实现网友产生内容，才能挤进话题的排行榜。比如#免费画头像##免费送故事##免费找对象#，好的互动一旦进入前10排行榜，每天增加几千甚至过万粉丝很轻松。

（3）**热门微博（抢曝光）** 一般来说每小时的热门榜单，增加几百粉丝不成问题，一旦进入24小时热门排行榜，粉丝一天破万就看你的话题自身内容的关注度了。原创故事#我和柒小汪的七个约定#开始微博连载时，第一集当时转发6000多上榜，维持24小时，最后触动15000多转发，增加了8000多粉丝。

上热门榜单有一定技巧，那就是热度。只要不是明显的商业广告，就有机会上热门榜单。那么如何来实现热度？进入24小时榜单难度系数太高，那么就玩小时榜，持续关注这个榜单你就会发现，上榜的微博一般发布时间靠近整点，发布后一定要在最短的时间实现阅读量的增加，记住是阅读量，这个数据只有自己的微博可以看到，转发评论点赞在上榜前贡献值会弱一些，所以有效账号的转发很重要，而且是第一时间转发很重要。这就要求转发的号必须有绝对够多的真实粉丝。如果没有足够多的真实粉丝，就需要用互推的方式增加粉丝。

（4）**互推（会借力）** 互推是一种有效的增粉丝推广方式，是微博账号之间互换粉丝的一个过程，你有1万粉丝，我有1万粉丝，我们之间互推内容，也许最后我们每一人都有1万2000多的粉丝。参与互推的同等级账号越多，交换的粉丝就越多。组织的力量是无穷大的，而且内容的互推，会实现微博内容的有效阅读，为冲热门排行榜提供了有效的途径。

寻找互推资源，首选QQ群，其次是联系与自己相当的账号。建立了有效的互推渠道后，增粉就有了计划。现在微博的活跃度在下降，抱团肯定有利于内容的传播。

（5）**带号（会借势）** 想要做一个漂亮的自媒体账号，找大号来带小号也是必经之路，粉丝转化率高，比如维护美食类账号，找美食类的大号推自己的内容，这样精准的转化肯定最有效。当然弊端就是要投入，私信大号谈好价格，根据效果不停地更换带号的大号就可以了。如果经济实力可以，同时一次性地更换5～6个大号来带，只要内容足够有吸引力，粉丝增加五六千不成问题。但是关键是内容的输出和大号的选择。

8. 微博的运营方法

（1）**传头像，设定个性头像** 企业LOGO、企业法人、形象代言卡通人物等；主要是给粉丝一个真实的感，能够有亲近感，感觉到有一个鲜活的生命在和粉丝之间进行交流。

（2）**加话题，找组织，找个人，习惯使用##、@符号** 在广播里用"##"给内容加个主题，能够让更多志同道合的人找到你。因此尽量起个大家耳熟能详的主题名称会带来很好的效果。建议可以先搜索一下对应的关键词，如果已经有相关的热门话题，那么使用相同的主题名称可以带来不错的效果。使用@符号可以单独为对方定制微博服务，这种一对一的效果更容易赢得对方的好感。

（3）**有惯性** 不管你多么才思敏捷，语出惊人，沉默永远是关注度的最大杀手。保持一个合适的频率一方面可以提高听众的忠实度，避免他因见异思迁，甚至无情地取消对你的收听；另一方面持续"出镜"能够反复给大家留下印象，提高对你的关注。当然频率太高也会对别人产生骚扰,甚至有被拉入黑名单的危险。

(4)**为微博配图片** 一条成功的微博,如果能够配上相应的图片,那么更加显得相得益彰;况且,图片更加具有阅读性,往往有意思的图片被转载的概率会大于一条有意思的微博。

(5)**恰当的转播** 可以选择一些感兴趣的内容进行转播,分享给你的听众比自己写要容易得多。一个热点事件、某个精彩瞬间的传播都少不了大家每个人的"转播"力量。在这个过程中你会更快地获得大家的关注。当然,别忘了控制转播的频度,肆无忌惮、毫无选择地转播最终只会让你丢失了自我,让你的听众远去。

项目六

移动商务安全管理

【项目概述】

移动电子商务（M-Commerce）将互联网、移动通信技术、短距离通信技术及其他技术完美的结合，使人们可以在任何时间、任何地点进行各种商贸活动，实现随时随地的线上线下购物与交易、在线电子支付以及各种交易、商务、金融活动和相关的综合服务活动等。但由于移动电子商务的特殊性，目前移动电子商务的安全问题尤其显得重要。安全问题也是移动电子商务推广应用的瓶颈。移动电子商务发展的基石是安全问题，相对于传统的电子商务模式，移动电子商务的安全性更加薄弱。有线网络的安全技术不能直接应用于无线网络设备，无线设备的内存和计算能力有限而不能承载大部分的病毒扫描和入侵检测的程序。同时，无线网络本身的开放性降低了安全性等原因导致移动电子商务应用过程中存在安全威胁，以致出现平台系统漏洞、交易欺诈、病毒攻击等诸多安全问题。本项目作为本教材第六部分，紧紧围绕移动电子商务的安全管理问题展开，通过案例，讲解移动电子商务中交易安全问题，包括平台系统漏洞、交易欺诈、病毒攻击及对应安全防护知识。

【项目分析】

1. 移动商务安全管理现状

移动互联网呈现爆发性增长，手机早在 2012 年就已经成为第一大上网终端。家用计算机更多扮演多媒体和娱乐中心的角色；而工作用计算机随着移动办公的兴起，正在越来越多的场景中逐步让位于智能终端。与此同时，智能终端及移动互联网安全形势堪忧。与传统终端不同，移动终端与生俱来的用户紧密性决定了移动终端信息的敏感性。而其"移动"的特性又对于信息安全的保护提出了更高的要求。

首先，在国家层面，通过不断完善相应法律法规，建立信息安全的法律和政策框架。通过加大对信息产业的投入，逐步建立自主的技术路线、标准和体制，事实掌握信息产业发展的话语权。突破以核心芯片为代表的关键技术，推动自主可控移动互联网生态系统的建设。

其次，在企业层面上，积极应对移动办公带来的信息安全挑战，研究移动办公安全体系及架构，以云计算、安全终端等关键技术为突破口，建立、健全并发展自主可控的，包括终端自身安全、接入安全和传输安全的完整移动办公解决方案。

最后，在个人层面上，依托国家法律法规，在工业界提供移动互联网安全解决方案的基础上，加大信息安全知识宣传推广，提高个人信息安全保护意识，由点到面、自下而上地提高移动互联网信息安全整体水平。

2. 移动电子商务的安全问题及应对策略

（1）移动电子商务安全问题

① 无线网络自身的安全问题。移动网络自身存在一定的安全性问题，在移动电子商务给使用者带来方便的同时也隐藏着诸多安全问题，如通信被窃听、通信双方身份欺骗与通信内容被篡改等。由于通信媒介的不同，信息的传输与转换也可能造成不安全的隐患。

② 通信终端的安全问题。目前手持移动设备的安全威胁主要有：移动设备的物理安全，用户身份、账户信息和认证密钥丢失，SIM 卡被复制，RFID 被解密等方面。

③ 软件病毒造成的安全威胁。目前，手机软件病毒呈加速增长的趋势加重了这种安全威胁，软件病毒会传播非法信息，破坏手机软硬件，导致手机无法正常工作。主要安全问题表现在用户信息、银行账号和密码等被窃等方面。

④ 运营管理漏洞。目前存在着众多的移动商务平台，而其明显的特点是平台良莠不齐，用户很难甄别这些运营平台的真伪和优劣。在平台开发过程中一些控制技术缺少论证，在使用过程中往往出现诸多问题，而服务提供者对平台的运营疏于管理，机制不健全，这些都导致了诸多的安全问题。

（2）移动电子商务安全策略

① 端到端的安全。

数据在传输的过程中，自始至终都必须保障其安全性、完整性，移动电子商务中的终端设备有不尽相同的操作系统且采用不同标准，这就要求制定安全策略时需考虑企业和客户的实际需求以及移动应用的要求，如性能、可扩展性及系统管理通用性等。为应对商业安全问题，应系统制定全局策略。

② 安全技术防护策略

a. 无线公共密钥技术（WPKI）。WPKI 可以用来管理公开密钥和数字证书，它确保了数据传输路径真正实现端到端安全及可信交易，可信的 WPKI 还能够使企业实施非复制功能，并能保证信息的不可抵赖性。

b. CA 认证中心。通过对密钥进行有效管理，并发数字证书证明密钥的有效性，将公开密钥与使用移动电子商务的企业和用户结合，利用数字证书、数字签名、加密算法等加密技术，建立起加解密和认证系统，防止电子商务交易中一些重要数据在传输过程中被窃取、篡改，确保电子商务交易安全进行，并保障支付安全。

c. 防病毒技术。防病毒技术应做到病毒查杀、新病毒迅速反应、病毒实时监测、快速方便的升级与系统兼容性等，以保证移动设备终处于较好、较稳定的工作状态。

③ 安全管理策略

a. 规范行业管理。为了保证移动电子商务交易的高效与可靠，必须建立一整套移动电子商务行业的安全标准，并提高交易各方的安全意识。建立交易过程中的相互作用机制，以促进移动电子商务能够健康、快速地发展。

b. 完善相关法律。国家应在已经建立的法律法规基础之上逐步完善移动电子商务相关法律和制度，明确行业政策导向，保障公平的竞争环境。随着更有意义的安全法律的制定，双方可以放心地参与方便、快捷、安全的移动电子商务活动。

【任务分解】

任务一　移动电子商务安全

1. 移动电子商务交易安全问题

（1）数据泄露　2015年，美国著名O2O专车打车网站优步（Uber）发生大规模信息泄露事件，大约5万名优步（Uber）司机的个人信息被不知名的第三方人士获取，包括现任司机和前任司机的姓名、车牌号、驾驶证号等。据称，Uber公司的泄密事件源于其内部系统存在安全漏洞。

其实，90%的数据泄露事件是可以避免的。俗话说"苍蝇不叮无缝的蛋"，发生移动电子商务安全事故，一定程度上是因为本身的安全部署存在漏洞，让攻击者有机可乘。

网络信任联盟（Online Trust Alliance，简称OTA）对2014年发生的1000多起数据泄露事故进行了分析，统计结果显示，这些泄露事故的发生主要可归结为四个原因：40%为外部入侵；29%源自内部员工，包括意外以及恶意；18%是设备或文件丢失和被盗所致；11%是通过社会工程或欺诈所致。另有2%为其他原因。

OTA通过对以上调查结果进行总结后称，在这些数据泄露事故中，有90%原本可以通过加强内部控制来避免。而为何原本可以避免的泄密事件最终还是没有及时止住风险呢？OTA总裁表示，日益增加的风险和威胁让企业不堪重负，这些企业往往是没有做好基础安全部署措施。

未来企业移动电子商务安全基础设施需重新布局，然而移动电子商务网络安全部署并不是一劳永逸的事情，移动电子商务技术在日新月异发展的同时攻击者们也会不断学习并改变侵袭战术，因此要在这场持久战当中生存下来，企业必须拿出自己的移动电子商务安全规划来，把安全风险从源头上遏止。

企业移动电子商务安全管理是一个动态发展的过程，根据局势的发展随时调整自身的安全部署措施是基础而必要的认识。过去发生的一些电子商务安全事件告诉我们，攻击者们的手段正在变化，原有的安全策略似乎已经不足以抵挡攻击者的入侵了，企业的安全基础设施需要进行新一轮的调整。同时，这也是企业避免信息泄露事件发生的有效举措。

另外，关注移动电子商务的数据安全将成为未来的趋势。据研究，目前安全领域最为突出的趋势之一在于，安全保护工作的重心正在由过去的系统及应用程序转移到数据本身。在过去，企业往往习惯于将机密数据存储于数据库中，通过对数据库系统采取安全保护措施来保护企业数据安全。通过Uber的泄密事件，我们可以发现，这样的方式存在的问题在于，系统漏洞没有被及时发现并补救时，攻击者们的入侵常常难以抵挡。

将企业移动电子商务安全保护的重点从关注系统到关注数据本身转移也可以有效避免信息泄露。不管对企业信息安全的威胁是来自外部入侵、内部泄密还是文件丢失或是社会工程欺诈，我们都有理由可以相信，通过对数据本身进行加密可以从源头上降低数据泄密的风险。虽然对数据本身进行加密对企业来说相对麻烦，但要有效减低泄密风险，数据加密是企业需要尝试采取的行动。

移动电子商务技术日新月异，泄密风险纷繁复杂，但安全与风险往往都在一念之间，危机看似深重而不可解除，实际上一切结果都有其不可忽视的缘由。加强企业安全部署应该成为企业避免移动电子商务安全事件发生的工作重点。

图 6-1　手机淘宝客户端无法登录

（2）登录系统安全风险　一般情况下，用户通过移动端购物，首先需要一个个人账户，作为与卖家交流沟通以及支付购物款的前提，买家在每次购物时都需要登录账户，但在这个登录过程中，存在许多的安全隐患，其主要来源是用户自身平板电脑和手机的网络安全环境。随着平板电脑和智能手机的普及，网络黑客猖獗，借助木马攻击可以很容易地获取用户账户密码，并从中获取用户的购物信息、个人资料、住址、电话等隐私，过于完备的个人资料在这个过程中，反倒成了最大的安全风险。其次是淘宝自身的登录系统安全，试想一旦淘宝的登录体系被黑客攻占，黑客可以获取的是数以亿计的用户登录信息，并从中获取用户的基础资料，虽然这个过程中不会给用户带来直接的经济损失，但个人资料的外泄其后果严重可想而知（图 6-1）。

（3）网上支付安全风险　移动电子商务交易的过程伴随着现金的支付。以淘宝的交易过程为例，由支付宝在中间中转，买家先将购物的款项打入支付宝，等买家收货满意后，再点击"确认支付"，由支付宝将先前暂存的款项支付到卖家。这个过程看似简单，却又充满危险，如用户的平板电脑和手机客户端被钓鱼、支付宝平台出现安全漏洞等，都会令买家产生直接的经济损失（图 6-2）。同时，支付安全也是买家群体最为关注的问题，是直接决定电子交易用户去留的关键。

图 6-2　手机支付宝无法进行支付

（4）网络诈骗　网络诈骗涵盖面较广，同时也是目前移动电子商务交易过程中最多也是最广泛存在的安全问题，如图 6-3 所示。网络诈骗不同于登录安全和支付安全，是直接由人为造成的安全问题。网络诈骗往往伴随用户的直接经济损失，金额从小到大不等，严重的可以上万元甚至更多。由于淘宝在产生之初就注重于 C2C 平台的建设，交易均是由个人与个人之间产生，网络诈骗的形式往往是卖家通过不实商品承诺，欺骗消费者付款，然后携款潜逃，此时卖家预留在淘宝的保证金往往无法弥补数量众多的受害者，从而造成消费者直接的经济损失。值得一提的是，此前讲到的绕过淘宝系统直接通过支付宝面向卖家的行为，不受淘宝制度的保护。这种情况往往是卖家以各种理由欺骗买家直接在支付宝付款，从而避开了淘宝的买家保障机制，成为移动电子商务安全的极大隐患。

2. 移动电子交易安全防范措施

面对上述移动电子商务交易安全问题，应该采取以下具体防范措施。

（1）网络法制体系建设　猖獗的网络安全问题，严重威胁着移动电子商务安全的发展，更影响着电子交易的核心竞争力。提高电子交易甚至包括整个现代化网络的关键，需要建立一个完善的网络法制体系，在源头对网络诈骗、黑客攻击等一系列行为进行严格的约束、定义，保护消费者在网络交易中的各种正当权益，明确纠纷产生后的主次责任，确保消费者的经济损失可以得到正规的补偿。同时，在配合法制体系建设上，要加强网络警察、网络执法部门的建立，严格彻查各类网络交易诈骗，肃清网络环境。

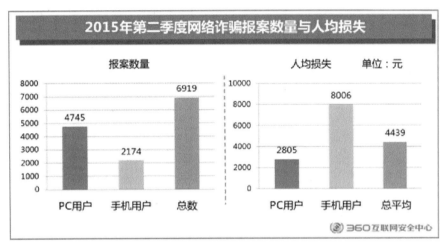

图 6-3　移动电子商务网络诈骗呈上升趋势

（2）**个人信用体系建设**　个人要加强网络安全环境建立，同时也需要加强个人信用体系的建设。个人信用体系，不是淘宝的评价体系，是一个社会型的个人信用体系，其影响可以涉及日常生活的方方面面，约束个人的不负责任行为。其评价因素，不仅要包括个人的网络行为，而且应该包含日常社会生活行为，从而更全面地评价其个人信用。完善淘宝原本评价体系的不足，杜绝个别刷信誉、虚假交易记录等造成的不实记录，让信用机制在更大程度上为买家选择提供帮助。此外，该个人信用体系将不仅仅帮助淘宝减少个人网络诈骗行为的产生，也可以扩展到其他电子交易行为中，形成一个全网络的信用体系，真正地形成一个全面的网络诚信平台。

（3）**用户安全意识培养**　许多电子交易安全问题的产生都与用户自身的安全意识有关，不规范的操作或者没有很好的软件保护，都会使手机和平板电脑感染病毒，从而造成不同程度的安全隐患或者直接的经济损失，尤其是现在整体网络环境不安全的情况下，用户自身行为直接影响到自身利益，从个人隐私泄露到经济损失都有可能发生。因此，在弥补移动电子商务交易安全不足的过程中，培养用户更高的安全意识素养十分重要也十分必要，不仅包括自身电子终端设备安全的保护，也包括网络诈骗的识别，以用户自身为切入点，全面防范网络安全，为自身负责。

任务二　移动终端安全

1. 移动终端安全问题

随着网络技术的迅猛发展，各行各业逐步跨入信息时代大平台。一方面为信息存储、行业推广提供了极大便利，而另一方面也加速了网络信息安全隐患的不断滋长，频频爆出"搜狗手机输入法泄露用户隐私""携程曝安全支付漏洞 用户信用卡遭泄密""棱镜门事件：美国政府窥探着全世界""中国人寿 80 万份意外险保单信息遭泄露"等网络信息安全事件。特别是近年来，网络技术朝着越来越移动化的方向延伸，移动终端正在从简单的通话工具变为一个综合信息处理平台，其智能化办公的特点广受追捧，然而，其安全保密性问题却也因此日益凸显。网络信息安全保密、防止用户数据被盗取等问题已经成为当前移动终端数据保密的工作重点。

截至 2014 年 8 月，中国移动用户达到 12.67 亿，其中移动宽带用户（3G、4G）占比突破 40%，达到 5.1 亿户；国内智能手机用户占比达到 66%，三分之二的手机用户已经完成了智能化升级；通过手机上网网民比例达到 83.4%，手机首次超越 PC 成为第一大上网终端。移动互联网的发展，不仅极大地方便了人们的生活，也带来了诸如个人隐私安全、个人信息安全及个人财产安全等问题。

信息安全问题不单单是个人隐私问题，更是信息化国家安全的基石。美国"棱镜门"事件揭秘者爱德华·斯诺登（Edward Snowden）声称美国国家安全局（NSA）可以在手机关机的情况下继续通过麦克风监听用户。随后美国国家安全局发布了第一份透明报告，承认其中的一项监听计划监控了近 9 万个机构和个人。这是美国国家安全局第一次对外界公布其所实施的监控计划的数据统计，其中甚至包括德国总理的手机也遭到窃听，使全世界对手机安全的重视提升到非常高的水平。2014 年 2 月我国成立中央网络安全和信息化领导小组，信息安全建设从常规化的被动发展提升到国家战略高度。

随着智慧城市建设和移动互联网的快速发展，智能手机、平板电脑等移动终端用户数量呈爆发式增长，智能终端型号五花八门，应用多样，极大方便了广大用户日常工作、学习、生产和生活。然而，手机等终端安全问题越来越突出，窃取通信录、照片、位置信息、通话记录、短信内容、应用密码账户等个人隐私和敏感数据时有发生，利用电信欺诈、手机银行窃取他人资金、非法获取他人电话号码推送垃圾广告等违法犯罪活动十分猖獗，严重影响了广大用户的正常学习、生活和工作。随着智能手机和 4G、5G 应用的普及以及智慧城市应用的实现，移动互联网安全形势将更加严峻，已受到世界各国和全社会的关注。目前，从用户对智能手机的使用情况看，大多数用户只关心手机的使用功能、性能和便捷性、可用性等问题，对手机安全问题关注的人不够多，不敏感、不在乎，不同类型的用户群安全意识差别较大，普遍安全意识薄弱，安全技能低下，安全产品和安全服务防护水平不高，通信运营商之间以及手机厂商之间的恶性竞争对安全性也带来许多负面影响。很有必要让广大用户了解相关情况，深入关注移动终端安全，提高智能手机的安全使用水平和安全意识。

常见的智能手机安全威胁主要包括：恶意代码威胁（木马）、应用程序中的隐蔽功能威胁、隐通道和安全漏洞/后门威胁、特殊功能和特定服务中的威胁以及针对相关基础设施的威胁和针对数据内容的其他攻击威胁。其中，智能手机应用安全问题备受专家和安全机构的关注。

2. 移动终端安全防护措施

维护移动终端安全主要依靠用户自身来完成。其中，技术安全防护措施固然重要，但更重要的却是用户的使用习惯。具体面向用户的安全防护措施如下。

（1）物理上始终为用户管理 移动终端在物理上始终为用户管理是非常重要的，对待移动终端要像对待信用卡那样时刻为用户自己完全可控。如果移动终端借给其他人，势必存在被误用的可能，甚至于安装上恶意软件或者激活未知业务（如追踪业务等）；也存在费用盗用或者敏感数据被盗的危险；同时，移动终端的安全策略可能被更改，导致安全事件发生时用户却一无所知。

（2）**启动用户认证** 大部分移动终端都具备 PIN 码和密码等用户认证机制。事实上，这些安全机制是移动终端安全防范的第一道防线，也是非常有效的安全措施。这些用户认证机制非常有必要根据实际情况启用，并修改初始密码。

（3）**定期备份数据** 对于移动终端存储的机密和重要数据，要定期进行备份，通常采用计算机软件协助备份。目前很多移动终端为用户提供了数据接口和蓝牙、红外等通信接口，用户可以使用这些接口建立移动终端和计算机的连接，再通过软件（一般为移动终端设备制造商自己开发的文件管理器工具或第三方软件），完成相应的操作（如计算机与移动终端的文件传输、对移动终端文件的查找和删除等操作）。

（4）**减少数据暴露危险** 正如前文所提，认证机制可能被旁路或者攻破，甚至已删除信息都可以从内存中恢复。因此，应尽量避免把敏感信息（例如个人和财务账号等）存储到移动终端中。

（5）**避免随意操作** 恶意软件主要通过数据通道（例如多媒体消息、蓝牙和互联网等）传输到移动终端。对接收者来说，任何未知号码和未知设备传送的信息都是怀疑对象。绝大多数恶意软件都需要用户的配合才能产生效果，所以用户不能随意认可或者操作这些被怀疑的对象。

（6）**避免使用无线接口** 目前移动终端具备了众多无线接口（例如 Wi-Fi、蓝牙和其他无线接口），很多无线接口都有潜在的安全威胁，特别是一些无线接口的默认状态为开启并且自动连接。因此，最好不要随意接入未知网络，例如不要默认使用 Wi-Fi 接入未知 AP。如果不使用无线接口，最好把这些无线接口关闭，如果需要开启，则要进行启动认证机制。目前移动终端具备众多功能，从安全角度考虑，用户有必要关闭一些不常使用的功能。

（7）**安装安全防护软件** 对于移动智能终端，比较有效的安全防护措施就是安装安全防护软件。由于移动智能终端功能众多，故此涉及的安全防护软件也多种多样。

① 防病毒软件。移动终端病毒和恶意软件的泛滥，使得预装防病毒软件成为保证移动终端和网络安全的一个基本和必要条件，由于移动终端操作系统的多样性，各个厂商可以针对不同的移动终端和不同的操作系统开发出不同版本的防病毒软件，并可以让用户定期更新。

② 移动终端防火墙。安装移动终端防火墙，可以依据相关安全策略限制移动智能终端接入分组域或相关应用，减少安全风险。用户还可以限制来电号码，对于不愿意接听的电话或拒绝接受信息的号码，可以将其设定在防火墙或黑名单里，当这些号码拨打用户移动终端时，听到的是忙音或提示不在服务区，同时，用户终端会提示这些号码曾致电给用户。这样就可以起到拦截垃圾信息和骚扰电话的作用。

③ 生物识别软件。由于过于简单的密码容易被黑客破译，而太过复杂的密码又不便于记忆，每个用户的生物特征恰好与众不同，生物识别软件理所当然地成为移动终端认证的替代方式（如指纹识别、人脸识别等），使移动终端更加方便、安全和灵活。

④ 加密软件。加密软件可以对移动终端（包括存储卡）所存储的内容进行加密，确保移动终端一旦丢失或者被借用时内容不被第三者获知。

⑤ 入侵检测。入侵检测可以在移动终端被攻击或者不安全事件发生时自动提醒用户，并且按照预先设定的安全策略自动采取相应的防范措施。

未来移动智能终端安全涉及方方面面，安全问题遵循"木桶效应"，解决一部分问题不代表移动终端安全问题就得到了解决。移动安全是一个生态圈，需要大家共同努力，只有企业、应用市场、终端厂商、个人用户各方一起携手提高安全意识，才能最终建立并不断优化移动智能终端的安全生态链。随着移动互联网的发展，移动终端的功能越来越强，在移动商务安全管理中扮演的角色也越来越重要，可以说，任何移动终端的安全问题都会对用户产生重大影响。因此，人们应借助相应的安全技术手段，管理好自己的移动终端，从而令其发挥更积极的作用。

任务三　手机病毒

1. 手机病毒的现状和危害

随着移动通信网络向 IP 化发展，手机病毒也逐渐出现并渗透进人们的生活。智能手机的普及，手机操作系统及各种接口标准的逐步统一，都为手机病毒的产生提供了便利条件。

另外，3G 和 4G 技术经过不断发展日趋成熟。它支持宽带且基于包传输数据，并提供手机"实时在线"及其他一些无线通信功能，接入互联网获取大量信息已成为手机的重要功能之一。移动通信系统为用户提供了越来越丰富的服务，包括手机聊天、移动资讯、电子邮件、移动证券、移动电子商务等。这些服务在方便用户的同时也给手机增加了感染病毒的机会，移动通信系统中因此出现了越来越多的手机病毒。

根据《2014 年中国手机安全状况报告》显示，2014 年，全国平均每天有近 90 万部手机被木马病毒感染。

而 2015 年上半年手机病毒出现爆发式增长，病毒软件新增数量达到 127.31 万个，环比增长 240%。新增病毒类型以恶意扣费、隐私窃听、资费消耗、流氓行为为主，其中恶意扣费类病毒占比超过 43.1%。手机不幸"中弹"，也就意味着越来越多的用户受到隐私外泄、信息骚扰等威胁。手机病毒的发展大致分为以下三个阶段。

第一个阶段是手机短信病毒阶段，这类手机病毒的代表是 2002 年出现的"洪流"（Hack.sms_flood）病毒。

第二个阶段是智能手机 / 手持设备病毒阶段，比如通过蓝牙设备传播的"卡比尔"和"Lasco.A"病毒。

第三个阶段是网络手机病毒阶段。比如针对移动通信运营商的"蚊子木马"病毒。

手机病毒的存在会占用手机的内存空间，利用系统的漏洞进行资源盗窃，有的甚至直接进行系统攻击。除妨碍使用外，手机病毒还将带来以下问题：①携带恶意代码，清除或篡改用户手机内的电话簿；②病毒代码利用用户手机内的电话簿发短信；③向外发送垃圾邮件；④破坏或非法获取手机中存储的重要信息；⑤损毁 UIM/SIM 卡、芯片以及手机系统；⑥造成通信网络堵塞和瘫痪等。

例如，现代移动技术让手机扫一扫二维码，就可以实现购物、看视频、上网页，这些看似很方便。但是，"来路不明"的二维码背后可能是木马病毒，病毒截获手机短信后，可轻松转走用户支付宝或银行卡上的钱。越来越多不法分子将目光转向手机用户，防范手机木马要注意一定不要点击陌生人发送的链接、二维码截图、压缩包等，如图 6-4 所示。

报纸杂志、商品包装、飞机火车票、餐馆咖啡店甚至户外广告牌，二维码变得无处不在，很多人遇到二维码就想扫描一下。湖南长沙的戴女士在某论坛看到一家餐馆"扫码下载手机优惠券，即可享受6折优惠"的团购信息后，赶紧用手机扫描了这个二维码，可优惠券并没出现。直到第二天收到了手机欠费通知，戴女士才知道一夜之间她预存的100多元手机话费被扣光了。咨询通信公司技术人员得知，很可能是戴女士通过扫描二维码下载了手机吸费病毒。

陌生的二维码不可信，可"好友"发来的也不一定是安全的，因为用户看到的"好友"很可能是由不法分子伪装的。微信网友"泡泡"前不久就收到好朋友小肖发的一个二维码，说下载安装可以拿星巴克优惠券，他信以

图6-4　二维码背后的病毒

为真点击安装，不料优惠券没出现，几个小时后支付宝账户里的几百元钱被莫名转走。

经过微信高手指点，他们才知道，原来这个骗钱的"小肖"并不是他真正的朋友，而是一个微信群里结识的陌生人。根据微信的规则，不同用户可以用相同的用户名称和头像，骗子将自己的微信名称和头像修改成和小肖一样的，再冒充成小肖发送了带有木马的二维码。

随着手机银行、手机支付的普及，越来越多不法分子将目光转向手机用户，手机木马开始成为新木马的主要方向。

其中，用户群庞大、文件发送方便的微信、陌陌等首当其冲成为不法分子的目标。据了解，"伪装好友"及"假装购物"都是不法分子近期针对微信用户的惯常手机木马作案伎俩，用户也最容易上当受骗，特别是可轻易通过改头像和名称伪装好友的微信给用户带来极大安全隐患。

据统计，微信平台2015年发生30多起类似被转账案件。由于这些手机木马可以劫持手机短信、账户资料等，而这些又是网银、支付宝、微博、邮箱等应用的安全防护关键信息，会给用户带来极大的财产安全风险。因此，对于通过微信等聊天平台传输来的链接、文件，都要小心，最好确认后再接收。

专家提醒，防范手机木马要注意一定不要点击陌生人发送的链接、二维码截图、压缩包等，尤其是点击链接后需要下载的更要慎重。

此外，微信用户收到后缀名为.apk的文件，绝对不要点击下载和打开，安装手机应用要到官网下载，最好仔细阅读应用授权说明。专家还建议，用户添加微信等好友后，要及时添加姓名备注防止骗子冒充欺诈。

一旦发现手机中木马，要第一时间修改用户账户密码，有支付宝、网银等移动金融应用的还要及时致电相关客服以保护账户资金安全。手机则可以备份重要文件后，通过恢复出厂设置的方式清除木马。

2. 手机安全防范认识

（1）手机服务商安全措施　作为手机服务商，面对手机病毒的肆虐应该采取以下的安全性措施。

① 将执行Java小程序的内存和存储电话簿等的内存分割开来，从而禁止小程序访问电话本等资料；已经下载的Java小程序只能访问保存该小程序的服务器；当小程序利用手机

的硬件功能时便发出警告。

② 对手机厂商而言，要防止出现手机的安全漏洞，如果发现漏洞应及时给予修补。

③ 手机病毒的通道主要是移动运营商提供的网关，因此在网关上进行杀毒是防止手机病毒扩散的最好办法。

（2）**用户安全意识**

① 警惕乱码电话。当有电话拨入时，若屏幕上显示的不是来电号码，而是出现别的字样或奇怪符号，不要接听或立即把电话关闭。

② 接收短信时要小心。容量有限的 SMS 已经被病毒钻过空子，容量更大的 MMS 就更难预料。当短信出现乱码并且阅读后出现死机等异常现象时，应该立即把 UIM/SIM 卡取出，放到另一个不同机型的手机里，然后再删除该条短信。

③ 不要接受陌生请求。利用无线传送功能比如蓝牙、红外接受信息时，一定要选择安全可靠的传送对象，如果有陌生设备请求连接，最好不要接受，因为手机病毒会自动搜索无线范围内的设备进行病毒传播。

④ 不要用手机浏览陌生网站和邮件。不要随便下载不确定来源的文件（包括手机铃声和图片），尽可能从一些信誉好的服务提供商那里下载。

⑤ 留意手机病毒的现状和清除病毒的方法，经常为手机查杀病毒。清除手机病毒最好的方法就是删除带有病毒的信息。如果发现手机已经感染病毒，应立即关机。若死机无法关闭，则可取下电池，然后将 UIM/SIM 卡取出并插入另一型号手机中，将存于卡中的可疑短信删除。如果仍然无法使用，通过无线网站对手机进行杀毒，或通过手机的 IC 接入口或红外传输接口进行杀毒。

（3）**手机防火墙**　在考虑手机安全的同时，要考虑移动网络的安全。防范手机病毒最好的办法是服务商与用户相配合，使用杀毒软件和防火墙。手机防火墙可避免黑客入侵并控制用户手机进而窥探用户的个人隐私，还能即时监视、追踪和过滤网络资料存取。

手机防火墙有两种可能的实现方法：安装在手机中或安装在移动网络的网关中。如果手机防火墙安装在手机中，用户应为防火墙设置一些规则；如果安装在网关，则由运营商提供手机防火墙的服务，用户可以扩展这些规则，即个人用户或群主用户可以在手机防火墙中增加需要的服务。

将手机防火墙安装在网关，能够确保所有的流入数据都是经过授权的。这种情况下，手机用户可以通过网络订购这种在网关中提供手机防火墙的服务，而不需要单独支持防火墙的信任服务、信任应用等功能。如果用户需要这些功能，也可在手机中安装手机防火墙并单独设置，此时，在网关中的手机防火墙将决定用户可以信任哪些手机号码或服务器。

在网关中运行防火墙的另一个好处是可以由网络运营商完成防火墙的升级。无论在什么时候，网络中出现了新的病毒或木马，如果手机用户在网关中申请了个人防火墙服务，运营商有责任对个人防火墙进行升级，申请了个人防火墙服务的用户，能够根据他们的要求在网关中运行的防火墙设置处理输出信息流的规则，而且手机也应该支持这项功能。

【知识要点】

1. 移动电子商务面临的安全威胁

（1）**网络本身的威胁**　无线通信网络可以不像有线网络那样受地理环境和通信电缆的限制，可以实现开放性的通信。无线信道是一个开放性的信道，它给无线用户带来通信自由和灵活性的同时，也带来了诸多不安全因素：如通信内容容易被窃听、通信双方的身份容易被假冒以及通信内容容易被篡改等。在无线通信过程中，所有通信内容（如，通话信息、身份信息、数据信息等）都是通过无线信道开放传送的。任何拥有一定频率接收设备的人均可以获取无线信道上传输的内容。这对于无线用户的信息安全、个人安全和个人隐私都构成了潜在的威胁。

（2）**无线 Ad hoc 应用的威胁**　除了互联网在线应用带来的威胁外，无线装置给其移动性和通信媒体带来了新的安全问题。考虑无线装置可以组成 Ad hoc 网路。Ad hoc 网络和传统的移动网络有着许多不同，其中一个主要的区别就是 Ad Hoc 网络不依赖于任何固定的网络设施，而是通过移动节点间的相互协作来进行网络互联。由于其网络的结构特点，使得 Ad Hoc 网络的安全问题尤为突出。Ad hoc 网络的一个重要特点是网络决策是分散的，网络协议依赖于所有参与者之间的协作。敌对一方可以基于该种假设的信任关系入侵协作的节点。

（3）**网络漫游的威胁**　无线网络中的攻击者不需要寻找攻击目标，攻击目标会漫游到攻击者所在的小区。在终端用户不知情的情况下，信息可能被窃取和篡改。服务也可被故意或不经意地拒绝。交易会被中途打断而没有重新认证的机制。由刷新引起连接的重新建立会给系统引入风险，没有再认证机制的交易和连接的重新建立是危险的。连接一旦建立，使用 SSL（Secure Sockets Layer，安全套接层）和 WTLS（Wineless Transport Layer Security，无线安全传输层）的多数站点不需要进行重新认证和重新检查证书。攻击者可以利用该漏洞来获利。

（4）**物理安全**　无线设备另一个特有的威胁就是容易丢失和被窃。因为没有建筑、门锁和看管保证的物理边界，安全和较小的体积，无线设备很容易丢失和被盗。对个人来说，移动设备的丢失意味着别人将会看到数字证书以及其他一些重要数据。利用存储的数据，拿到无线设备的人就可以访问企业内部网络，包括 Email 服务器和文件系统。目前手持移动设备最大的问题就是缺少对特定用户的实体认证机制。

2. 移动电子商务系统的安全需求

（1）**数据机密性需求**　移动电子商务系统拥有敏感的数据，其中包括商业秘密、知识产权、关键业务信息、业务合作伙伴信息或客户信息。必须根据公司政策、法规要求和行业标准保护所有此类数据。

（2）**信息完整性需求**　需保证信息的保密性、真实性、完整性、未授权拷贝和所寄生系统的安全性。信息安全本身包括的范围很大，其中包括如何防范商业企业机密泄露、防范青少年对不良信息的浏览、个人信息的泄露等。网络环境下的信息安全体系是保证信息安全的关键，包括安全操作系统、各种安全协议、安全机制（数字签名、消息认证、数据加密等），直至安全系统，如 UniNAC、DLP 等，只要存在安全漏洞便可以威胁全局安全。

（3）**信息的可认证性需求**　信息的可认证性体现在移动电子商务系统方面：如现有电子支付系统，通过引入电子钱包，采用混合加密体制和数字签名技术，提出了一种新的基于电子钱包的电子现金支付协议。协议模拟现金交易的模式，在保证安全性的基础上实现了电子现金的可验证性、可传递性、可分割性。

（4）**防抵赖性需求**　移动电子商务交易的各方在交易完成时要保证信息的不可抵赖性，指在传输数据时必须携带含有自身特质、别人无法复制的信息，防止交易发生后对行为的否认。不可抵赖性包括对自己行为的不可抵赖及对行为发生的时间的不可抵赖。通过进行身份认证和数字签名可以避免对交易行为的抵赖，通过数字时间戳可以避免对行为发生的抵赖；通常可通过对发送的消息进行数字签名来实现信息的不可抵赖性。

（5）用户身份隐秘　移动电子商务交易中的商务信息均有保密的要求。如电子支付的账号和密码等不能被他人知悉，因此在信息传播中用户身份一般均有加密的要求。

3. 移动电子商务系统中安全实现模型

（1）基于短消息（SMS）的移动电子商务安全实现模型　基于SMS的移动电子商务安全实现模型，要求移动电子商务系统建立总体安全架构，然后分别从终端接入层、通信链路层、网关协议层、应用服务层四个层面保证移动电子商务安全，以动态口令与"挑战"文本相结合的认证方式，以Hash算法实现签名，端到端的SMS移动电子商务安全技术方案。

（2）基于无线应用协议（WAP）的移动电子商务安全实现模型　WAP定义了一个开放的全球无线应用框架和网络协议标准，将互联网上的应用和服务引入移动电话等无线终端，使移动用户可以不受网络种类、网络结构、运营商的承载业务以及终端设备的限制，通过移动设备方便地访问和获取以统一的内容格式表示的国际互联网或企业内部网的信息和各种服务。

4. 移动电子商务系统安全原则

（1）木桶原则　木桶原则是指对信息均衡、全面地进行保护。"木桶的最大容积取决于最短的一块木板"。移动商务系统是一个复杂的系统，它本身在物理上、操作上和管理上的种种漏洞构成了系统安全的脆弱性，尤其是多用户网络系统自身的复杂性、资源共享性使单纯的技术保护仍显力不从心。攻击者使用的"最易渗透原则"，必然在系统中最薄弱的地方进行攻击。因此，充分、全面、完整地对系统的安全漏洞和安全威胁进行分析，评估和检测（包括模拟攻击）是设计信息安全系统的必要前提条件。安全机制和安全服务设计的首要目的是防止最常用的攻击手段，根本目的是提高整个系统的"安全最低点"的安全性能。

（2）整体性原则　要求在移动商务系统发生被攻击、破坏事件的情况下，必须尽可能地快速恢复网络信息中心的服务，减少损失。因此，信息安全系统应该包括安全防护机制、安全检测机制和安全恢复机制。安全防护机制是根据具体系统存在的各种安全威胁采取的相应的防护措施，避免非法攻击的进行。安全检测机制是检测系统的运行情况，及时发现和制止对系统进行的各种攻击。安全恢复机制是在安全防护机制失效的情况下，进行应急处理和尽量、及时地恢复信息，减少攻击的破坏程度。

（3）安全性评价与平衡原则　对任何网络，绝对安全都难以达到，也不一定是必要的，所以需要建立合理的实用安全性与用户需求评价与平衡体系。安全体系设计要正确处理需求、风险与代价的关系，做到安全性与可用性相容，做到组织上可执行。评价信息是否安全，没有绝对的评判标准和衡量指标，只能决定于系统的用户需求和具体的应用环境，具体取决于系统的规模和范围、系统的性质和信息的重要程度。

（4）标准化与一致性原则　系统是一个庞大的系统工程，其安全体系的设计必须遵循一系列的标准，这样才能确保各个分系统的一致性，使整个系统安全地互联互通、信息共享。

（5）技术与管理相结合原则　安全体系是一个复杂的系统工程，涉及人、技术、操作等要素，单靠技术或单靠管理都不可能实现。因此，必须将各种安全技术与运行管理机制、人员思想教育与技术培训、安全规章制度建设相结合。

（6）统筹规划，分步实施原则　由于政策规定、服务需求的不明朗，环境、条件、时间的变化，攻击手段的进步，安全防护不可能一步到位，可在一个比较全面的安全规划下，根据网络的实际需要，先建立基本的安全体系，保证基本的、必需的安全性。随着今后网络规模的扩大及应用的增加，网络应用和复杂程度的变化，网络脆弱性也会更加突出，调整或增强安全防护力度，保证整个网络最根本的安全需求。

（7）**等级性原则** 等级性原则是指安全层次和安全级别。良好的信息安全系统必然是分为不同等级的，包括对信息保密程度分级，对用户操作权限分级，对网络安全程度分级（安全子网和安全区域），对系统实现结构的分级（应用层、网络层、链路层等），从而针对不同级别的安全对象，提供全面、可选的安全算法和安全体制，以满足网络中不同层次的各种实际需求。

（8）**动态发展原则** 要根据网络安全的变化不断调整安全措施，适应新的网络环境，满足新的网络安全需求。

（9）**易操作性原则** 首先，安全措施需要人为去完成，如果措施过于复杂，对人的要求过高，本身就降低了安全性。其次，措施的采用不能影响系统的正常运行。

5. 手机病毒的种类及症状

手机病毒按病毒形式可以分为四大类。

（1）**通过"无红传送"蓝牙设备传播的病毒"卡比尔""Lasco.A"** "卡比尔"（Cabir）是一种网络蠕虫病毒，它可以感染运行 Symbian 操作系统的手机。手机中了该病毒后，使用蓝牙无线功能会对邻近的其他存在漏洞的手机进行扫描，在发现漏洞手机后，病毒就会复制自己并发送到该手机上。

"Lasco.A"病毒，与蠕虫病毒一样，通过蓝牙无线传播到其他手机上，当用户点击病毒文件后，病毒随即被激活。

（2）**针对移动通信商的手机病毒"蚊子木马"** 该病毒隐藏于手机游戏"打蚊子"的破解版中。虽然该病毒不会窃取或破坏用户资料，但是它会自动拨号，向所在地为英国的号码发送大量文本信息，结果导致用户的信息费剧增。

（3）**针对手机 BUG 的病毒"移动黑客"** 移动黑客（Hack.mobile.smsdos）病毒通过带有病毒程序的短信传播，只要用户查看带有病毒的短信，手机即刻自动关闭。

（4）**利用短信或彩信进行攻击的"Mobile.SMSDOS"病毒** 典型的例子就是出现的针对西门子手机的"Mobile.SMSDOS"病毒。

"Mobile.SMSDOS"病毒可以利用短信或彩信进行传播，造成手机内部程序出错，从而导致手机不能正常工作。

常见手机病毒名称及其毒发症状：

EPOC_ALARM——手机持续发出警告声音；

EPOC_BANDINFO.A——将用户信息更改为" Some fool own this "；

EPOC_FAKE.A——在手机屏幕上显示格式化内置硬盘时画面，吓人把戏，不会真格；

EPOC_GHOST.A——在画面上显示" Every one hates you "（每个人都讨厌你）；

EPOC_LIGHTS.A——让背景光不停闪烁；

EPOC_ALONE.A——这是一种恶性病毒，会使键操作失效；

Timofonica——给地址簿中的邮箱发送带毒邮件，还能通过短信服务器中转向手机发送大量短信；

Hack.mobile.smsdos——会让手机死机或自动关机；

Unavaifabie——当有来电时，屏幕上显示"Unavaifaule"（故障）字样或一些奇怪的字符，如果此时接起电话则会染上病毒，同时丢失手机内所有资料；

Trojan horse——恶意病毒，病毒发作时会利用通信簿向外拨打电话或发送邮件，甚至打电话找警察。

现在的智能手机中毒的概率大大增加，所以给手机安装杀毒软件是非常必要的，目前国内杀毒厂商也分别推出了自己的手机安全软件，例如瑞星手机安全软件，支持 Android、Symbian 系统，相信随着智能手机的稳定发展，各大杀毒厂商的手机杀毒功能也将日益完善。

6. 手机病毒的原理

手机中的软件，嵌入式操作系统（固化在芯片中的操作系统，一般由 JAVA、C++ 等语言编写），相当于一个小型的智能处理器，所以会遭受病毒攻击。而且，短信也不只是简单的文字，其中包括手机铃声、图片等信息，都需要手机中的操作系统进行解释，然后显示给手机用户，手机病毒就是靠软件系统的漏洞来入侵手机的。

手机病毒要传播和运行，必要条件是移动服务商要提供数据传输功能，而且手机需要支持 Java 等高级程序写入功能。许多具备上网及下载等功能的手机都可能会被手机病毒入侵。

7. 手机病毒的攻击模式

（1）**攻击提供手机辅助服务的互联网工具或者其他互联网内容、服务项目**　在世界上最早发现的手机病毒就是这种病毒。这种名为 Timofonica 的病毒于 2001 年 6 月诞生于西班牙，实际上是通过电子邮件散发的，它具有双重危害，不但可以像普通的邮件病毒那样，给地址簿中的邮箱发送带毒邮件，而且可以利用短信服务器中转向手机发送大量短信。于是人们的手机便收到一堆垃圾短信，这让西班牙电信挨尽了骂。事实上，只要你的电子邮箱带有邮件短信通知或者短信转发功能，那么一款很普通的攻击电子邮箱的电脑病毒同时也会对你的手机造成极大的危害——在你的邮箱不断收到垃圾邮件的同时，你的手机也会不断收到短信通知，造成话费支出。对你来说，它已经名副其实地成了手机病毒了。

这种在互联网上传播的病毒影响面目前是最大的，从它的传播方式和运行程序的设备来看，这种病毒严格意义上来说仍然是一种电脑病毒，但从危害对象来说，却是一种手机病毒。

（2）**攻击 WAP 服务器使 WAP 手机无法接收正常信息**　WAP 就是无线应用协议的英文简写，它可以使小型手持设备如手机等方便地接入互联网，完成一些简单的网络浏览、操作功能。手机的 WAP 功能需要专门的 WAP 服务器来支持，一旦有人发现 WAP 服务器的安全漏洞，并对其进行攻击，手机将无法接收到正常的网络信息。

（3）**攻击和控制"网关"，向手机发送垃圾信息**　网关是网络与网络之间的联系纽带，利用网关漏洞同样可以对整个手机网络造成影响，使手机的所有服务都不能正常工作，甚至可以向范围巨大的手机用户批量发送垃圾信息。

（4）**直接攻击手机本身，使手机无法提供服务**　这是一种名副其实的手机病毒，也是目前手机病毒的一种重要攻击方式。主要是利用手机芯片程序中的 BUG，以"病毒短信"的方式攻击手机，使手机无法提供某方面的服务。天津市就曾经出现过一种称为"移动黑客"的手机病毒，用户只要一查看中毒手机中的短信息，手机就会自动关闭。该病毒是用短信的形式把病毒代码发送给对方，从而造成破坏。杀伤力强的手机病毒，甚至能使手机自动关机、死机等，甚至内部芯片烧坏。

参考文献

[1] 李国建著. 移动互联网营销. 北京：机械工业出版社，2015.
[2] 李国建著. 移动互联网营销——企业快速转型与升级秘笈. 北京：机械工业出版社，2015.
[3] 谢晓萍主编. 微信力量. 北京：机械工业出版社，2015.
[4] 王红蕾著. 移动电子商务. 北京：机械工业出版社，2015.